成吉思汗与今日中国之形成

JOHN MAN
THE MONGOL EMPIRE
THE CONQUESTS OF GENGHIS KHAN AND THE FOUNDING OF MODREN CHINA

[英]约翰·曼 著　姚建根 译

重慶出版集團　重慶出版社

目录

代序：今日中国是蒙古帝国的遗产吗？/ 8

导言 / 20

第一部分
成吉思汗
1 "命受于天" / 28
2 民族的缔造者 / 56
3 向南挺进 / 80
4 地狱之门 / 100
5 大突袭 / 128
6 大汗和大师 / 136
7 死亡之谜 / 144

第二部分
过渡时期
8 女人，拯救帝国 / 174
9 恐怖的欧洲边疆 / 184
10 基业稳固 / 194

第三部分
忽必烈
11 再度向西：征服和挫败 / 208
12 略取云南 / 222
13 上都岁月 / 230
14 忽必烈的崛起 / 242
15 一座新都城 / 254
16 怀纳西藏，扶持佛教 / 264
17 征服南方 / 274
18 旭日燃烧 / 292
19 来自腹地的挑战 / 300
20 忽必烈在中国的统治 / 308
21 神风 / 322
22 一次谋杀，一处密陵 / 332

第四部分
余波未平
23 帝国外延 / 346
24 圣山寻墓 / 364
25 蒙古遗产 / 390
26 起死回生 / 410

后记：回到未来 / 428

译后记 / 433   参考文献 / 436

大蒙古帝国黄金家族

成吉思汗—孛儿帖可敦
（1206—1227）

- **术赤**
- **察合台**
- **窝阔台**—脱列哥那
  （1229—1241）（1241—1246）
- **拖雷**—唆鲁禾帖尼
  （1227—1229）

贵由—斡兀立·海迷失
（1246—1248）（1248—1251）

蒙哥　**忽必烈**　**旭烈兀**　**阿里不哥**
（1251—1259）（1260—1294）　　　　（1260—1264）

拔都

- **钦察汗国**（俄罗斯）
- **莫卧儿帝国**（印度）
- **元朝**（中国）
- **伊利汗国**（伊朗与伊拉克）

CONTENTS

Prologue : Is modern China the legacy of Mongol Empire? /6

Introduction /18

Part I Genghis

    1 'His Destiny Ordained by Heaven' /26
    2 The Founder of His Nation /54
    3 To the South /78
    4 The Gates of Hell /98
    5 The Great Raid /128
    6 Emperor and Sage /136
    7 Death and Secrecy /144

Part II Transition

    8 The Woman Who Saved the Empire /174
    9 Terror on Europe's Edge /184
    10 The Foundations Secured /194

Part III Kublai

    11 Westwards Again: Conquest and Defeat /208

12 The Taking of Yunnan / 222
13 In Xanadu / 232
14 Kublai Emerges / 246
15 A New Capital / 258
16 Embracing Tibet, and Buddhism / 268
17 The Conquest of the South / 278
18 Burned by the Rising Sun / 296
19 Challenge from the Heartland / 304
20 What Kublai Did for China / 314
21 Kamikaze / 328
22 A Murder, and a Secret Grave / 338

Part IV Aftermath

23 The Outer Reaches of Empire / 352
24 Grave-hunting on the Sacred Mountain / 370
25 What the Mongols Did for Us / 396
26 How to Survive Death / 416

Afterword: Back to the Future / 434

Translation Postscript / 438

Bibliography / 442

Is modern China the legacy of Mongol Empire?

今日中国是蒙古帝国的遗产吗?

姚大力(复旦大学中国历史地理研究所教授)

今人对十二、十三世纪蒙古人的历史叙事,既不是在报导一件"新闻事件",更不可能要求叙事者对他的讲述对象具备任何"直接的体验"。不过现代人仍可能通过对当日和日后遗留下来的各种语文的诸多记录,乃至以这些或详或略的记录为依据而形成的第二手研究著述进行绵密的、富有想象力的考察、梳理与分析,并加上对历史遗迹的实地勘探、对该专业领域内的学者和其他相关人员的访谈,从而写出一部以蒙古帝国和元代蒙古人为历史题材的作品——本书的特殊风格正表现在这里。作者用略带夫子自道的口吻说,为做到这一点,写家必须把"深谙叙事技巧"与"对历史充满兴趣"两者密切结合起来。本书成功的秘密,已经被作者自己一语道尽了。

这部作品甫开卷便让人眼睛一亮。它宣称,为了展开成吉思汗和忽必烈的"整个故事",需要的"不是拍一部电影,而是九部"。九部?多么惹人注目的一个数字!为什么恰恰是九部？熟悉《蒙古秘史》的人不难立即想起这部史诗中反复出现的神秘数目："九次犯罪休罚者""九言语有的每百姓"（说九种语言的百姓们），等等。那是一个充满吉利意味的非限定数词。就像一个与你共享某种秘密的人只须对你微微地眨一眨单眼，马上就能让你懂得不再需要他明白说出来的意思，从一开头，你便切实地知道，作者将要讲述的，乃是一个先已何等深刻地感染了他本人，并已被内化进他的思想深处的故事。如果你会在阅读过程中被这本书感动，那么这首先是由于它的作者自身在直面蒙古文化之时有着一颗崇敬和被感动的心。

本书有将近十分之七的篇幅，被用来描绘成吉思汗和忽必烈"这对祖孙"。对被认为是成吉思汗埋葬地的肯特山地勘探记和鄂尔多斯成吉思汗陵墓的采访记，又占据了剩余篇幅中的三分之一强。因而留给经历了中间两任大汗（如果加上为"西北诸王"所承认的阿里不哥合汗，那就是三任大汗）在位的"过渡时期"的，只有全书篇幅的百分之七多一点，其中还有相当部分是用来记述"拯救帝国"的伟大女人，即蒙哥和忽必烈生母唆鲁禾帖尼的。那几段勘察记都非常引人入胜。如记上都遗址："地上散落着碎石瓦砾，我拣起几块，触碰到那些令人敬畏的东西——哦，天哪，上都的尘土"！又如书里这样描写神圣而难以靠近的肯特山：

> 从远处看，肯特山似乎很容易接近：海拔不算太高，离乌兰巴托仅二百公里，开车只需一天。但是，三十公里的进山之路盖在永冻层上面，春天时融化成泥浆路；夏季的雨水使人在其上寸步难行。1992年，这片区域最终辟为国家

公园，开始顺其自然地发展。群山突入，迫使道路必须经过一座落满灰尘的木桥才能渡越克鲁伦河……山脉海拔约二千五百米，光秃秃的山顶突兀地立于树林之上，就像削发和尚们的脑袋。这里是鹿、麋、熊、狼的领地，这些物种的栖息地向北延伸至西伯利亚针叶林。进山之路要通过沼泽，翻越陡峭的山脊，横跨多石的克鲁伦河浅滩。

作家力图追寻的，很可能是永远揭不开的谜底。因为正如书里告诉我们的，蒙古国最具智性和历史感、也最有潜力能找到埋葬历代大汗的失落墓地的人们，其实并不愿意现代人去叨扰他们心中最不容亵渎的那片山陵的宁静和它的圣洁性。

尽管书写同一主题的其他作者可能会以全然不同的方式来处理各部分之间的比例问题，但毫无疑问，本书所设定的框架与内容搭配，是十分契合于作者的写作宗旨的。他要叙述的那个故事的核心是，在祖父把当日中国的一部分并入幅员辽阔的"大蒙古国"的基业之上，孙辈又怎样把整个蒙古高原变成了元代中国的一部分。事实上还不止蒙古高原，当代中国版图内的其余内陆亚洲诸地域，再加上云南，合并在一起，成就为一个与汉文明区域共命运的多民族的、统一的"大中国"，这正是元朝留给后代中国人的最重要的一笔政治遗产。本书以"成吉思汗与今日中国之形成"作为书名，其所要突显的，恐怕也就是这个意思吧。

绝大多数中国人至今误以为，元朝之所以能达成如此业绩，不过是依恃强大的武力，把汉唐模式的中央集权的专制君主官僚制体系覆盖到前所未有的幅员之上而已。他们没有明白的是：汉唐国家建构模式控制位于以雨养农业为经济基础的汉地社会之西国土的制度资源，就是所谓"羁縻"体系；而依靠此一体系，根本不足以将超出当代中国一半国土的中国内陆亚洲各地区巩固地纳入统一国家版图。因此，元朝在奠定近现代中国版图方面的巨大贡献，不是用它沿袭、甚或扩展了源于汉唐传统的中央集权专制君主官僚制模式的固有功能就可以解释的。它还充分调动了源于内亚边疆帝国国家建构模式的政治及政治文化资源。关于这一点，细说起来，话可能有点长，另外我在其它场合也已经说过了，所以此处不必重复。

这样看来，本书作者的有关见解，似乎也存在"大门找对，小门摸错"的些许缺憾。他十分精准地指出："在三十多年中，（忽必烈）创造出一种政府形式，这种政府更多地带有汉家色彩，但也独具复杂的世界主义性质"；"他可以忽视北京而在上都进行统治，但如果他那么做，就等于宣布自己永远是一个外人"。可是当他一不小心以为，"忽必烈决定建立"的是"一个中原王朝"，当他断言"这究竟是个什么性质的国家呢？蒙古帝国？中原帝国？忽必烈很快就明白，为了自身的统治，中原传统必须先于蒙古传统"之时，他就无意中站到了与当年那些竭力主张"能行中国之法，则中国之主也"的汉家儒士们完全相同的立场，低估了内亚传统在元朝国家建构所起到的极重大的意义。

由此又不难发现，成吉思汗和忽必烈祖孙二人，似乎也不像本书作者所说：一个"把中国变成了蒙古的一部分"，另一个则"把蒙古变成了中国的一部分"；两人玩的只是一场"把历史倒了个儿"的二人转。在元之前，历代王朝都只有一个开国皇帝,能在死后被尊称为"太祖"或"高祖"之类带"祖"字的谥号,其他皇帝的庙号则多带"宗"字。元代先以"太祖"的谥号追尊成吉思汗,其后三帝相继被尊为太宗、定宗、宪宗。立国漠南的忽必烈则在死去的当年便获称"世祖"。两个"祖"字皇帝,表明两人都是开国皇帝;由此可知,元人明白漠北大蒙古国和漠南的元王朝是两个不一样的国家,而不止是首都搬过一次家的同一个国家而已。明清带"祖"字庙号的皇帝都不止一个,元人的此种意识也变得越来越难以被后人察觉。以至于在今天,作为一个跨越多国边界的世界性帝国的大蒙古国,与属于中国历史上一个王朝的元帝国之间在性质上的根本区别,仍很少被我们的教科书提说。

从"中国(历史上)疆域发展的原因在于成吉思汗和忽必烈两人的作为"这一见解出发,作者试图提出并予以解答的另一个问题是,成吉思汗的领土遗产要远远延伸到今日中国边界之外的广阔地带,为什么忽必烈不能完整地继承它们?"也就是说,这个问题应该完全倒过来问:为什么中国这么'小'?为什么她没有更远地伸入中亚"?

我以为,在上述"倒过来问"的问题背后,隐藏着一个先验的假设性前提,即被这一对祖孙先后统治的国家,属于同类项。如果我们对成吉思汗帝国和忽必烈创立的元朝之间的区别有明确意识,如果我们清楚忽必烈虽然保持着"大汗"名分,他的王朝本身乃是蒙古帝国分裂的产物,那么真正的问题就应该按另一种方式"完全倒过来问":蒙古帝国为什么会无可避免地走向瓦解？我曾经在一篇文章里简要讨论过这个问题。现在把相关文字转引在下面：

> 就像吉本评论罗马帝国为什么会衰亡一样，若要问蒙古帝国为什么会这么快就分裂消亡，也可以非常简单地回答，就因为它实在是太大了。
>
> 蒙古帝国产生与演变的过程，可以简化为三个环节来予以说明。
>
> 第一个环节是初期的"间接统治"体制。征服初期，谁能携带着一片有几个或者数十个城池的土地去投诚，谁就可以在承诺纳贡、入质、从征、入觐，后来又加上置监（就是设置由蒙古或色目人担任的达鲁花赤监督各地）等条件的前提下，获得直接治理那片土地的世袭权利，变成蒙古间接统治体制下的大大小小的"世侯"。但是随着时间推移和局势变化，当世侯治理下的地方社会发生各种矛盾，当世侯与世侯之间、世侯与蒙古统治上层之间发生各种摩擦冲突的时候，最高统治者就无法避免地需要对地方治理表达自己的各种意志。渐而渐之，间接统治的体制也就逐步向着代表蒙古高层当局意志和利益的直接统治体制过渡。于是跟着就有另外两个环节的相继发生。
>
> 一是随着凌驾于世侯层面之上的蒙古帝国对每个大型地区的直接治理日益增强，导致这个治理体系在每一个地区都卷入越来越深入的地方化进程。因为不必要、事实上也根本做不到撇开各地原有的统治体系，去凭空创造一套

全新的治理体系。在原有统治制度的基础上进行局部修正和更改的方式，总是最经济和最有效的方式。

各地治理体系地方化趋势的发展，极大地加深了它们之间基于各自文化而形成的不同制度体系之间的巨大差异。因此我们看到的再下一个环节，就是蒙古帝国要在如此广大的地域内维持一个统一的国家治理体制，最终会无可挽回地变成一种越来越力不从心的努力。不同地区之间的裂隙从而也必然地越来越深刻了。蒙古帝国实际上早已开始按照原来不同的大文化区把帝国分成几个统治区域来管治了，而它后来的分裂正是沿着这几道缝线实现的。

你当然可以从蒙古最高统治集团内部的权力斗争、权力妥协、权力分配的政治史角度来讲述蒙古帝国的分裂，比如蒙古原有的在黄金家族成员间分配统治权力的游牧分封制所带来的离心力等等。但是它其实有一个更加深刻的内在结构性危机，只是这个结构性危机大多是通过政治斗争而显现出来的。不然你就没法解释，帝国分裂的边界线为什么会恰恰与原来就已经形成的文化板块的区隔线相重叠；你也没法解释，同样是基于分封制的权利，为什么"西道诸王"能分别建立起各自的国家，而"东道诸王"却始终被覆盖在元朝的疆域版图之内。

一句话，如同本书其实已经画龙点睛般地指出过的那样：像蒙古帝国"这样庞大而多样化的政体永远也无法拥抱在一起"！

书里提到的另一条十分有趣的信息,是牛津大学的分子人类学家团队在2003年发表的一项研究结果。他们从分布在自里海东至太平洋西岸各地的十六个族群中,发现一个估计拥有一千六百万成员的庞大家族,他们的共同祖先,被追溯为十三世纪前叶的一个东亚男人。导致此人的"基因特征横穿北中国和中亚到处播撒"的动力,显然"只能是席卷辽阔地理范围的纯粹的政治力量"。这个"政治力量",被认为就是蒙古帝国的对外扩张。尽管"最初的结论是,成吉思汗提供了基因传播的'途径'";但该信息在传播过程中却变形为将成吉思汗指为这个家族的共同祖先。

根据今天的认识可以指出的是:这个轰动一时的实验,在时间尺度上的分辨率是很低的;确实有一个源于原蒙古人群体的基因曾经大范围地传播过;但它的发生时代可能要比蒙古人的兴起早数百年、甚至近千年;并且这个基因与来自据族谱属于成吉思汗后裔的许多现代蒙古人的基因测试结果皆不相符。

作者不谙汉文,对他要至善尽美地完成描述元代中国的写作任务更构成一桩巨大的障碍。他能以"跛足"起舞,而且还跳得如此精彩,只能让人感觉钦佩和惊奇。同时,对西方中国学能向不懂汉文的读者提供如许广泛而又精深的专业化知识,也不由人不心生惊叹。

不过,也因为上述限制,书中还留有不少尚欠准确的地方。它说:"前代的皇帝们通过几个执行机构进行统治,忽必烈看到,这是一剂不幸的药方,因此他只立一个中书省"。"通过几个执行机构进行统治",当指中书、尚书和门下三省而言。但是变三省为一省，在元之前的金朝已经实现了。忽必烈"只立一个中书省"，恰恰是承袭自金制，不过为宣示更张旧制，把在他之前已仿效亡金设立过的"尚书省"改名为"中书省"而已。灭宋名将伯颜，被南宋人传为"百雁"的谐音，以追证事后广泛流播于民间的一句谶语："江南若破，百雁来过"。可是上述谐音语词却在书里讹为"百眼"，由此而变得不知所云。

对于"大元"的汉式国号，书中很正确地解释道，"元"字"代表了初始力量"。可它接着说，这也是"为什么它仍然是今天中国货币单位名称的原因"。"元"作为现代中国货币单位的名称，是它被当作圆形金属货币名称及货币单位名称的"圆"字之简化字来使用的结果。故而在后一场合，"元"字与"崇高、最初、伟大等诸如此类的意思"似无涉。成吉思汗发下的征聘丘处机前往兴都库什的诏书，被本书误以为是"一块石碑"。此外，在上都用来建造竹殿的竹子，似乎也用不着舍近求远，从云南运过去。未知作者此说出于何处。

书里还说，蒙古军队首次侵入高丽国时，高丽王"把蒙古人挡在海湾，而自己躲藏于一个近海岛屿上"。实际情况是，高丽王撤退的去处，是位于汉江中的江华岛；流亡小朝廷在那里躲了十来年。蒙古人几次三番勒令高丽王"出海就陆"，他就是不肯出来。十多年前，趁一次访问首尔的机会，我曾经去瞻仰过江华岛上的高丽王宫遗址。让人完全想不到的是，把江华岛与陆岸隔开的江面绝对无法用"宽阔"两字加以形容。蒙古铁骑被一道狭窄的江面一拦就拦阻了十多年。足可见"尺有所短"，决非虚言。

读一本好书，往往是对阅读者智力的一种挑战。你可以从书里汲取许多新鲜有益的养分，同时生发出一些与作者不一样的见解，也会因为能发现一些可以纠正作者的地方而偷偷地有点得意。揣着阴谋论不肯释怀的人，则会从太多的字里行间发现太多居心叵测的长老会密谋的影踪。不过，我认为这不是一个有平常心、有良知的人应当遵循的读书之道。

本书作者约翰·曼是一位多产作家，从一九九七年至今已出版过十八部作品，包括《我们这个星球的诞生》（1997）、《戈壁：荒漠寻踪》（1997）、《从A到Z：二十六个字母如何型塑西方世界》（2000）、《古登堡革命：改变世界的天才与他的发明》（2003）、《成吉思汗：生平、去世与再生》（2005）、《阿拉提：挑战罗马的蛮族国王》（2005）、《幕府：最后的武士》（2011）、《萨拉丁：生平、传说与伊斯兰帝国》（2015）等。

他时常来中国，为了有关长城、秦始皇、马可·波罗和元朝历史的写作，因此我们曾有过两三次见面和交谈的机会。他有一种温文尔雅的典型英国风度。也许由于这里的空气质量，他的嗓音总是嘶哑的；也许因为太忙碌，他总是带一点疲倦神态。但当谈话进入状态，他马上就会变成一个打破砂锅问到底的精明固执的追问者。无论什么话题，他一定要追问到形成一个对他来说是十分明确的结论，包括"无法完全确知"的结论，才肯罢休。阅读本书时，我一面很容易、也很自然地回想起他的这种谈话风格，一面还禁不住在猜想：那么，他的下一本书，又会讨论一个什么样的话题呢？是的，他今年已经七十五岁了。但我相信，他还会有新书带给喜欢他的读者们。

2016年11月

（这是为《成吉思汗与今日中国之形成》一书的汉译本所写的译序，原载《读书》2016年第4期，这里稍有改动）

Introduction

导言

本书的想法源自一系列电影的创作提议。我曾与一位公司老板同在内蒙古呼和浩特，他对推动发扬蒙古文化兴趣盎然，平生一大夙愿就是委托拍摄一部关于成吉思汗的故事片。在好莱坞，它将是一部投入一亿美元的大片，会吸引世界各地的观众。不用担心已有的相同题材的其他电影——它们之中没有一部讲述过成吉思汗的完整一生。老板已经和三位好莱坞编剧讨论过这个项目，但事情并不顺利，我能看出个中原因：他对历史充满兴趣，但对叙事技巧知之甚少；而好莱坞编剧深谙叙事技巧，却不大在乎历史。我看过一位知名作家的剧本，在开幕时出现如下主体场景：

青草布满在沙漠上，稀疏又低矮。一个女子，孤身一人——这象征着女性的优雅，给人以美感；她把一碗水平稳地放在头上，臀部却摇摆不停。

如此场景毫无意义，因为在蒙古，从来没有女人会把水放在头上，更不用说这样做的同时还伴随臀部的不停摇摆来象征优雅。不仅如此，这个项目不能实施的原因还在于历史。成吉思汗的故事太过宏大，单部电影根本无法涵盖，甚至是才华横溢的编剧也会束手无策，哪怕他愿意去熟知中世纪的蒙古、汉地、藏地、朝鲜半岛、日本、俄罗斯、格鲁吉亚、匈牙利，萨满教、伊斯兰教、佛教和道教。一部一百分钟左右的电影不能浓缩第二次世界大战的历史，同样也无法浓缩成吉思汗的故事。

素材范围的局限使得这个项目不可能实施，另外的原因还在于，成吉思汗帝国只不过是整个故事的一部分而已。在创建帝国的征程中，成吉思汗半路离世。他的孙子忽必烈，于他倒下的地方拿过接力棒，在后来的七十年里，忽必烈把帝国版图扩大了一倍多。一本书，或许可以容纳整个故事；单部电影，绝无可能。

因此，我告诉那位老板，他必须考虑"真正的"大手笔。不是拍一部电影，而是拍九部，怎么样？不是投入一亿美元，而是投入"十亿"美元，怎么样？这样做，才能为讲述整个故事留有余地。

他对这个主意情有独钟。把故事整齐划一地分成九个独立的部分，这样做，不是因为历史本身——它从未如此发生过，而是因为叙事空间。那么，究竟如何一下子写出九部剧本？——这些剧本必须一起撰写，因为它们互相关联——更不用说如何拍摄了。

讨论产生了一个积极的结果。我开始放远眼光，抚今忆昔，去回顾蒙古帝国的历史和今日中国的形成。

在地图上，China，即"中国"，顾名思义，就是"中央之国"，她是一个独特的统一体，将太平洋和中亚连接在一起，也把碎石满地的荒芜戈壁和亚热带的香港连接在一起。但是，从内部空间来看的话，就会有别样的观感。打开谷歌地球，找到中国，浮现在眼前的是东西相距四千多公里的国土，从生态学的观点来看，你会发现，这个国家是分块的。西部和北部全是褐色和灰色，标识出新疆的沙漠、青藏高原的冰封带纹和内蒙古的草原。屏幕上的图标很少，点击几个，你就会知道是怎么回事了——广袤的天空、貌似月球的风景、未名的山脉，除此之外，几乎没有一座城市，也没有多少居民。

从西南到东北，粗略地移目观看，颜色变化勾勒出一条模糊不清的分界线。稀疏的高海拔褐色荒漠，转换成绿色盈盈的低地。沿着中国的两条大河——黄河与长江，绿浪汹涌向东，越过肥沃的低地，直到像油水充足的肚子一样凸入太平洋为止。在这半壁国土上，道路如同脉络般延伸开去，城市呈井喷式分布，图标则星罗棋布，约五分之一的人口蜂聚于此。

以地球轨道为视角，中国看起来好像是由两个截然不同的部分组成的。

在历史上，这片国土曾经不止分为两部分。过去，在八百五十年前，中国还不是今天的中国，她被分为六块（金、宋、大理、吐蕃诸部、西辽、蒙古诸部）（实际上当时是分为七块，作者没有将西夏算入其中——编者注）。在那以前的数个世纪里，其他部分国土也是分分合合。有时分为十几块或者更多，几乎都在六块以上；有时向西挺进，似乎在摸索一条通往印度之路；有时指向东北，突入东三省和朝鲜半岛。在快进模式中，中国历史地图看起来就像细胞培养一样：分裂、生长、合并、再分裂。只有大一统思想维系着国土的各个部分，使她始终占据优势。是什么力量把这些区域统合在一起呢？

为了寻找答案，我们继续注目谷歌地球，把鼠标移向位于绿色区块右上顶端的北京，然后指向西北，穿过灰褐色的草原，跨越中国北部边界进入今日蒙古国的领土。如果你在周围搜寻交点，那么你会找到一对边境城镇，唯一的铁路穿梭两城而过。那儿没什么可看的。现在，你停留于戈壁之上，青草散落在砾石地里，只有骆驼才会把它们当作食料。在夏季，后挂两节拖车的货车们，喷吐着烟雾，晃晃荡荡地向北横穿荒漠，你可以称之为无路之地；戈壁上有许多痕迹，但没有道路。这些痕迹整个冬天都会保留着，因为它们被冻住了。初夏时节，遭受沙尘暴——能撕裂你的眼皮——剥蚀的沙漠，可能暂时会变成无路之地。

沿着铁路线朝西北行进。在通往蒙古国首都乌兰巴托的中途，转而向北前行八十公里，直至看到一条河——克鲁伦河（旧名作"客鲁涟河"——译者注）。你不会错过这条河，因为它由北而南流淌后便转向东北，蜿蜒地来了个大转弯。沿河逆流而上，你会遇到树林丛生的山脊和山脉，它们被统称为肯特山。

如果你想知道，为什么中国会保持政治统一并拥有今日之版图形状，那么，这就是故事开始的地方。1180年左右，一个不过十几岁的年轻人，正藏匿于一处山坡上，躲避敌人的追杀。这个男孩的名字叫铁木真，此时此刻，听说过他的人寥寥无几，因为他身陷囹圄，命悬一线。但这并非结局。要不了多久，他就会化险为夷，扭转乾坤，最终被冠以"成吉思汗"之名。

他是关键人物——他的性格、眼光、信仰、思想、才能，足以使他成为一位领袖。当然，每个人都知道他的冷酷无情：

数百万人死亡，数十座城市毁灭。但并不为多数人所知的是他的领导天赋，还有他的宗教思想——他的继承者们正是以此证明征服的合理性。对他们来说，天眷顾他们，总是和他们站在一起，每一次成功、每一座城市的毁坏、每一场征服、每一回纳降，都证明了这一点。

历史，不只是发生一件又一件该死的事情；它有时就是一个有意思的故事。这一回，一种现在看来近乎疯狂的野心，把蒙古帝国的故事串联起来，形成一条叙事弧线——从1180年到14世纪晚期；从荒芜一隅到世界上最大的陆上帝国；从一个无足轻重的年轻武士到世界上最有权势的统治者；从征服世界的梦想到发现梦想只是幻想。

然而，由此梦想带来的一个现实是：今日中国。忽必烈继承了他祖父征服世界的雄心，占领了古老中国的全部旧疆，扩充了新的广阔领土，统一了东部和西部，使这个国家的版图加倍。他在那里建立首都，并以汉式皇帝的身份进行统治，他创造了一种新的大一统国家意识。当然，忽必烈间接控制的帝国部分延伸得更加遥远，到达欧洲边界，而中国——基本上就是今日中国加上蒙古国——则处于他的直接统治之下。

要想了解蒙古帝国与今日中国的关系，就必须回溯过去，此外别无选择：八百四十年前，那个未被外面世界所知晓的年轻人，正隐藏在荒山之中……

Part I
Genghis

第一部分
成吉思汗

The appointments marked something new in nomadic imperial administrations. In the past, unity had always been undermined by tribal rivalries. Genghis's own childhood had been blighted by them, and his slow rise to power constantly threatened by them. Now came a revolution, with appointments made not on the basis of inherited position within a tribal hierarchy, but of services rendered.

职位任命标志着游牧帝国新型行政机构的建立。过去，统一的基础总是被部落竞争所破坏，成吉思汗自己在孩童时代就受到过侵害，在权力之路上缓慢崛起的过程中饱受威胁。现在发生了一次革命，职位任命不再以部落等级制度中的世袭职位为基础，而是建立在为大汗当差服役的基础之上。

1

'His Destiny Ordained by Heaven'

"命受于天"

1180年，在蒙古北部的一座山上，所有的故事从这里开始。这位日后成为成吉思汗的年轻人在敌人的一次攻击中幸存了下来，他沿着从小就熟知的鹿道潜伏着，在榆树和柳树枝条的掩蔽下露宿。他深爱的新婚妻子却被掳走了。第三天的早晨，形势已明朗，他脱险了。仅仅数天之前，当敌人越过碎石坡、横穿冷杉林来追杀他时，他似乎命中注定要默默地英年早逝，然而，此时此地，他还活着。这让他意识到，他能幸存下来，不单单因为好运和自身的生存本领，他无疑得到了护佑：天，苍天——蒙古人心中古老的神——肯定在助他一臂之力。

　　一位穷困潦倒的勇士，对自己能活命心存感激，经历了这件小事之后，一位领袖、一种思想、一个征服之梦、一个帝国、一个新的世界，由此诞生。

　　不过，在我们沉浸于结局之前，必须要先解答几个疑问：当初他为何受困，又是怎样身处绝境的？是谁要置他于死地？

　　答案之一：造化弄人，因为他就降生在一条残酷的生命之路上。山脉和冷杉林横穿今日俄罗斯边境，携带良弓的猎人在这里射猎梅花鹿和麋鹿，但是，除了松子和浆果，森林之中没有太多可供食用的东西。真正的食物要到南面的宽阔河谷与平原中才能找到，那里的青草可以养活马、牛、羊等畜类，加强畜牧经济的基础。更确切地说，真正的食物"已经"找到了：这是过去和现在的完美融合，因为除了摩托车和太阳能电视机以外，蒙古乡村的生活一如既往。牧民们必定要从牲口那里得到他们所需的肉、皮、羊毛以及数十种不同的奶制品。这里的食物缺乏多样性。当然，夏季的生活是美好的，因为到了那时，你能狩猎到土拨鼠或瞪羚，葱翠的青草能养肥你的牲口，发酵的马奶——酒精度不高的阿刺吉（airag，它还有一个为人熟知的突厥语名称"忽迷思"，kumiss）——让你享用不尽。成吉思汗时代的夏季或许比现在更好。近来的研究表明，成吉思汗的成功有赖于十五个温暖湿润的年头，这些年份促进"草原生产率的提高，有利于蒙古政治军事力量的形成"[1]。但是冬季是西伯利亚式的。发源于肯特山的主要河流——克鲁伦河以及其他很多小河都要结冰半年。偶尔地，冰暴给青草封上冰甲，导致无数牲口死亡。狼群叼走羊儿。到了南面，情况更加糟糕，草原完全让位于草木稀疏且碎石满地的戈壁荒滩。

为了应对这些挑战，牧民们一直在发展他们的生存技能，现在他们成了专家。蒙古人的毡房（ger，西方人更熟知的是突厥语名称yurt）加盖穹顶以抵御疾风，房顶木制辐条上厚重的羊毛毡用来遮雨挡雪。为了取暖和做菜，你得燃烧动物的干粪。在过去的那些冬季里，没有今天的铁炉，所以，你要么在烟雾缭绕中咳嗽，要么掀开房顶挡板让寒气灌入室内。夏日里，烟可以驱赶令人讨厌的苍蝇。毡房、运载毡房的车子、弹力十足的小型木弓骨弓——所有物件提醒人们，这些生活在草之海洋中的水手，也需要扎根于森林。

麻烦还不在于气候的多变，也不在于迁徙到新鲜牧场的需求和奢侈品的匮乏，而是在于长期的争斗不休。氏族和部落拥有

---

[1] 尼尔·佩德森（Neil Pedersen）等：《蒙古帝国和现代蒙古时期的早雨季》，国家科学院会议报告，2014年3月（网上，未刊稿）。

各自的传统盟友,但是,为了财富和权力(以每年两次在夏季—冬季牧场之间迁徙的牲口数和人口数来衡量),氏族之间互相攻打,复仇引起的伤害延续了一代又一代人。最好的结果是,年轻男性获取令人荣耀的资财:开阔的蓝天、大量的马匹、富有弹力的良弓、石板一样的肩肌。但这要付出代价。一次袭击,让你难防背后暗箭,或者让你丧妻、丧子、丧母、丧马;面对冬天,你那不见经传的名下没有一只羊。女孩们在木制马鞍上的表现不比男孩逊色,她们的心智和身体都在坚强地成长,但她们仍然需要孔武有力的男人。

草原生活的不利之处就是无秩序,这一点每个人都知道。除了最狂热的人之外,几乎所有人都向往和平。麻烦的是,每一个想要成为领袖的人都想以自己的方式来实现和平,没有任何一种由中央政府施加的妥协方案。唯一可以依靠的就是权力,这正是年轻的成吉思汗所缺乏的东西,但他渴望权力,因为他的曾祖父曾经拥有过。

就在同一个世纪的早期,当时他的曾祖父还年轻,是一位部落首领,名叫合不勒,他横穿戈壁,走马扬鞭翻越今天长城经过的山道,来到今天的北京城(时称中都,为金王朝都城——编者注)下。在一部电影中,这个情景是诗人所吟诵的背景故事的一部分,因为到了成吉思汗时代,每个人都会知道发生了什么。合不勒,成吉思汗的曾祖父,是完全意义上的民族统一体观念的源头,他合并蒙古诸部并成为他们的汗(成吉思汗创立蒙古民族之前蒙古统一体的性质颇受争议,简言之,合不勒汗的"王国"不是一个国家而是一个氏族联盟,他是这种酋邦联盟的盟主)。统治北中国的金帝国的皇帝邀合不勒来北京,试图用丝绸和美酒来收买他,但没有成功。合不勒喝得酩酊大醉,鲁莽地扯了皇帝的胡子，公然逃脱。合不勒的继承人——他的堂兄弟俺巴孩遭到了报复，金朝人俘虏俺巴孩后把他钉死在一种叫"木驴"的架子上。俺巴孩的临终遗言是向继承人发出了战斗口号："直到你们五指指甲磨尽，直到你们十指磨坏，也要竭力为我报仇！"合不勒的一个儿子忽图剌，迅速响应，对金朝发动一系列袭击，为自己赢得了"蒙古大力神"的美名。他有雷鸣般的嗓音和熊掌一样的双手，但是他的强健体力并没有确保胜利，到了1160年左右，蒙古人变得像猫群一样难以联合，重新陷入袭击、仇杀、窃妻的乱局之中。

合不勒之孙也速该，梦想重新合并蒙古诸部，不幸的是，他的堂兄弟们也有同样的想法。如今，蒙古人由十八个氏族构成，其中两个氏族声称拥有汗位。为了成功实现梦想，每个氏族都需要全体蒙古人的忠诚。这是草原政治中的"第二十二条军规"（源自美国作家约瑟夫·海勒的同名黑色幽默小说，"如果你能证明自己发疯，那就说明你没疯"。比喻一种悖论式进退维谷的局面、叫人左右为难的荒诞逻辑——译者注）：要成为领袖必先获得忠诚，要获得忠诚必先拥有财富和权力，要拥有财富和权力必先成为领袖。

为了争取到追随者，也速该的首要任务是找一个妻子。

一部名为《蒙古秘史》的史诗讲述了这个故事和其他许多细节，我们所述的那些大事件——塑造了也速该的儿子、民族的缔造者、未来的成吉思汗——正是以这部史诗为主要资料来源。它不仅是原始来源，也是最著名的一部蒙古文资料；它之所以非常关键，是因为其所述的事件对于阐释这位英雄的崛起过程是至关重要的。在1227年成吉思汗逝世后的两年里，这部"基础史诗"被写成了散文和诗歌的混合文体（《秘史》的成书时间颇受学者争议，沙·比拉、克里斯托弗·艾鹜德和罗依果对此有评论），当时，这个新兴民族的权贵们聚会为成吉思汗的继承者——他的三儿子窝阔台加冕，所以对这些事情记忆犹新，诗人们已经把最精彩的情节谱写成歌曲（可是没有征战的故事，这也许是诗人没有与军队结伴而行的缘故；《秘史》关于军事的记载令人大失所望）。《秘史》内容迥异，包括叙事诗篇、颂词赞歌、古老的戒律和挽歌，顺便说一下，这些内容并不神秘："秘史"这个称谓是现代学者所题，因为它一直被成吉思汗家族私藏。它保存了很多险象环生的事件：为了争取生存，为了统治巨画般的草原和森林，混战此起彼伏。在这些事件发生的时候，似乎只有局部意义，但直到《秘史》成书以后，每个人才知道，这些事件的重大影响远超当时，因为乱世造就了一位英雄、一位领袖、一位民族的缔造者、一位帝王。

《秘史》有两个主题。首先，由描述乱世转入有条理地记述建国过程。它频繁采用东亚公认且广泛使用的十二生肖循环纪年方式（《秘史》本身成书于鼠儿年，1228年），佚名作者[1]选取了那些能阐明成吉思汗崛起意义的事件。例如，它多次复述一个老旧的插曲：一位母亲叫来好勇斗狠的儿子们，先是让他们折断了一

---

[1] 可能是一位叫失吉忽秃忽的塔塔儿人，他被成吉思汗家庭收养，并成为成吉思汗官僚机构的首脑。几乎可以肯定，《秘史》是为成吉思汗的继承者窝阔台而作的，作者和窝阔台是同党。成书年份存在较大争议，有人认为是另一个鼠儿年成书。艾鹜德发现许多与1228年年代不符的人或事，支持1252年成书说；罗依果认为该书作者混淆了1228年和1229年，主张《秘史》应该成书于1229年，牛儿年。

支箭，然后再让他们试着折断一捆箭，但他们做不到；此事的寓意在于——为了生存与征战，必须团结在一起！其次，《秘史》告诉我们成为领袖的必要特质：勇敢无畏，果断坚定，锐于裁决，胸襟宽广，冷酷无情，建功立业的眼光。《秘史》很多地方令人费解，但是，一些事件——几乎可以肯定，诗人已经把它们变得通俗易懂——经常会跌宕起伏，极富戏剧性，就像电影场景（包括对白）的处理手法一样引人入胜。

然而，《秘史》不只是一篇叙事文，它也是一份政治宣言，显示出天命是如何创造出成吉思汗的。《秘史》的开场便回溯到二十三代之前的动物始祖，一只鹿和一匹"奉上天之命而降生"的狼。《秘史》告诉我们天命是如何发生实际作用的。过了十二代以后，出现了一位叫美人阿兰的女子，她生了两个儿子，丈夫死后，她又怀孕三次，于是先生的两个儿子指责她的不当行为。她毫不介意，说："一个光芒四射的黄色男人"，沿着烟孔、门额进入她的帐篷，"他的光辉透入我腹中"，然后，"他化装成一条黄狗，趁着日月之光匍匐而出。"这不完全是处女生子，但至少是无罪始胎。当美人阿兰看到他时便知这是天之使者，这道明亮的黄光或金光，象征着最高权力；那条狗是上面谈到的那匹狼的斜影，是凶猛的象征。"很明显"，她说，"他们三人是上天之子"，命中注定"成为天下之主"。

又过了十二代之后，成吉思汗出生，连同他的继承者和家族在内，他们自称为"黄金家族"。《秘史》正是为他们而编写，这就是为什么说它是秘密的。它保持神秘是因为原文本已经亡佚，它能保存下来就是因为说汉语的蒙古族后人把蒙古文音译成汉文，以有助于蒙古语的学习。但是，这个汉字音译本也从皇家档案馆中消失了，直到19世纪晚期在私人收藏中被重新发现，然后学者们开始复原蒙古文本的工作，根据音译汉字返译成蒙古文。

《秘史》在开篇数行中就陈述主题——命"受于上天"，很多事件都蕴含着一种宗教思想，它以蒙古人心中的神——苍天——为信仰基础。随着时间的推移和《秘史》的继续记述，我们将深入领会这种观念及其复杂的演变过程。

所以，此时我们有了这样一件文本档案：它精心建构自己的叙事手法和思想，以阐释现在和预见未来的目的去展现过去。它不完全是最客观的史实来源。历史学家每时每刻都要面对这个问题，不过，经常会有许多可供选择的资料来源，它们能让学者朝着"客观"事实的方向推进。比如就有以下这么一个事例，第一次记述它的时候只用了蒙古文，而后来所有的资料来源都利用了这个蒙古文本（也有汉文和波斯文来源，里面增加的许多细节，或是与蒙古文本互相印证，或是与之抵牾）。我们所能做的是妥善地看待这个事例，要相信它部分是历史，部分是民间传说，部分是圣人言行录，要极其谨慎地理解它的表面意义。

一次邂逅改变了也速该的人生旅程，也改变了世界大势。据《秘史》记载，有一天，也速该外出在鄂嫩河（旧名作"斡难河"——译者注）畔放鹰狩猎，当时他偶然看见一个骑马的男人，旁边是一辆由骆驼拉着的两轮黑色小车，看那架势是专为接送富裕女子的。也速该可能认出了那个叫赤列都的男人,他是邻近的篾儿乞部首领的幼弟,该部居住在西北方的森林里,面向贝加尔湖。也速该向车内的女孩瞥了一眼,这令他热血沸腾——她是个美女。更重要的是,她的穿着打扮表明,她来自一个与也速该所属氏族有传统联姻关系的氏族。他回去带上自己的两个兄弟,追上行进缓慢的队伍,赶跑了篾儿乞人,夺过拴骆驼的缰绳,然后慢慢地穿过草地回家。此时,这个年轻的女人诃额仑,为自己的命运哀叹,在车上前后颠簸,发辫飘扬,因失去丈夫而悲痛欲绝。"嗯?闭嘴!"身旁一个骑马的男人说道,"忘掉他!他已成往事。"正如一些事情所证明的,这段插曲只是为后来的事件埋下关键的诱因,并不完全真实,但事实是诃额仑接受也速该成为自己的新丈夫和保护者。六个月后,也速该在完成一次袭击行动后返回,诃额仑前来迎接丈夫,并告诉他,她已身怀六甲。

现在,也速该的任务是重新获得他祖父合不勒汗曾经拥有过的权威。他需要帮助。一个潜在的盟友是西部的邻居——突厥化的克烈部(Kerait,是Kereyid、Kereit和Khereit等众多词汇的简写。它是地域广泛的突厥共同体的余部,因为突厥人已经向西迁移,最后到达一处新的家园,即今天的土耳其)。

克烈人成为名义上的基督徒已将近两个世纪,他们把自己的基督信仰归于"异端"教派,该教派以5世纪时创始人的名字聂思脱利命名,他主张基督具有神性和人性两种位格。这意味着他反对把贞女玛利亚作为神之母的官方祭仪,他说这就否定了基督的人性。因此他被逐出了君士坦丁堡,他的信徒四处逃离,随后蓬勃兴起,一路朝着中国向东扩散并进入中亚,使那里的几个部落皈依该教派,其中就有克烈部(西方对这段历史的模糊记忆催生了一种传闻：中亚居住着一位基督徒国王叫祭司王Prester John，据说，祭司王约翰打算驾马飞奔去相助基督徒十字军攻打圣地巴勒斯坦。当"基督徒"变成了蒙古人的时候，他们相当失望）。

克烈部现任的首领是脱里（也作"脱斡邻勒"——译者注），其事业蒸蒸日上，但在童年时代他被劫持了两次，都被赎回，后来为保汗位而残杀诸位叔父。当脱里因一个图谋复仇的亲属追杀而逃亡时，也速该出手相助，帮他恢复汗位。（今天从乌兰巴托往西短程驱车，仍然可以看到脱里汗廷的遗迹——一个土墩、几块石头。）他和也速该成为"盟誓的结义兄弟"，日后的事实证明，他俩的结盟对成吉思汗的事业特别重要。

三个月后，蒙古人对位于中国东北的宿敌塔塔儿人（英文常写成Tartar，因为它与Tartarus相混淆，后者的意思是地狱之境。随后，这个词被用来代称整体蒙古人。对欧洲人而言，蒙古人就是一群来自地狱的人）发起又一轮攻击，大获全胜。也速该战罢归来，俘获了一位名叫铁木真的塔塔儿首领。大概就在那个时候，可能是1162年，在鄂嫩河旁的脾脏山丘（Spleen Hillock）附近，诃额仑的孩子降生了（降生地点存在争议。1962年，正值成吉思汗八百周岁诞辰，政府选择达勒的一个地点作为他的出生地，这没有充分的证据作为基础，更有可能是在宾代尔）。如果后来的惯例适用于过去的事情，那么，当时诃额仑的毡房几乎禁止任何人进入，除了作为接生婆的萨满女巫。女巫凑近端详着这个婴儿，她定能发现一些征兆，毕竟，他是一位汗的曾孙。你瞧！这是一个男孩，右手握着一块"指关节骨大小"的凝血。后来，按照民间传说，这被视为凶猛的征兆——只是由于这个孩子后来是因凶猛而成功，而有些握有凝血的孩子却因温和而失败。

也速该遵循传统，以他所俘获的仇敌（此人从故事中消失了，或是被杀

_{或是被赎回}的名字为孩子取名：铁木真。因此，未来的成吉思汗以塔塔儿人的名字开始了自己的一生。这的确是一个非常合适的名字，因为它源自蒙古语的"铁"，意为"铁匠"（iron-man，即blacksmith），当然，这不是说铁木真原来是一个铁匠，同样道理，今天叫史密斯（Smith）的人也不一定当过铁匠。无论如何，他的父母喜欢"铁"的内涵，在后来生下的孩子中，有两个人的名字也来源于这一词根。

铁木真八岁的时候，也速该打算在诃额仑氏族_{（弘吉剌部）}中为他聘娶一个未来的妻子。该部与蒙古人有着传统的联姻关系，他们住在几百公里外的东部草原，横亘今日中国边界。在到达目的地附近时，也速该偶遇一对弘吉剌部夫妇，他们膝下有一个女儿，叫孛儿帖，她比铁木真大一岁，正待字闺中。一番寒暄之后，双方父亲同意了这门婚事，两个孩子双眼闪烁，容光焕发。为了信守誓约，确保互信，也速该把儿子留在未来亲家德薛禅的家里。离别之时，也速该拜托德薛禅照顾好铁木真，嘱咐道："不要让狗把他吓坏了！"这似乎有点古怪：未来整个欧亚大陆的统治者会怕狗？但是狗确实被养得很大、很凶猛，即便是今天，当你靠近毡房时，你也要大声喊一声："让狗趴下！"成吉思汗自己必定会满意这则颇具人情味的趣事。

在归途中，也速该遇见一群正在宴饮的塔塔儿人，按照草原好客的规矩，塔塔儿人用食物和饮料招待也速该。但他们肯定认出了他，于是便抓住机会报复他以前针对塔塔儿人的攻击，他们把毒药混入他的饮料中。三天后也速该回到家里，生病了，不久死去。

此时故事才真正开始，因为就在也速该临死之前，他派人传唤铁木真回家。此前发生的一切都是背景故事，只是后续的事情赋予了它们重要意义。如果也速该没死，幼小的铁木真可能会留在未来岳父家里数年，和未婚妻孛儿帖成婚，从此快乐或不快乐地生活着，对外部世界毫不知情。如此一来，铁木真的命运将会完全不同，蒙古、中国以及整个欧亚大陆的命运也将完全不同。

诃额仑被抛弃了，身边没有一个保护者，还要拖带七个小孩，他们都在三岁到九岁之间，其中五个由她亲生，另外两个是也速该第二位妻子索济格勒所生。赢得胜仗的希望、对抗灾难的保证，都在突然间不复存在。另一个泰赤乌氏族，是俺巴孩的直系后裔，在"木驴事件"后丧失了汗位资格，如今他们要来讨取权力。眼看有机会摒弃潜在的对手——尤其是也速该的儿子铁木真——于是他们扔下诃额仑，甚至刺伤了一位前来劝诫的老人。诃额仑被抛弃了，没有牧群，几乎是必死无疑。

但她是一个意志坚强的女人，她成了狩猎采集者。据《秘史》描述，她提起裙摆，把贵妇高冠紧系于头，用削尖的树枝挖掘各类浆果和根块：地榆、银叶花、蒜头、洋葱、百合、韭菜。索济格勒肯定也在做同样的事情，但她在故事中没有一席之地。男孩们学会了弯针成钩，然后用网钓取"微不足道"的鱼儿。

正是这关键的三四年时间，铁木真明白了处于社会底层意味着什么：没有家族、伙伴、密友作为保护网，没有足够的牲畜提供肉食、奶类和加盖新毡房的毛毯。穷困潦倒的狩猎采集者处在无隔宿之粮的残酷生存环境之中，铁木真一定感受到了成长的窘困与压抑，他渴望安全、牧群、报仇。

在那个严酷的时期，铁木真结识了一位至交，一个名叫札木合的男孩。铁木真十岁的时候，他们两人互相交换物品。在冬天，他们毛皮裹身以御寒冷，掷玩用动物踝骨制成的骰子，就像今天的人们仍然在玩的那样。到了春天，当甜美的青草从融雪中破土而出时，札木合将一个能发出哨响的箭头送给铁木真，铁木真回赠给札木合一支角头箭。两个男孩两次盟誓结为"安答"——生死与共的结拜兄弟。

这是一个饱受压力的家庭，两个女人抚养七个孩子。年长的两个男孩，铁木真和他同父异母的兄弟别克帖儿，互相感受到了日益增长的对立情绪，这是意料之中的事情。铁木真十三岁的那个秋天，他和兄弟哈撒儿抓住了一条小鱼和一只鸟，却被他们同父异母的两个兄弟偷去了。铁木真和哈撒儿向母亲控诉那两个人的盗窃行为，诃额仑数责骂了铁木真两兄弟，"我们如今除了自己的影子以外没有任何朋友"，这种时候怎么可以说这些事情？两个男孩怒气冲冲地夺门而出，激愤难平。随后，他们准备好弓箭，蹑手蹑脚地靠近别克帖儿，他正在一座小山上看守几匹浅栗色的骟马。别克帖儿向铁木真他们大声吼道：我们要团结在一起，向泰赤乌氏复仇，为什么"把我看成眼中毛、口中刺"？他补充道，不要碰别勒古台！然后盘腿而坐，仿佛在逼铁木真他们亮出底牌。

铁木真和哈撒儿射杀了别克帖儿，非常冷血。

你肯定会问：如果《秘史》是旨在讲述我们这位英雄的崛

起，那么，此处上演的这一幕愚蠢而懦弱的行为又算什么呢？答案是：这是一种训诫，诃额仑发出的训诫。她近乎发狂，对此表示严厉的谴责："你毁掉了生活！"她厉声叫喊，把儿子们比作一只只具有破坏性的野兽，"引用老话，引述古训"。《秘史》以诗文形式描述她持续不停的谩骂，表明这些话广为流传并得到成吉思汗本人的允许。这些话是要说明两点：第一，一个领袖是不应该破坏家庭关系网的，这是生存和未来力量的核心。诃额仑的两个孩子已经违背了"箭捆不断"传说所昭示的古训——必须团结在一起。第二，要听从妇人之言，她们往往知道什么是对的。

此后不久，可能是在随后的5月，泰赤乌人前来"造访"。多亏了母亲，铁木真才能冲破万难而逃生。泰赤乌人觉得，是该用绑架、示众、处死等手段彻底解决铁木真的时候了。当泰赤乌人赶来时，孩子们穿过融雪地带逃入峡谷，躲在那里，却受困其中。"把铁木真交出来！"攻击者喊道，"其余的人一概不问！"然而，铁木真的两个兄弟和一个妹妹把他架在马上，让他独自一人逃入密林之中，他在那里藏匿了三天。

此时此刻，铁木真正牵着马儿，设法徒步走出困境，忽然马鞍变松掉落下来。他看着马背上的带子，无法理解马鞍是怎么掉下来的，更重要的是，为什么会掉下来。在拥有精神世界信仰的文化中，莫名其妙的意外事件的发生，往往被归因于超凡力量的影响。因此，《秘史》提到，铁木真第一次想弄明白，他是否受到神的护佑："这是天发出的警告吗？"有充分的理由相信,铁木真对此无法确定,但他不打算冒险,于是返回密林又隐藏了三天。然后,他再次试着走出密林,不料又一件怪事使他驻足:一块帐篷大小的白卵石倒在他面前,阻塞了道路。铁木真第二次想弄明白:"这是天发出的警告吗?"他又一次退回密林藏了三天,直到受饥饿驱使而出——刚好被守株待兔的泰赤乌人拿下。如果说天正在保佑铁木真(他躲藏了三个三天,共九天,"三"和"九"都是吉利的数字,卵石的颜色是白色,这些都是暗示),那么,这种保佑仍然不太起作用。

《秘史》对随后的情节和奇遇大书特书;它编撰了一个完美的故事,表明天站在铁木真一边,它对铁木真的性格颇有洞见。铁木真本人肯定多次讲述这些情节和奇遇,并认可《秘史》的复述方式,以彰显他日益增强的力量、成熟的身心和天赐的好运。

在一两周的时间里,铁木真成为泰赤乌氏首领塔儿忽台(Targutai,字面意思是"胖子",这是他体态肥胖的绰号。更有可能的是,他属于一个旁支氏族——托尔固尔,Targut)的囚徒。塔儿忽台下令,把铁木真从一个营地押送到另一个营地,证明自己对俘虏的支配权。铁木真被迫戴上沉重的木颈圈,一种叫做"枷"的随身颈手刑具,套绕在脖子和手腕处。

他的前景似乎变得糟糕透顶,因为羞辱重于刑罚,但事实上,性格和机遇即将助他一臂之力。此前的某个晚上,铁木真被安排住在一个人的家中,这个人叫锁儿罕失剌,他是泰赤乌仆从氏族的成员,但他没有对主人保持应有的忠诚——为了让铁木真睡得更舒服一些,锁儿罕失剌叫两个儿子给铁木真解下刑枷。此时此地，这还只是建立友谊的小小基础，可是一旦时机来临，那么这种友谊就值得信赖和依靠。

接下来，5月中旬夏季的第一个月圆之夜——蒙古人称为"红圆月日"，泰赤乌人聚集在一起举行庆祝活动。可以想象，宽阔的鄂嫩河谷终于解冻，从仍有积雪的山脊上俯瞰散生的树木，成群的马、羊正在新生牧场上啃草，几十顶圆形帐篷扎在各处，烟孔里冒出袅袅炊烟，每个帐篷外都成排地拴着马匹，数百民众从周围的营地赶来，一派欢乐的气氛。到了下午，戴着木枷的铁木真出现在人群之中，一位孱弱的少年拉着这位囚犯身上的绳索，负责看守。

天黑以后，月圆之夜，人们朝各自的帐篷散去，万籁俱寂。铁木真迅速乘机而动，他拽松绳索，猛摇木颈圈，用它击打看守的头部，逃进树林。铁木真听到身后传来一声哀号："囚犯逃跑啦！"他知道泰赤乌人会来追赶他，于是跑向河边，踉跄地走入河里，躺进水流，头部靠木枷托起，没有碰到似冰的河水。

追捕者尾随至树林，但有个人正沿河而下回家，他就是锁儿罕失剌，他发现了铁木真。锁儿罕失剌非常惊讶，轻声低语地对铁木真说，泰赤乌人心怀嫉妒是因为"你双眼闪烁，容光焕发……你就这样躺着，我不会告诉他们的"。他对铁木真说，等到危险过去，你再起身离开去找你的母亲。

铁木真有了个更好的主意，可是眼下处境悲惨。他的双手被笨重的刑枷套牢，脖子和手腕被刑枷擦伤后红肿起来。他身穿毛料衣服，躺在冰冷的河水里。奔逃会暴露行踪，重新被抓，意味着死亡。铁木真蹒跚地循着锁儿罕失剌的足迹沿河而下，设法找到此前某个晚上他住过的帐篷。他时不时停下来，倾听液体在皮桶中晃溢的声音，那是女人们在彻夜达旦地搅拌马奶，酿制阿剌吉。

铁木真听到了喧闹声，发现了帐篷，然后进去了。看到这个浑身湿透、不停颤抖的逃亡者，锁儿罕失剌惊恐万分，催促他马上离开，但是，锁儿罕失剌的家人——他的妻子、两个儿子、一个女儿——却一如既往地对铁木真深表同情。他们卸下他所戴的刑枷，烧毁了它；他们烘干他的衣服，给他吃东西，然后把他藏在一辆装羊毛的车里。他睡着了。

翌日，天气炎热，泰赤乌人继续猎捕铁木真，他们从森林转向牧民的帐篷，最后到了锁儿罕失剌的家。他们翻箱倒柜，查看床下，然后搜查那辆堆积羊毛的车里。泰赤乌人揭开羊毛，铁木真的脚即将暴露出来，在这千钧一发的时刻——无疑，这是某位诗人为了增强紧张气氛而添油加醋的细节——锁儿罕失剌不能再袖手旁观了。

"这么热的天气，"他说，"人藏在羊毛里怎么可能受得了？"

搜查者顿时感到此举有些愚蠢，于是就离开了。

锁儿罕失剌长长地松了一口气，叫铁木真从羊毛堆里出来，给他食物、饮料，还有一匹马、一张弓、两支箭。铁木真起身上马，沿鄂嫩河上游疾驰，终于和家人重逢。

这个故事描述了铁木真的各种经历，揭示了塑造铁木真性格的根源。他尝尽了穷困潦倒、亡命流浪的滋味，知道了家庭的极端重要性。他明察行动时机、做事果断，同时又行事稳妥，知道如何控制自己的情绪。最关键的是，他能发现潜在的盟友。对铁木真来说，所有这一切都是至关重要的，因为他所要达到的基本要求是：安全。

《秘史》继续叙述另一次奇遇。铁木真眼下正在网罗友伴，正如三船敏郎在《七武士》（*The Seven Samurai*）、尤尔·伯连纳（Yul Brynner）在好莱坞版《豪勇七蛟龙》（*The Magnificent Seven*）里所做的那样。一年过去了，家庭有了牧群——九匹马，这满足了他们的需求，但还不足以算作富足。有一天，当别勒古台——幸存下来的铁木真同父异母的兄弟——骑着一匹良马外出狩猎土拨鼠的时候，盗贼们偷去了其他八匹马。铁木真和家人只能眼睁睁地看着马儿被偷，无助地干发怒。天快黑的时候，别勒古台牵着仅剩的那匹马回到家，铁木真，这位最年长的孩子，立刻策马疾奔，循着盗贼踏过草上的痕迹，连追了三天。

第四天早晨，铁木真在途中遇见一顶帐篷和一大群马，一名少年在一旁看管着，他叫博尔术。是的，早些时候，他看见铁木真那几匹浅栗色的骟马从这里被赶过去了。博尔术为铁木真指路，并坚持让铁木真放掉自己那匹精疲力尽的马，换上一匹新的黑背灰马，然后做出一个突然的决定。"所有男子汉的艰辛都一样，"博尔术说，"我愿意做你的友伴。"他不肯回帐告诉自己父亲正在发生的事情，就这样，他们一起出发去追马了。

四天以后，铁木真和博尔术赶上了盗贼及其牧群，当然还有被偷的马匹。两个友伴立即动手，骑马冲进牧群，夺回自己的马匹，飞驰而去。盗贼们从后面追来，但这时夜幕逐渐降临，他们最终放弃追赶。

又过了四天，他们两人即将回到博尔术父亲的营地，铁木真慷慨地表示："朋友，没有你，我怎能夺回这些马匹？咱们分了它们。"不，不，博尔术回答，他不想要。他父亲是富翁，博尔术又是独子，他拥有他所需要的一切。另外，博尔术这么做是出于友谊，所以不可能只把这些马看成战利品而要求回报。

两人返回博尔术的营帐，父子团聚的一幕令人动容。博尔术父亲以为自己的儿子失踪并可能死亡而悲痛欲绝，但博尔术并不后悔，这是一个十来岁少年的典型性格。现在他已经回家，还会有什么问题呢？博尔术父亲责骂了儿子，也流下了宽慰的眼泪。随后，父子两人给了铁木真食物，这位名叫纳忽的父亲让两个孩子立下誓言："你们两个年轻人，要永不相弃。"铁木真会铭记博尔术的无私与高尚，而博尔术日后将成为最优秀的蒙古将领之一。

这里留下了一个有待履行的承诺，一位有望重逢的现成的盟友。现在，铁木真十六岁了，他回到德薛禅的营帐，要和他的未婚妻孛儿帖完婚，这是七年前他父亲安排好的事情。十七岁的孛儿帖完全做好了结婚的准备，她的父母非常高兴。婚后，德薛禅夫妇陪同女儿回到铁木真的家里，他们给诃额仑送去一份礼物——黑貂皮袄。这肯定是一件高贵华丽之物，乌黑发亮，光泽如油，天冷时它袖长盖手，褶边过膝。面对如此厚礼，诃额仑显得很激动，不过，她的长子、现在是一家之主的铁木真表现平静，他看到了这件皮袄将有大用。

铁木真可以依靠的力量有自己的家庭、两位"盟誓的结义兄弟"和另一个蒙古氏族——孛儿帖、诃额仑所属的弘吉剌部。他还能得到更多的帮助，而且知道从哪里获得：他父亲生死与共的结拜兄弟、克烈部的首领脱里，如今，这位首领统治着从蒙古中部延伸到戈壁以南中国边界的广阔疆土。

为使对方答应自己的请求，铁木真献出了黑貂皮袄，脱里欣喜万分。"为答谢你送给我黑貂皮袄，"他说，"我要把你散失的百姓召集起来给你。"

不久以后，一次攻击迫使铁木真逃到圣山的侧坡，这是一次很有意义的逃离。

袭击发生在天色微亮之时。当时，铁木真一家人宿营在克鲁伦河——环绕着他们的家园——源头附近的宽谷之地。一位叫豁阿黑臣的老女仆，被疾奔的马蹄踏地声惊醒了，她大喊着向众人发出警告。铁木真和兄弟们飞身上马，安全地骑到了蒙古人的圣山——不儿罕·合勒敦山（"不儿罕"意为"神圣的""圣洁的"。"合勒敦"可能源自一个意为"悬崖"或"柳树"的词汇，坦率地说，无人知道）——的侧坡。

这里有一个问题。今天，每个人都认为他们知道这座山，它的名字叫肯特山（Khentii Khan，意译为肯特汗，即肯特王），在蒙古人的脑海中，这座山与成吉思汗有着密不可分的关系。普通民众、官员和大部分学者都相信，此山是成吉思汗儿时游荡之地，是他的避敌之所，也是他的葬身之处（后文我们再谈这个话题）。

他们之所以如此确信，是因为有许多充分的理由：此山是数个世纪以来拜谒成吉思汗的中心地；在上山路程的三分之一处曾经有一间庙宇，今天仍能找到它的遗迹；山顶处有数十座神龛。因此，政府四年一次派人登山考察，提升它的地位。这些都是很有说服力的理由；可惜，没有确凿的证据能够证明，现在的不儿罕·合勒敦山就是过去的不儿罕·合勒敦山。或许，这个名字是指六座山峰的合称，甚至是指整个山区（罗依果在译注《秘史》时概述了对这个问题的相关争论。他几乎认定，过去的不儿罕·合勒敦山就是今天的肯特山。但我没有这么确信，见后文）。或许，每个氏族都有属于自己的圣山，如果是这样的话，那么，没有人知道铁木真年轻时游荡的圣山是哪一座。

不管怎样，铁木真逃上了"某座"不儿罕·合勒敦山，如果不是"这座"不儿罕·合勒敦山的话。诃额仑抓起五岁的女儿帖木仑，抱在胸前，骑上马匹，和其他人一起奔驰而去，但是，"孛儿帖夫人无马可骑了"，那位老仆人把她推进一辆密闭的牛拉幌车。孛儿帖原本可以逃走，然而，崎岖不平的地面震断了幌车的木轮轴，于是篾儿乞袭击者重新赶上来，他们想看看幌车里究竟是什么。几位年轻的篾儿乞人下马，掀开车门，"他们确信无疑地发现里面坐着一位妇人"。他们强拽孛儿帖和老女仆坐在马臀上，加入搜捕铁木真的行动中。不儿罕·合勒敦山的侧坡极其险恶，上面布满泥沼、密林，就连"吃饱的蛇也钻不进去"。篾儿乞人一连三天绕山搜捕，都是徒劳无获，最后，他们只好带着女俘撤走了。"我们已经报仇雪恨"，篾儿乞人彼此告知，然后拉着俘虏开始踏上为时一周的归途。一回到本部，孛儿帖就被交给了一位首领。

在此次事件中，铁木真没有表现出英雄本色，他自己奔向安全之地，留下年轻的妻子被人劫持。但是，到了撰写《秘史》的时候，这个故事却变得非常有名，我们推测，描述这个故事得到了英雄本人的准许。每个人的思维都惯于受后见之明的支配，他们知道，铁木真是一位候选的领袖，所以他的幸存才是最为关键的。此外，故事需要孛儿帖被劫持，因为劫持事件为接下来发生的事情提供了一个动机。

铁木真正藏在灌木丛中，露宿于野。他失去了心爱的孛儿帖，如果他被看成是一个失败者，那么，他的朋友将离他而去。到了第三天早晨，形势转危为安之时，铁木真再次出现，他为自己能够大难不死而感到极为庆幸，他在不儿罕·合勒敦山的树林和峡谷中找到避难所，已经不是第一次了。《秘史》分成若干诗节来描述铁木真的感受：

> 幸有不儿罕·合勒敦山，让我逃过一命，
> 这微如虱子的生命，我为生命而忧虑，这仅有的生命，
> 骑着马，沿着鹿道，我登上了合勒敦山；
> 用断裂的柳条支起避难所，
> 我以此为家。
> 幸有合勒敦·不儿罕山（构成山名的单词顺序颠倒是由于文体的原因，毕竟，这是诗文），
> 我的生命，这贱如蝗虫的生命，
> 才得到了真正的庇护！

尽管所有的高处都是神圣的,但这座山却理应受到特殊的尊崇。铁木真发誓,每天早晨他都会通过祈祷来纪念它,以此来永远尊崇它;并且,他的孩子,孩子的孩子,也将会这么做。然后,铁木真做出了几个动作,表明他对一种强大力量的彻底臣服,他面向东升的旭日,把腰带和帽子——都是力量和权威的象征——搭在肩上,一手捶胸,朝着太阳行三跪九叩之礼,用阿剌吉——发酵的马奶——洒地而奠。

是什么庇护了铁木真的生命?这里只有一种可能:是一种力量,是在他藏于山上之时所接近的一种力量,就是《秘史》开篇所说的"天"。现在到了该仔细看一下这种力量是什么的时候了。

"天"是从蒙古之神"腾格里"(Tengri)翻译而来的。腾格里,也是其他一些中亚民族心中的神,腾格里信仰可以追溯至蒙古人到达蒙古之前的几个世纪。也许,"腾格里"和汉语"天"(tien,如天山、北京的天安门)源自于相同的词根。无论如何,腾格里曾被匈奴人使用过。匈奴人或许就是匈人,或许不是,从公元前200年至公元200年,他们统治着一个涵盖东亚广大地域的帝国(中国人和蒙古人认为,匈奴人和匈人是同一群人,但这缺乏证据,参阅我所著《阿提拉》,第二章)。突厥部落接受了"腾格里"这个词,他们用各种写法在蒙古中部众多石刻碑文中记录着这个名字,然后这个名字随着他们的西迁而传播,直到他们皈依伊斯兰教。当蒙古人于公元第一个千年的后期抵达家园时,他们也承袭了这个词。(用罗依果的话说，这意味着"突厥人扮演了对接蒙古人的角色，如同希腊人对接罗马人那样"[1] 就像许多语言中的"天"，它既指天空，也指天的神圣性："天开了"，"苍天在上！"让人感觉到一种力量（这是有可能的，虽然在词源上根本无法确定），"一种变天的力量"[2]。

到目前为止，腾格里似乎等同于《旧约全书》中的上帝，虽然犹太人的上帝经常通过指引或惩罚来干预人间俗事，但古代突厥—蒙古人的神却是非人格化的，不会卷入草原上那些鸡毛蒜皮的纷争。不论过去与现在，它都是自然化的，所以，穆斯林和基督徒把腾格里看作安拉和上帝。这个术语也被用来指代印度教诸神和佛教的各种精神实体。和所有一神教的主要思想一样，腾格里主义根植于一种普世精神。腾格里统摄着数目众多的次级腾格里（后期佛教神学认为有九十九个），主宰着诸如岩石、树木、江河、溪流、丛林、风暴以及几乎所有你能想到的自然现象的灵性，不可胜数。正因为如此，所以，今天当你在蒙古驾车兜风时，你能在低丘岗地和山脊顶处看到石头堆成的神龛（敖包，ovoo），上面摆放着瓶装的祭品、蓝丝带和一文不值的钞票。

这就把我们领进了一个万物有灵论的信仰体系，这种信仰认为，世上不仅存在无数的灵魂，而且某些特定人群——萨满巫师——拥有联系、控制并利用这些灵魂来济世救人的能力。这是此类信仰的基本信条。在世界各地，从西伯利亚（"萨满"一词

---

1 罗依果：《天、地、蒙古人：约1160—1260》，收入《毕生奉献给中国使命》，比利时鲁汶，2007年。

2 鲁保罗（Jean-paul Roux）：《腾格里》，《宗教历史学刊》，第149卷（1956年）。

（的来源地）到非洲、澳大利亚、美洲，一些尚无文字、"前城市"状态的文化环境中，灵魂和萨满巫师经常是共存的。联系灵魂世界的途径是很多的：迷幻剂、麻醉药、催眠恍惚、音乐、击鼓、宗教仪式，以及（或者）登上那些接近灵魂（大神、宙斯、安拉、上帝或腾格里）的地方，如一座塔或一座山。正因为如此，史前人类才会把神龛建在圣山之上；正因为如此，这些圣山虽说险峻但不至于难以攀爬；正因为如此，像玛雅、苏美尔、埃及这样各自独立的文化才会建造金字塔；正因为如此，许多信仰中的宗教建筑都带有塔。

所以，在一座圣山上，铁木真第一次有了受天保护的迹象，这是宇宙至高无上的力量。这种力量让星球转动，这种力量被全人类感知，因而，这种力量构成所有宗教的基础。

随着征服一次又一次的进行，腾格里不断被提炼，逐渐升华为一种思想，某些学者称之为"腾格里主义"。或许，这一转变是在伊斯兰教和基督教这两个最大的一神教影响下发生的。起初，腾格里只不过是苍天的一种精神形式，其后，它变成了更加普世且更多卷入人间俗事的"长生天"。长生天赐予保护、好运和成功，它是力量之源，在危难时刻激发产生正确的决定，并强力贯彻它的意志。后来，当帝国建立并不断扩张的时候，法令的颁布通常始于一种祈愿："通过长生天的力量……"，或"赖长生天之力……"，其实质就在于裁定哪些是天意所定，哪些不是。

从表面上看，声称得到天助只不过是中华帝国传统"天命"统治的反映，但显然比之更为激进和纯粹。顾名思义，天命是由诸神授命给一位君王的，但这是发生在他掌权或他的王朝建立之后的事情，只是一招"马后炮"。在成功征服或夺取政权以前，天可能站在你这边，但在坐登龙椅之前，你是无法对此确信不疑的。如果你失败了，那么天就必然收回成命；但直到垮台之前，你也不可能知道。青年铁木真的未来追随者们相信，无论是铁木真虱子般地藏于圣山侧坡之时，还是在数个世纪前蒙古人出现之时，总之，在取得任何成功之前，天已经站在铁木真这边。

可这到底是为什么呢？青年铁木真不知道，日后的成吉思汗也不知道，他的继承者们对此更不知道。没有人能合乎情理地解释这个问题。这是一个谜，从中却催生出蒙古人最令人惊讶的品性之一：宽容，给人一种没有宗教偏执的感觉，我们会从他们适时的行为中看到这一点。

而后，成功的征服滋长了一种非常遭人厌恶的品性：傲慢。的确，刚开始的时候你必须强大，但天若要你取得真正的成功，他肯定会增强你先天的固有力量，然后你不管做什么都会成功，从而证明天与你同在。在这种循环论证的基础上，铁木真/成吉思汗的继承者们获得了一种必然性，这是他们那位威名远扬的祖先所从未拥有过的：假如你已经被天授命，那么任何征服都是在秉承天命或天意。在一封写给教皇的著名信件中，成吉思汗的孙子贵由实际上是在责问："如果没有上天的命令，你认为我们怎么会取得所有的这些胜利？所以，天必定站在我们这边，正因为如此，你不可能得到上帝的支持。接受天命，服从天命吧。"

基督教有一种传统信仰，认为上帝能被祈祷者所左右。甚至到了今天，教堂通过礼拜来祈祷和平与安康，这就意味着如果基督徒不这么做，那么他们祈祷的事情就有可能被上帝遗忘。起初，腾格里因遥不可及而不受人影响，但是随着一次又一次的成功征服，信仰发生了改变。如果蒙古人成为全世界的统治者，那么他们也许可以对支持他们的神施加影响。有一次，成吉思汗要求上天赐予力量去做必要之事，换句话说，就是在危险的情况下发动一场战争。波斯（今称伊朗——译者注）历史学家拉施都丁——在成吉思汗死后七十五年时撰写百科全书式的《纪年汇编》（*Collected Chronicles*，其他译本的书名叫《史集》）——讲述了成吉思汗的另一次祈祷："哦，长生天，从高处借我一臂之力吧，容许这世上的人以及善恶之灵，都来帮助我。"

腾格里的观念还另有微妙之处，这也是源自于突厥人的信仰。皇天是二元世界中更强大的一半，另一半则是相对弱小的后土，蒙古人称为"大地母亲"，它有一个来自突厥语的名字：**渥特根**（Etügen，写法各异，马可·波罗提到这个神叫"纳蒂盖"是Etugen的变体，但他认为她是男性。普兰诺·卡尔平尼也这么认为，他把这个名字转写成"亦托哈"，Itoga）。为了取得实实在在的成功，你不仅需要天，而且还需要天与地的合作。自然而然地，成功可以证明蒙古人获得了两者的支持，于是，信仰衍生出骇人听闻的信条：全世界实际上都已经属于蒙古人，他们的使命就是让世上的每个人认识到这个惊人的事实。

The Founder of His Nation

民族的缔造者

铁木真下一个任务是营救孛儿帖，他别无选择：如果他接受了失去孛儿帖的事实，那么，他过去拥有的威望将一落千丈，他没有机会统治任何人，更不用说让人相信他是在神的保护之下，命中注定他只有速死。铁木真求助于他呼之为"父亲"的人——脱里，后者没有让铁木真失望。

> 为答谢你献给我黑貂皮袄，
> 我们要击破所有的篾儿乞人，
> 我们要救回你的妻子孛儿帖。

为了寻求更多帮助，铁木真召唤他儿时的朋友、盟誓的结义兄弟、如今已是自己氏族首领的札木合。于是，铁木真他们兵分四翼，共一万二千人或更多，一路奋力向北，翻山越岭朝贝加尔湖前进，逐渐靠近色楞格河的支流希洛克河，跨过这条河便是篾儿乞人的营地。他们决定在夜间过河，每个人都编结芦苇筏，携马游渡。整个行动规模太大了，以致无法达到出其不意的目的，在远处希洛克河岸边游荡的猎人们看见了所发生的一切，飞奔着发出警告。篾儿乞人逃跑了，惊慌失措地沿着河岸向色楞格河散去。

在那些追逐逃难者的人群中，铁木真骑马呼喊孛儿帖的名字。孛儿帖是一名奇货可居的人质，坐在一辆逃难的车子上，她听到呼喊声后，就跳下车子，奔跑过来，一把抓住铁木真手中的缰绳，"他们将对方紧紧地抱在怀中"。这是一个极富浪漫的情景，明月当空照，两个年轻人拥抱在一起。这一刻铁木真心欢意满，"我要找的人已经找到了"，他说道，然后停止追捕篾儿乞人。

这是一次著名的胜利，后来的《秘史》道出了取胜的原因。铁木真得到两位盟友的相助，但是，诗文反复强调一个更为重要的原因，"靠天地增强了我的力量"。

> 昊天把我们召集起来，
> 大地母亲帮我们渡过难关，
> 我们掏空了篾儿乞人的胸膛。

唯一的阴影是，孛儿帖返回时已经怀上了她的第一个孩子术赤。虽然铁木真认定这个孩子是自己亲生的，但是，术赤却因其可能是私生而背上污名，结果，当提名后任大汗的时候，他没有被接受为继承者。

在对篾儿乞部之战胜利后的十八个月里，铁木真家庭与札木合生活在一起，他们是最好的朋友，互换礼物，有饭同食，甚至同被共眠（这并不意味着同性恋）。

但是在4月中旬，蒙古部众的家族群沿鄂嫩河向春季牧场迁移时，两位朋友在车子前面同行，此时札木合建议他们应该各自立营而住。铁木真犹豫地停了下来，感到困惑，他怀疑札木合是不是意在分离。铁木真征求诃额仑的意见，但发话的却是孛儿帖：每个人都知道札木合这个人喜新厌旧，她说，换句常话说就是札木合不应再被信任。

由这个迹象产生的疑虑，导致一个惊人的推论。如果两人不再同心，那么谁是领袖？札木合更具影响力，但铁木真不甘心只当个追随者，既然如此，铁木真就不得不离开他的朋友。但是，如果他们分裂了，那就不可能成为友伴；如果不是友伴，那就成为竞争者；如果是竞争者，那就会变成敌人，其中一人必定凌驾于另一人之上。

铁木真下定决心，没有立营而住，而是连夜引领着自己的部众向前赶路。

他完全有可能走入绝境，残留下一个历史的注脚，但他赢得了这场赌局。等到有人撰写这些故事的时候，对很多东西进行了解释，《秘史》就是这么做的——把一个旷日持久的过程浓缩成一部戏剧。

拂晓时分，一个弱小氏族的三兄弟及其家人领着部众赶上了铁木真，随后，又有一个氏族的五兄弟来了，然后，更多的氏族、更多的家庭、更多的人，他们脱离自己的家族群，共同选择了铁木真而不是札木合。他们之所以前来，是因为有传闻散布说年轻的铁木真注定成为领袖，传闻强化为希望，希望激变成预言。有个人说，他与札木合有亲缘关系，本不应该离开札木合，"但是天的神告恰好降临于我的眼前，向我启示未来"。他亲眼看到，一头母牛抵撞了札木合，撞断了一只牛角；随后一头公牛驮着一辆帐篷车——象征整个民族，追赶铁木真，它要"在宽阔大路上"把民族交给铁木真，这是一条通往最高权力的康庄大道。象征、前兆、神告、梦境、愿景、预言，所有这些汇成一个伟大的真理，正如那头公牛吼叫的："天地一起商定，铁木真将成为万民之主！"

还有人不断前来，并在附近搭起帐篷。很多在家族等级出身上高于铁木真的人，也都心怀一种信念：蒙古人最终需要的就是这个男人，去恢复他们早先失去的统一。三位高贵亲属表示愿做铁木真的马前卒，并发誓，拥立他为新可汗，要为他冲锋陷阵，要为他掳来美女骏马，要为他行狩打猎；如果违背他的号令，那么就让他没收所有家财，"把我们扔进荒野之地"。一大部分蒙古人有了自己的新可汗，但只能算半个民族，因为札木合的部众还有待吞并。

这里有一个问题。《秘史》在一条记载中说，就在立下忠诚的重大誓言之后，他们即刻"拥立铁木真为可汗，称他为成吉思汗"，这件事情可能发生在1180年代后期。然而，《秘史》又说，后来在1206年一次更大的聚会上铁木真被称为可汗。到底发生了什么？何时发生？简短的回答是：无人知道。奇怪的是，《秘史》并没有告诉我们答案。确实，《秘史》经常在一些史实上显得不太可靠，但它会时不时地提及年份，而像铁木真改称成吉思汗这样具有重大意义的事件却没有日期。难道是家庭成员为了家庭利益就这个非常秘密的事情达成了某种协议？如果是这样的话，《秘史》作者可能出于尊重而对相关信息保密。

如今，大多数权威人士认为，这次事件发生在1189年的蓝湖（Blue Lake），那里是铁木真家庭的根据地，实际上，如果你今天去那里看看，你基本上会对这个说法深信不疑。这是一个美丽的地方。如果站在适宜的角度看去，湖面蔚蓝如天；而换个角度看去，湖面又呈褐色，因为它位于泥炭土之中。一座叫黑心（Black Heart）的小山隐约耸现在湖面上。2003年，我首次走访该地，那里竖着一根镌刻着小型成吉思汗浮雕的齐肩高的柱子，除此之外没有什么标志性的东西。在黑心山上，漆成白色的卵石拼出了旧式竖写体的"Genghis Khan"（成吉思汗）。这里寂静无声、美丽如画、隐秘不露，是一个家庭秘密饲养牧群的绝佳地点。

六年后，我再次走访，那里发生了很大变化。有人在湖东岸围起了栅栏，造了一间木屋。南边沿岸的一片平地上，坐落着数栋观光别墅。那根柱子不见了，取而代之的是围成半圆形的一排柱子，它们看上去像美洲印第安人用于宗教仪式的图腾柱。这些冷杉柱每根四米长，它们的顶端加盖着三十四位蒙古可汗的头像，包括从成吉思汗的父亲到自称传承成吉思汗血统的所有君王。它们向内面朝一块花岗石板，板上突显出一个新的成吉思汗头像，是塑制品，这是低俗化、商业化、庄严化的混搭。塑制头像下方有段说明文字，用旧式竖写体雕刻在花岗石板上："天赐的1189年，在黑心山的蓝湖边，蒙古诸汗出席大会，授予成吉思汗的称号。"

这是事实吗？或许吧。虽然《秘史》没有记下确凿的日期，但从1189年起，这个男人更多地是被称为成吉思汗而不是铁木真，这也算是完美之处。

如果说时间是颇受争议的，那么，这个新名字或新称号可能也是如此。蒙古人会选择若干有意义的称号，札木合喜欢"古儿汗"（即普天之汗）的称号，脱里将变成"王汗"（"王"在汉语中表示"高贵"）。但无论是在突厥语、蒙古语中还是在汉语中，那些传统称号与铁木真这个男人的地位声望似乎都不相称。他需要一个新的称号。

"Genghis"（成吉思），不管是名字还是称号，都是独一无二的。不可思议的是，没有人记载它的来源，直到最近，也没有人能提出令人信服的解释，于是五花八门的说法层出不穷，但都站不住脚。有人断言，它和"tengis"（腾汲思，即海洋）这个词有关，因为海洋是备受崇拜的对象；又或与"Tengri"（腾格里）有关。另有人说，一位萨满巫师在听到鸟鸣后便取了这个名字。这些说法都难以说通，直到近年来，学者们逐渐接受了一种意见：Genghis源自于一个突厥旧词chingis，意为"凶猛的，有力的，强健的"，这是Genghis的蒙古西里尔字母的拼写法。在当时，它的来源肯定是不证自明的，但它也可能是私有的家族名，在一个不为公众所知的场合被授予，未能进入故事讲述者的视野。如果是这样的话，那么铁木真就是被私下宣布为"凶猛的统治者"。

现在，《秘史》着手讲述混战的年代（1190—1206），在此期间，成吉思汗朝着通常被认为是缔造民族的目标一路奋进。

这个年代好比是出现了一个太阳系，囊括了众多"天体"：蒙古、塔塔儿、乃蛮、克烈、泰赤乌、金朝，他们交织在忠诚与背叛之间；还有札木合，他就像一类小行星，与太阳系时而碰撞时而依附。成吉思汗一度联手脱里，击垮了塔塔儿人，将这个优势部族中身高超过"马车车辖"的男性成员全部处死，这意味着只有最年幼的孩子可以存活。通过这次战事，成吉思汗既报了杀父之仇，也迎合了金朝的要求，蒙古文和汉文资料都提供了这次战事的时间：狗儿年，1202年。为表示感谢，金朝统兵官授予成吉思汗和脱里荣誉称号（此时脱里变成了"王"，即高贵的统治者，蒙古语发音为Ong）。不久以后，蒙古人和金朝又开始互相攻打。有些事件可以作为理解人物性格及其领导才能的课程。

《秘史》含糊不清的记述导致了一种思维定式：成吉思汗以真正的领袖形象出现，而札木合只是一个虚伪的首领。札木合曾经战胜过成吉思汗，逼得他逃往鄂嫩河上游躲避，札木合捕获了俘虏，"用七十口大锅活煮赤那思氏（Chinos，意为狼群）的贵族"。学者们讨论这些俘虏是谁。多数人推测，这些俘虏是指一个忠于成吉思汗的弱小氏族的男性首领们，这个氏族传说中的图腾祖先是一匹狼，或是以此为名的一位首领。七十，并非一个确切的数字而只是表示"多"的意思。这种推测是合情合理的，但活煮这种死刑方式，确定无疑是札木合所为。另外，札木合还砍下一位敌方首领的头颅，系在马尾上，拖曳而行。这两个事例表现出札木合蓄意而为的残忍和羞辱行为，与成吉思汗的领袖风范默默地形成对比。如果说札木合即便胜利，也只是一个渴望建立恐怖统治的残忍杀人犯，那么，成吉思汗即使失败，也与札木合完全相反。

一场又一场的战斗接踵而至，各种联盟历经形成、背叛、重组。作为一个部落联盟盟主的札木合依然四处流窜，脱里则在友谊与敌意之间摇摆不定。《秘史》在政治、策略、军事细节方面惜墨如金，但在描述一种品性的时候却不乏举例，这是一种铁木真将之看得高于一切的品性——忠诚——也是草原生活中最基本的美德。

在一场与札木合联盟的战斗中，铁木真有两次死里逃生，这段经历为显示忠诚提供了机会，忠诚就像是一个神圣的誓言，把铁木真与他的追随者紧密地连接在一起。

在这场战斗中的某个时刻，一支箭恰好未能射中铁木真，但却刺穿了他那匹马的脖子，使之毙命。就在铁木真更换坐骑之后，另一支箭——一支毒箭——竟迎面而来，射中了他的脖子。那晚在营帐中，没有食物、饮料的供应，铁木真逐渐失去知觉，陷入昏迷。他手下的第二号人物者勒篾，把铁木真的伤口吮吸干净，然后潜入札木合的营地偷回了一些奶酪。铁木真苏醒的时候，者勒篾把奶酪与水调好后喂给他吃。天亮时铁木真体力恢复，他明白，他欠了者勒篾一条命。

稍后，随着战斗的胜利，那位锁儿罕失剌老人现身了，身边还有一位同伴。铁木真问锁儿罕失剌，是否碰巧知道是谁放箭射杀了他的坐骑。回答者是锁儿罕失剌的同伴，名叫只儿豁阿歹，他大声说，是他放的箭。只儿豁阿歹差点要了铁木真的命，他只求快速了结此事，于是他决定献身于领袖。他说，您若赐我一死，我只会腐烂在您手掌大小的一块土地里；但是，您若宽赦于我，那么，我愿为您去穿山蹈海。在后半生的其他场合，铁木真不会为叛徒浪费时间，但这里没有涉及背叛。锁儿罕失剌的出现使铁木真颇受感动，只儿豁阿歹的诚实和勇气让铁木真印象深刻。铁木真说，"这个人可以成为友伴"，然后，为纪念只儿豁阿歹的放箭行为而当场给他改名，"他以后就叫哲别（Jebe, 意为'梅针箭'），我用他就如同用箭"。

者勒篾和哲别日后成为大汗最优秀的两位将领。

这场战斗之后，那位曾经俘虏过铁木真的泰赤乌氏首领塔儿忽台，被自己一个仆从氏族的人及其两个儿子抓获。三人推搡着使塔儿忽台仰卧在车上，随后，两个年轻人的父亲坐在他的肚子上，三人载着"战利品"出发，去投奔铁木真。然而，在路上，父子三人想起了铁木真在忠诚问题上毫不妥协的立场，开始怀疑这么做是否正确，毕竟，他们曾经宣誓效劳于这个男人——现在却成了他们的阶下囚。不能让铁木真觉得他们是叛徒，于是，父子三人放走了俘虏，他们自己去见铁木真。这个举动值得称道。纵然铁木真会把塔儿忽台处以可怕的极刑，但他还是将忠于首领的品性放在自己的复仇欲望之上。"你们不忍背弃自己的正主，忠心可嘉。"他称赞父子三人，并收纳他们为自己的侍从（塔儿忽台终究得到报应，后来被锁儿罕失剌的一个儿子所杀）。

1203年夏天的某个时刻，成吉思汗再度失利，险些出局，他带领仅剩的二千六百人，沿哈拉哈河（位于今中国内蒙古与蒙古国东段边界——译者注）退至位置不明的巴泐渚纳湖（也可能是一条河）（《元史》作"班朱尼河"——译者注）岸边。

随后发生的事情具有重大意义，这不是因为它标志着成吉思汗军事生涯的最低谷，而是因为它是成吉思汗领导才能的转折点。根据一些汉文资料记载，成吉思汗与十九位忠诚的部将忍受了极端窘困的处境，他们举行仪式——把部将与成吉思汗以及部将之间结成一体，同饮巴泐渚纳湖浑水。正如一条资料所述：

> 行至巴泐渚纳之时，食粮殆尽。恰有一匹野马由北而来，哈撒儿将之射倒。于是，他们用马皮制成一釜；击石生火，入河汲水，煮马肉而啖之。成吉思汗举手仰天，发誓道："若我完成大业，当与诸位同甘共苦；若我违背此言，就让我有如这河水般流逝。"众将士莫不为之感动而泣。

成吉思汗与他的友伴建立起一种与众不同的誓约关系，此时此刻，这位领袖心甘情愿地与他的友伴分担痛苦、挫败甚至死亡。那么，以巴泐渚纳事件而闻名的这些人都是谁呢？他们不是一个封闭型的高层蒙古人的"科萨·诺斯特拉"（Cosa nostra，意为"我们的事业"，美国黑手党的一个秘密犯罪组织，1962年被揭露——译者注）。他们中近乎一半的人都是外人，早年可能就是成吉思汗的敌人。他们是由不同氏族、不同种族、不同宗教信仰组成的混合体：三个克烈人（基督徒）、一个篾儿乞人（萨满教徒）、两个契丹人（可能是佛教徒），还有三个穆斯林（本应是商人而非牧人，其中一位是先知穆罕默德的后裔）。这是一个由雏形民族构成的雏形政府（弗朗西斯·伍德曼·柯立夫所著《"巴泐渚纳誓约"史实考》，《哈佛亚洲研究学刊》，第18卷，1955年，对这个事件有详细分析）。

尽管这个事件的意义重大，但《秘史》中只是拐弯抹角地提到了它。成吉思汗在巴泐渚纳湖建营，但没有"誓约"。很明显，这是故意遗漏的。不过，这是一段广为人知的佳话，被许多汉文的参考资料所证实。可以肯定，讲述故事的蒙古人不会忽略它；成吉思汗也不会否认它。这样的话，只剩下一种可能的解释了：《秘史》作者故意省略。他是出于什么动机呢？在巴泐渚纳组成的混合族群为我们提供了一个可能的线索：看上去好像是作者，这位为成吉思汗家庭而举笔的作者，有意贬低非家庭成员、非蒙古人的地位和作用。

1203年夏以后，在巴泐渚纳，成吉思汗和忠于他的团队恢复了士气，他派人传话给昔日盟友脱里，这是一段冗长而感人的话，实际上是建议保持民族的团结。它占据了道德高地。成吉思汗伤心地问道：我的汗父啊，为什么要转而反对我呢？你不记得我们宣誓互相效忠了吗？我们不正是两辕车前的双牛、两轮车下的双轮吗？我的父亲也速该不是曾经出手帮助过你吗？你们两人不是盟誓的结义兄弟吗？诸如此类的发问，都是旨在撼动脱里的灵魂。与此同时，成吉思汗恢复元气,并等待他妻子的部众——弘吉剌部——以及当地其他氏族援军的到来。

成吉思汗的观望等待是明智的,在他"消失"之时,脱里的联盟分崩离析。一直对脱里统治心怀不满的札木合,策划暗杀脱里,脱里识破了这个阴谋,阴谋者逃奔乃蛮——控制现代蒙古远西地区的强大独立汗国。成吉思汗猛攻身处霉运的脱里,经过三天激战后获胜。脱里和他的儿子也向乃蛮人寻求庇护,乃蛮守将不相信避难者是克烈部的大汗,便杀死了脱里,其子后在中亚腹地被杀。

现在轮到收容札木合的乃蛮人了。1204年5月中旬,成吉思汗开始从克鲁伦河向肯特山区进军,因为太阳汗领导下的乃蛮部就扎营在那里。等到与具有压倒性优势兵力的敌人不期而遇之时,蒙古人的战马早已精疲力尽。一名统兵官向成吉思汗建议,驻营下来以恢复战斗力,同时,让每个人点燃五堆篝火以吓唬敌方。这一招真奏效。那晚在前沿高地站岗的乃蛮哨兵向太阳汗报告,蒙古人"点燃的火比星星还多"。

太阳汗变得焦躁不安,提议先撤军改日再战。此时,我们首次知悉太阳汗的儿子屈出律,他脾气火爆,坚决反对这个提议,说自己的父亲像被拴住的牛犊一样没用,"像没有走出撒尿之地的孕妇一样"无能。太阳汗听后被激怒了,于是下令进攻。

现在,《秘史》以隐喻的手法、富有诗意的流畅文字,扬扬自得地预祝即将到来的胜利。当太阳汗询问为什么他的士兵会溃逃时,札木合提醒道,进攻乃蛮人的是成吉思汗用人肉来喂养的"四猛狗"——哲别、者勒篾、速不台、忽必来四员大将,他们额似铜铸,錾鼻锥舌,饮露而行,御风而奔。

在那边的几个人都是谁?太阳汗又问。

札木合回答道:你是指身体用铸铜和熟铁锻造而成的那个人吗?他就是成吉思汗,是和我盟誓的结义兄弟。看,那是成吉思汗的兄弟哈撒儿吧?他能吃三岁的公牛,能把一名携带箭筒、全副武装的士兵整个吞下,甚至不会碰到他的喉咙两侧。他放箭能直线射穿一二十人,即便他们是在山的另一边。

简而言之,太阳汗难逃一死,成吉思汗大获全胜,屈出律向西逃窜,他将在那里开启全新的人生,并对成吉思汗的未来产生重要影响。札木合又跑了,他和另外五位幸存者逃入遥远的西北群山之中,寻求二十年前劫持了孛儿帖的篾儿乞人的帮助。最后的战事以篾儿乞人的失败和札木合因同伴背叛而被俘告终。

据《秘史》记载,成吉思汗以变节罪名处死了札木合的同伴:"我们怎能让那些伸手反对自己正主的人活下来呢?"然后,成吉思汗乘机显示自己的宽宏大量,他给札木合一个求饶的机会,但是札木合认命了。"哦,我盟誓的朋友,"他说,"我会成为你衣领上的虱子,我会成为你衣襟内的棘刺。还是让我速死吧,让他们不流血地杀死我。当我横尸之时,把我的遗骨葬在高处,我将永生永世保佑你,祝福你的子子孙孙。"

通过完满编撰两位盟誓好友反目成仇的经典传说，《秘史》在叙事上得以自圆其说。札木合以一个误入歧途者的形象出现，但在最后重获高贵的身份，这就证明成吉思汗早年对他的信任是有理的。成吉思汗则是一位慷慨豁达的领袖，他从不愿意背弃建立结拜兄弟之情的誓约。札木合谴责了自己，然后被赐予高贵的——不流血的——死法。

如今，成吉思汗成为蒙古高原所有部落的绝对主人，他"统一了毡墙之民"，并召开全民大聚会——忽里台（Khuriltai，最前面的两个音节khural——从i到a是一种音变，今天被用来指代蒙古国国家议会），会上，他被推举为这个新兴统一民族的领袖。

当然，关于这次大聚会的地点，和其他与成吉思汗有关的事情一样充满争议。不过，有个地方值得一提，因为几乎可以肯定，成吉思汗便降生于此，它就位于鄂嫩河旁，在鄂嫩河与其蜿蜒的支流豁儿豁纳黑河（Khorkh）的交汇处。现在，宾代尔地区的木屋已经蔓延到了平原北端，但是八百年前，这里是一个巨大空旷的牧场，横躺在鄂嫩河与小山之间，斯普林山丘从它的中心缓缓隆起。这个地方的标志是一根木柱，由年逾八旬的地理学家巴扎古尔（Bazargur）所建，他在所有与成吉思汗有关的地点进行纪念，以此作为自己的事业；另外，一位前总理和当地商人共建了一个围栏区，内有一座三米高的坚固宝塔，上面雕有成吉思汗的头像，并刻着一段充满自信的声明："1206年，成吉思汗在此召集大会，宣告蒙古民族的诞生。"人们见此便会相信这是事实，何况这里的火盆中插着一支支旧香，塔上放着伏特加酒瓶、小额钞票等少量祭品，看到这些纪念物时，人们顿感与心中英雄之魂、自己民族之根是如此贴近，谁会对此表示怀疑呢？

成吉思汗忠诚的友伴们为之苦干、为之战斗、为之等待的正是这一时刻。《秘史》回顾了那些让所有人走到这一步的惊险奇遇和战斗，然后详尽记录这些人得到的丰厚酬赏。成吉思汗的左膀右臂——其中八十八人有名字可考——担任一个或多个"千户"的长官，全体蒙古人共分为九十五"千户"；特殊功勋者可享九次免罪；一连串的名字被长篇累牍地称颂。老友伴及其儿子们成为将领、大汗侍卫、箭筒士、日班卫士和夜班卫士。

职位任命标志着游牧帝国新型行政机构的建立。过去，统一的基础总是被部落竞争所破坏，成吉思汗自己在孩童时代就受到过侵害，在权力之路上缓慢崛起的过程中饱受威胁。现在发生了一次革命，职位任命不再以部落等级制度中的世袭职位为基础，而是建立在为大汗当差服役的基础之上。

成吉思汗的新社会需要新规则，也需要新的行政管理方式，尤其需要"成文的"行政管理制度。随着征服的扩大，成吉思汗已经预见到了这种需要，他从乃蛮部俘获了一位名叫塔塔统阿的畏兀儿人，这人曾经是太阳汗的最高行政官。两年前，太阳汗败亡后，塔塔统阿怀揣着官印，在战场上游荡，寻找自己的新君主。畏兀儿人曾经是蒙古高原的主人，9世纪时被驱走，后来定居在今日中国西北的新疆，他们采用了一种文字，它是沿着遥远的丝绸之路西段传过来的，事实上，许多畏兀儿抄写员都变成了自由职业秘书。现在，成吉思汗命令塔塔统阿创制适用于蒙古人的文字，并教给王公贵族们（今天，这种文字仍在内蒙古使用，没有大的变化）。

为了监督那些"新生代"大臣，成吉思汗需要一位比俘囚官员更亲近的人，机遇落在了一个叫失吉忽秃忽的年轻人头上。很多年前，失吉忽秃忽被蒙古人从塔塔儿人那里拾得，由成吉思汗家庭收养，但具体是由他母亲还是由他妻子收养，则无人知道。不管怎样，如今的失吉忽秃忽已经是这个家庭备受信赖的一名成员了。"承蒙长生天的护佑，我正井然有序地绥服整个民族，你就当作我的眼睛去察看一切，当作我的耳朵去听闻所有"，成吉思汗告诉失吉忽秃忽，"把毡墙之民分封各处……惩罚那些该受惩罚的人"；把涉及分产、法律、断案之类的事务都记录"在一本青册的白纸上"，子孙后代要永远恪守之，任何试图更改它的人必受惩罚。失吉忽秃忽的"青册"就是著名的"大雅萨"（Great Yasa，或作jasagh，这个蒙古词汇在政府或法典中有不同译音，后者听起来像"札撒"，dzassag）。学者通常把它看成一个宏大的法律体系，一部"蒙古的拿破仑法典"，但事实上无人知道它究竟是什么。青册文本已经失传，如果真是一部成文法典，那就奇怪了。或许，它只是一部有关即席判决、规章、命令等先例的汇编，在适当的时候可能会衍生出法律，但它本身不是法律。[1]

前段提到的那些新生事物，暗示着成吉思汗对自身命运的信心日益增强。传统上，蒙古人以苍天为荣，这时，我们得知，成吉思汗是在长生天的保护之下的，看起来，大汗和他的追随者开始意识到这种信仰是合理的，梦想正在变成现实。苍天变幻莫测，一个氏族靠天助而取得的短暂成功，可能只会持续一个时期；缔造一个民族则需要得到更为长久的支持；在创建帝国的过程中，有什么能比一个永恒的神更具有帮助作用呢？

成吉思汗的革命使新的统治方式迅速渗透进社会。部落的编组方式被打破了，效忠于长官的编组千户取而代之。的确，有些编组千户保留了部落组织；但是只有效忠才会让人放心。百姓变换所在千户驻地成为一项重罪，长官如果失察会被撤职。成吉思汗决定建立一支直属于自己的、享有特权的、一万人的精锐护卫军，以巩固整个军事和社会结构的基石。这一招很高明，因为这支部队包括了各级千户长官的儿子，他们拥有与自己的父亲同等的职衔；除非发生争议，否则，他们将比自己的父亲优先得到提拔。这是非常睿智的。在千户长官怀有二

---

[1] 戴维·摩根（David Morgan）在其论文《"成吉思汗大雅萨"和伊利汗国的蒙古法》（《东方和非洲研究学院公报》49，1986年）中指出，在成吉思汗逝世后约三十年，为蒙古人工作的波斯历史学家志费尼，把雅萨的内容看作qawā'id（qā'ida的复数，奥萨马·本·拉登采用qā'ida这个词来命名他的组织），它有多种含义：基地、基础、基座、柱顶、规则、习惯、各种规章，但（摩根指出）"'法律'不是可选义项"。

心之前，他会想到，自己的儿子是大汗的人质，背叛将会连累父子二人。个人忠诚和血缘关系取代部落盟约，编织成一个新型持久的社会结构，致力于一个目的：征服。

征服是至关重要的大事，因为这里没有货币经济。除了以实物偿付以外，军队不可能有薪俸，权力本身买不了什么。而一旦吸纳了被征服的部落——将其精英处死或任其赎回，普通男子编入千户组织，年轻女子纳作妻妾，小孩沦为奴隶，<u>丝绸、酒杯、马鞍、弓箭、战马、牧群等全部分光</u>——武士们就会怀着新的期待翘望他们的领袖。旧的组织方式废弃不用，新的统治工具锻造出炉，那么，到底怎样才能豢养他们呢？只有通过寻找财富的根源之地：穿越戈壁，挺进南方的定居地域。

成吉思汗的策略把我们带到了一个前沿基地——阿布拉嘎（Avraga，后称"曲雕阿兰"）[1]，他在此可以雄视南方，而他去世后的一两年内，《秘史》也在此撰写完成。我第一次到那里的时候，青草涌动的巨画中隐藏着许多谜样的隆起物，除此之外更无他物。我对那里的全部感知，缘于一次极其意外的好运。我第二次走访该地是在2009年夏末的一个晚上，当时我同四位探险游客到达那里，发现了一座新博物馆，周围一排

---

[1] 阿布拉嘎（Avraga）这一名称源自奥鲁（a'uruq），a'uruq的意思是后营或军人家属，"男人出征时把老人、女眷、小孩、仆人以及辎重补给留在此处，归来回到此处"（罗依果译校《蒙古秘史》，莱顿、波士顿、科隆：布里尔出版社，2004年；增订本，2013年，第499页）。a'uruq一词后来弃用，这一名称与avraga混淆了，avraga意为"冠军"和重大之物，这样就恰当地用来表示成吉思汗的汗廷。

大栅栏，还有许多考古的标记。

偶然间，我们对时机掌握得非常完美。一群考古学家正结束一天的工作，肩挑铁锹，手推独轮车朝我们走来。一个戴着学者派头眼镜、留小胡子的日本人同我握手，就像是利文斯通遇见了斯坦利一样（利文斯通，1813—1873，苏格兰传教士，深入非洲腹地从事传教和地理考察活动达三十年。斯坦利，1841—1904，英国探险家、记者，多次到非洲探险和考察。1871年，斯坦利在中非救出失踪的利文斯通——译者注），他用一口流利的英语说："我叫白石。"看我一脸茫然，他补充道："我是您的校订者。"

这是一次惊人的巧合。他是新潟大学考古学教授白石典之，在我那本成吉思汗传记的日文版中，他补充了一条很长的注释，纠正了我那些天真的判断，我没想到他也是过去九年中曲雕阿兰考古工作的头儿。博物馆和防护栅栏的负责人就是他，全世界内揭示曲雕阿兰具体情况最有名的人也是他。

曲雕阿兰这个地方，面积达六十万平方米，主要由沿一条单街紧挨在一起的房屋构成，街道和一堵二百五十米长的土墙平行向北。街道和土墙围住了一处石墙结构的主要建筑物，约十一米宽，上面有一个九平方米的小壁龛。以城镇居民的标准来看，这个建筑物并不引人注目，但问题是蒙古人以前几乎不造房屋，因此，这个建筑物具有一定的意义，不在于它的大小而在于它的用处。建筑物底层是四块石头，是台柱的基石，支撑起一个正方形的大帐篷，若以标准比例而言，帐篷宽十七米、高约九米。正如白石在一篇记录自己工作的论文中所说的，汉文资料提到了成吉思汗的"大宫帐"，但无人知道它的具体形状及地点。白石确信自己已经找到了它："毫无疑问，一号台（即前述的主要建筑物）就是大宫帐的遗址"，1206年统一之后，（大概，可能，也许，或许）由成吉思汗下令立即建造。

顺带说一下宫帐。现代蒙古语称之为斡耳朵（ord），和突厥语相似。说英语者应该知道这个词，因为它的衍生义也表示领土和在它统治下的民众。现代中国内蒙古的半沙漠地区，过去建有很多宫帐，后来叫鄂尔多斯（Ordos，是ord的复数）。词汇的拼写方式是多样的。外人有时在词头加上"h"，变成英文的"horde"（一大群；游牧部落），这在其他许多语言中也有相同情况。因此，所谓野蛮的"游牧部落"，是一种直白的说法，如果这是没有特指的无心之言，那就说明，语言联系已经越出亚洲，并可溯至成吉思汗时代。

白石及其日蒙考古队的发现，揭示了成吉思汗宫帐及周边环境的更多情况。遗址分为若干层，年代最早的可追溯到13世纪初。这个最初的宫帐，周围稀疏散布着官署、民房和一两座寺庙。其次，约1230年之后，一个新宫帐取代了最初的那个，由成吉思汗的继承者窝阔台于1229年登基后即刻建造。1235年，窝阔台谨遵乃父遗命，往西迁移三百八十公里至更大的新首都哈剌和林。他的行宫和曲雕阿兰的宫帐规模相同，据汉文的元朝正史记载，他任用了同一位建筑师刘敏。

在那些日子里，曲雕阿兰是一座专为成吉思汗服务的城镇。证据何在？白石猜测，成吉思汗需要数量巨大的武器，实际上，白石的一位同事村上恭通发现了一些片状熔渣，散落在一万平方米范围内的地表和地下，这是"一处铁器作坊的垃圾场"。

晚期年代的一些发现表明，曲雕阿兰依然是一个尊崇蒙古诸汗之魂的宗教场所，这种地位在成吉思汗逝世后保持了两个世纪左右。到了13世纪后期，这个地方似乎变成了空旷的牧场，不过，一个新宫帐随后建了起来，或许是作为纪念成吉思汗的新圣陵，正如数件精致白色瓷碗的发现所表明的那样，"被认为是供帝王阶层的人使用的"。大概到了1450年的时候，圣陵永远消失了，曲雕阿兰的泥砖墙塌沉于地，基石间杂草丛生，这座城镇也从人们视线和当地记忆中消失了。

结果，令人痛心疾首的事情发生了。白石回忆道，2006年，当地人就在曲雕阿兰的原址上举行国庆节庆典活动，到处都留下了车轮痕迹、玻璃瓶、塑料瓶和篝火残骸。有些事情必须去做，而且已经做了。联合国教科文组织和日本的文化草原项目已向当地政府呼吁，于是，资金到位，栅栏围地，博物馆开建，一个标牌树起——记下参与"曲雕阿兰遗址保护工程"的团体。

发掘工作还在继续。2007年，白石的考古队发现五处炉址，还有一个二十五平方米的牢固建筑物，带有地暖设施，功能就像中国的炕（供暖的公用睡台）。这个建筑物或许是一家客栈，很多人可以借此躲避冬夜的严寒。炉灰的年代表明，当成吉思汗还是孩子的时候，房子就在用了，这意味着曲雕阿兰不是成吉思汗自己选择的，而是他继承或者接管了这个地方。

我们在那里的时候,白石正在监督一个建筑物的挖掘。他猜测,这是一个小寺观,里面有一处中心区和一间小偏房,结构简单,地面铺泥,而非砖瓦。白石指出,地上一些小洞是消失已久的木柱矗立的地方。石基仍在,而曲雕阿兰似乎缺少石匠:地基是用未经加工的岩石板或小磨石临时拼凑的。但成吉思汗信奉的是不建寺观的萨满教,这个寺观是用来干吗的?

它可能是道观,白石说,也许由当时统治北中国的女真人所建,因为它的长度是以中国"尺"(一尺约等于三十厘米或十二英寸)为基本单位的。整个寺观面积是30尺×30尺,约一百平方米,在来自北京的女真商人眼中,它并不引人注目,但在一个布满帐篷和青草的地区,它却是一道意外的风景。

"为什么它会出现在这儿?"

"或许是为了接待来访的女真人,"白石回答道,"或许是为了一群女真居民。"

所有这一切照亮了成吉思汗及其时代。受害者经常认为，成吉思汗是从黑暗中蹦出来的无名野蛮人，对他自己以外的世界一无所知，只热衷于攫取战利品。但是这里的一切证明，通过贸易、建筑、宗教习俗和外交，前帝国时代的蒙古人熟知他们的南方邻居。一些南方居民对成吉思汗举动的反应肯定是喜忧参半：喜的是，一个强大、统一民族极有可能发展周边贸易；忧的是，蒙古新大汗的意图，拥有那么多战马、士兵以及忙于锻剑造镞的铁匠，他想干什么？

但是，外人不可能知道，连成吉思汗自己也不知道的是——财富虽然至关重要，但光有财富是远远不够的；相比之下，征服具有更为远大的意义，因为它体现了一种理念：是天亲自下令，蒙古统治方式必须超越碎石满地的荒芜戈壁，不断向外扩张。在曲雕阿兰的宫帐里，成吉思汗正在谋划征战的首个目标，在接下来的二十年中，这些征战将扩散至亚洲大部分地区。

# To the South

向南挺进

现在，我们跟随成吉思汗凝视南方，越过六百公里的草原戈壁，来到宽阔满淤的黄河，然后溯流而上二百五十公里，到达银川城。

今天的银川，是宁夏回族自治区的首府，拥有二百万人口，镶嵌在西面山脉和东面黄河之间的夹缝中，四周广布田地、果园，古沟渠汇集成网。两座宝塔高耸入云，提醒人们，这座城市曾经是一个佛教中心，其源头可追溯到一千五百年前。一条公路横贯当今中国的东西，而银川刚好位于这条路的三分之一处。但是在成吉思汗时代，银川是一个独立文化单元的都城，这种文化的神秘遗迹让游客眼花缭乱。假如你由此向西驾车半小时，那么，朦胧的山脉逐渐凝固成一堵坚硬的岩石墙：贺兰山，即阿拉善山。山前赫然耸立着高达三十米的奇特锥形建筑物，看上去像是与小行星发生猛烈碰撞后凹坑点点的火箭头，它们共有九个，但乍看起来只有三四个，其余的则隐没在周围的空间里，此间就像一块由砾石和泥土构成的挡板，沿着低矮山坡曼延了十公里。这些锥体是荒废的帝王陵墓，它们毁于成吉思汗之手。这些陵墓及其所占的巨大空间，显示着一种历时二百多年的文化的力量和威望，它曾统治的区域面积相当于法国与德国面积的总和。

为什么成吉思汗会把掠食的目光投向这片土地上的人们，而不是投向比他们更富有的邻国、蒙古人的世仇——金朝？欲知成吉思汗的策略，且看可供选择的目标。

13世纪初的中国，是一片分裂的土地。

中原和南方地区长期处在宋朝的控制之下，它主导了一场艺术和知识的复兴。当时，南方仍在宋朝手中，但是北方——包括现代中国的东北——已经陷于金朝，这个王国由女真族在一个世纪前所建。成吉思汗的曾祖父合不勒、叔祖父忽图剌曾与金朝对抗，所以金朝终将成为成吉思汗的主攻目标。但是，金朝是块难啃的骨头，金人早已忘记自己的蛮族出身，如今它统治着数百万汉地农民，占据着数十座固若金汤的城市，而最前方就是令人生畏的防御墙，它们保卫着一座城市，即今天的北京。

金朝西边的隔壁存在着第二个"蛮族"王国，它建有九个锥形陵墓，更富朝气、前景光明；它最广为人知的名称是汉式的——西夏，以有别于5世纪时位于更东面的另一个夏王国（十六国时期由匈奴人建立的夏政权，公元407—431，共存在了二十多年——译者注）。

这里有三股力量——金、宋、西夏——维持着一种脆弱的平衡，另外的两翼地区是吐蕃诸部和哈剌契丹，因为太过遥远而（尚）未成为征服目标。此外，还要加上各个半独立的部落和氏族，一张连接中国与中亚终达欧洲的贸易路线网，把很多部落氏族联系在一起。可以想象一下各地宗教的差别：西部伊斯兰教、佛教、儒学、聂斯脱利派基督教、萨满教；也可以想象一下主要语言的迥异：汉语、藏语、突厥语、阿拉伯语、西夏语。这是一锅大杂烩：语言不同，文化多元，宗教各异，而成吉思汗正打算把他自己和人民投进这口大锅里，其后果根本无法预见。

这并不是说成吉思汗能够考虑到长远的后果，他的当务之急是找到最薄弱的环节进行攻击，以便获得最迅速和最丰厚的回报。两个邻国中先打哪一个呢？金朝太强大了，拥有许多群山拱卫的城池。相比之下，西夏只不过是一间由沙漠防卫的空旷房子，而蒙古人在数天内就能穿越沙漠；它的城市稀少，军队弱小。最好是先保证战胜弱者，然后再转攻强者。

除了一部分专业人士之外，西夏几乎不被人们所知，因为成吉思汗最终将这个国家，以及它的文化和人民从地面上全力铲除了。继西夏党项人之后的蒙古人和汉人，没有兴趣去收集西夏文献，识读西夏文字，修复西夏遗迹。直到最近，西夏文化才得以重登舞台，并如此猛烈地迸发出来。

所以，在今天，你才能够看到当年事件的后果。银川附近饱受风雨侵蚀的奇特锥体，标识出西夏帝王的陵墓，八个世纪以来，它们不断经受雨点的敲打，上面布满曾经架设过椽子的洞孔，椽子用来支撑屋顶，顶部瓦片互相交叠，向上翘起，形成汉式宝塔风格。13世纪初，西夏国势臻于鼎盛，此地看上去应该非常壮观，色彩斑斓的九座宝塔，矗立在各自的陵园内，"陪葬墓"与之相伴一旁，数支军队分别守卫和看护着它们。

西夏人用他们的藏语名字"弭药"来称呼自己，以"白上国"来称呼自己的帝国，但是，与往常一样，主流文化的术语总是优先使用。汉语称他们为"党项",而在蒙古语中他们又变成了"唐兀惕"(Tangut, Tang加上一个蒙古语复数形式-ut),西夏的唐兀惕人,这就是今天人们所熟知的名称。7世纪的时候,古党项(原文此处用的是"唐兀惕"这一西方读者更熟知的名称。为方便国内读者认知,将此处及后文提及的"唐兀惕"均改为"党项"或"西夏"——编者注)人从西藏东部迁徙而来,定居鄂尔多斯,即黄河弯曲之地的内侧全境。1020年,他们在今日银川或附近建造了一座新都城,并向更远的西部推进,建立起一个横跨一千五百公里、纵深六百公里的帝国,其疆土的"脊柱"是一条牧草肥美的狭长通道,横亘于西藏断层块北部山麓和阿拉善沙漠的可怕荒地(戈壁在地理上的向南延伸)之间。这些牧地沿路直奔敦煌,那里有4世纪时兴建的佛教洞窟和寺庙的复合建筑,位于塔克拉玛干沙漠的东部边缘。这条通道是丝绸之路的一部分,长一千公里,部分地段仅有十五公里宽,它就是著名的河西走廊("河西"意为黄河之西);在划入甘肃省后的今天,通常称为甘肃走廊。一条支路沿河向北横穿沙漠,这条河叫弱水,即历史学家们所熟知的额济纳河(Etsin),它向北经过沙漠流至一处边界要塞,叫亦集乃城(Etsina,马可·波罗所说),或称哈剌浩特(蒙古语名字,意为"黑城")。

西夏真正的建立者元昊,和二百年后的成吉思汗一样,是一位雄心勃勃和才能卓越的统治者,他明白,新国家急需有效的管理制度,要把这些制度用文字书写记录下来,因为文字是文明的最高表现形式,也是唯一的表现形式。元昊准备模仿汉字,但又想坚持党项的特色,于是,他要求自己的文人们设计出完全原创的文字符号。对于那些不识汉字的人来说，西夏文字"看似"汉字，但其实不是。

正是这种文字，用来记录法律和翻译佛教经文。佛教从一开始就不仅是官方宗教，它也是一种宣扬党项民族主义的意识形态。佛教著述的出版规模巨大。西夏版《大藏经》共六千卷，这部佛教权威典籍总集，需要十三万块印版。英国考古学家奥莱尔·斯坦因爵士在1907年、俄国探险家彼得·科兹洛夫在1908年至1909年，通过购买、偷窃、收集等手段获取了大量文献，使西方的西夏研究遥遥领先，而中国学者花费数十年时间方能赶上（这个研究工作还在继续，是国际敦煌项目的一部分。该项目关涉英国、德国、法国、俄罗斯、瑞典、日本、韩国、中国等多国的研究人员和机构）。根据某人的观点所见，《大藏经》只占他们两人所获文献的千分之一。在两个世纪里，西夏诸帝相继统治着一个总体上稳定繁荣、左右逢源的王国，直至一次导致衰弱的重大变故发生。1193年，最后一位杰出的皇帝李仁孝驾崩，留下一个毫无经验的继承人，被文人和官僚玩弄于股掌之中，保卫国家的是一支由农夫和立足城市的商人——而不是由牧人——支撑的军队。

成吉思汗已经知道对付西夏的好办法，因为蒙古人和西夏人如同亲族一样纠缠在一起。西夏人与成吉思汗的昔日盟友兼敌人——克烈部可汗脱里——关系甚密。脱里的弟弟札阿，年幼时被西夏人俘虏并收养；后来，他们让札阿担任绀字（gambu，意为将军或顾问）。札阿的一个女儿是成吉思汗的儿媳之一，到一定时候，她就成为两位君王和一位波斯统治者的母亲，也许，她是她那个时代最伟大的女性，所以，她将是后面章节的焦点人物。当脱里的儿子逃经西夏境内时，也颇引人注目，这成为1205年蒙古人首次袭击西夏的借口。因此，蒙古人完全了解西夏人：圆滑世故，学识修养，笃信佛教，财富多寡，游走于河西走廊的商队，关键是，蒙古人知道西夏已经走向衰弱。

就当时来看，成吉思汗还没有建立帝国的志向。他需要用战利品来豢养军队，并尽可能扩大酬赏的种类，西夏是显而易见的资源。这就意味着，要在金朝染指西夏之前把西夏变成一个纳贡的附庸国。此时他应该还没有占领西夏的想法，只是一个粗略的计划，或许，是以西夏为踏脚石再去掠夺更富有的金朝。

1209年春，全面入侵来临了。成吉思汗向西南行军五百公里，进至"三美"区域（1994年在内蒙古中南部戈壁成立的国家自然保护公园的名称——译者注），此处，阿尔泰山脉渐渐淡出，只见山峰、峡谷和隐蔽的牧场，随后融入碎石平原。由此开始，一路向南再行三百公里，到达贺兰山脉（阿拉善山脉），已是一处沙漠的东部边缘，也是骑兵快速机动的理想之地。当蒙古人攻占一处要塞小城时，西夏人向金朝发出紧急求救信号。对蒙古人来说幸运的是，此时掌控金朝的是一位新领导人卫绍王，他自鸣得意地告诉西夏统治者："敌人相攻，吾国之福，何患焉？"

蒙古人向南跨过沙漠，翻越左侧贺兰山脉，来到一处防守关口的要塞，这是沿山通往西夏都城——今日银川——的唯一关口。今天，你驾车通过这道关口只需几分钟。成吉思汗时代，这条小路在夏天会循着干涸的河床，而在洪水期则会靠着山脉的侧面，除了要塞堵路之外，还有一支约七万人的军队驻守于此。

成吉思汗只是希望将西夏人引诱到平原上来。经过两个月的僵持之后，蒙古人采取惯用战术，佯装撤退，但实际上却埋伏在山麓处，留下一支小分队作为诱饵。当西夏人如期发起攻击之时，蒙古人突然一跃而出，以迅雷不及掩耳之势战胜敌军。通往银川的道路打开了。

眼下，蒙古人面临一个问题。银川是一座防守严密的城市，而蒙古人是快速机动的游牧骑兵，此前，他们从未尽力攻取城市，他们没有攻城弩、弹射器、燃烧弹或喷火器。但蒙古人手中却有一个补救办法：银川的古沟渠系统，从黄河引水灌溉西夏土地。于是他们决堤引水淹城以迫使对方投降。这不是一个好主意。银川四周的农耕用地与荷兰一样平坦，洪水会漫延开去，但依然很浅，建筑物不受浅水的影响，而帐篷、战马、车子则不行。蒙古人自己被洪水倒淹，被迫退回高地。

西夏统治者也身陷窘境，敌人依旧近在咫尺，庄稼被毁，而他们不打算向金朝求援。

为打破僵局，双方都做出让步。西夏皇帝表示臣服，将一个女儿许配给成吉思汗，并交纳骆驼、猎鹰、布帛作为贡品。成吉思汗坚信，他现在有了一个能够按需提供贡品和军队的顺从附庸，于是下令退兵。

然而，这是成吉思汗的第一个国际协议，缺乏约束力，后来的事件表明，他是自己一厢情愿行为的受害者。而西夏人以为风暴已经过去，却不知道真正的风暴尚未到来。

作为一名领袖，成吉思汗的力量——他的超凡魅力——来源于成功的征战，转而来源于天助，更确切地说，是来源于他的追随者相信他得到天助。这就出现了一个问题：他不是唯一一个声称得到天助的人。另外一个是高级萨满巫师，名叫阔阔出的男人，他以"帖卜·腾格里"之称而声名显赫，大概就是"非常神圣"或"无比威严"的意思（没有确切的含义，因为这个词是独一无二的）。而且，出于个人和政治上的原因，成吉思汗还应感激阔阔出的支持。阔阔出的父亲和成吉思汗的父亲也速该亲密无间，在也速该死后，阔阔出的父亲有可能迎娶了成吉思汗的母亲诃额仑。如果是这样的话，这个萨满巫师的父亲事实上是成吉思汗的继父，而赐予"成吉思汗"这个新名字或称号的人可能就是阔阔出。阿塔篾力克·志费尼，13世纪成吉思汗时代最伟大的波斯历史学家，对阔阔出的影响力和自负深信不疑："我从可靠的蒙古人那里听说，当时出现了一个人物，在那些地区严寒肆虐的时候，他常常赤身裸体走进荒漠和群山，然后回来时说：'天神与我谈话说，他已经把整个地面赐给了成吉思汗及其后代。'"

问题在于，成吉思汗本人声称可以和天直接联络。当阔阔出和成吉思汗亲密无隙、完全一致时这个问题还不要紧。但是，阔阔出为了自己的利益开始变得野心勃勃，用志费尼的话说，"他对最高权力的欲望不断膨胀"。

成吉思汗不得不维护自身的权力。促使他采取行动的是发生在阔阔出和成吉思汗兄弟哈撒儿之间的一场争斗，哈撒儿遭到殴打与羞辱。起初，成吉思汗责备弟弟的懦弱，随后，阔阔出火上浇油地说，天告诉他，哈撒儿会与成吉思汗分庭抗礼。成吉思汗听说后就逮捕了哈撒儿，将他捆绑后开始审讯。成吉思汗的母亲诃额仑发怒了，"她非常生气，怒不可遏"，正如我们在成吉思汗杀死别克帖儿的时候所看到的那样，她的表情令人生畏。诃额仑大发脾气，哈撒儿和成吉思汗是吃同样的奶长大的，成吉思汗怎能如此对待哈撒儿？"她盘腿而坐，露出双乳，垂于双膝之上，说：'你看见了没有？这就是给你们吃的奶。'"接着《秘史》引述了成吉思汗的话，就像是他本人在讲这个故事一样，强调他生命中这个女人的权威与睿智："母亲如此生气，我感到十分害怕，真的是惊恐不安。"

最终，成吉思汗和兄弟重归于好，但是，这次纷争似乎助长了阔阔出通过怂恿成吉思汗的追随者来惹是生非的嚣张气焰。成吉思汗另一位兄弟帖木格，被胁迫在阔阔出面前下跪，随后他向成吉思汗汇报事件经过，结果发生了戏剧性的一幕。孛儿帖从床上坐起，"用毯子掩住胸部"，没等成吉思汗说话就开始哭诉："阔阔出这是想干什么？"到了该动手的时候了，成吉思汗告诉兄弟，他可以采取任何他想要的行动（志费尼记载了相似的细节，或许他和《秘史》作者采用了同样的原始资料，或是文字，或是口述资料）。

碰巧，阔阔出和他的父亲以及六位兄弟正在赶来的路上，帖木格找来三个强壮的帮手，简单嘱咐了几句，让他们守在帐篷外面。当那八人进帐时，帖木格一把揪住阔阔出的衣领，并挑战阔阔出进行摔跤比赛。成吉思汗让他们出去比试。他们甫一出帐，事先布置好的三个壮汉一把抓住阔阔出，将他拖拉出去，打断脊背。帖木格回到帐中，用一种闪烁其词的奇怪口吻讲述了这次谋杀："他不肯和我比试摔跤，躺在地上假装不能起来。他真是个没用的家伙！"但是，阔阔出的父亲以及六个兄弟已经知道是怎么回事了，一场骚乱近乎爆发，成吉思汗挤过众人向外走，令卫士前来护驾。

随后，他安排处理了阔阔出的尸体，在上面盖一个帐篷，但尸体不久就消失了。成吉思汗对这些事件的态度有了不可思议的转变：因为阔阔出对成吉思汗的兄弟下手，并散播无稽之言进行诽谤，所以，"天不再喜欢他，把他的性命和身体都取走了"。

一场发生在传统萨满教徒旧势力和新政权之间的冲突就这样结束了。和许多独裁者一样，成吉思汗在必要时也表现出冷酷无情、阴险狡诈，杀死了自己家庭的一个危险的老朋友，使自己成为天的唯一代表，统一了教派和国家，成为新政权无可匹敌的统治者。

西夏已经是一个顺从的盟友，于是成吉思汗转向对金朝的征服。这看上去是可行的。金朝新皇帝卫绍王，统治着一个不稳定的国家，他的三百万女真人凌驾于四千万汉族农民之上，饥荒和经济崩溃让这些农民躁动不安。一些高级官员携带重要情报投奔成吉思汗。边界上有一个汪古部，跨立于牧人和农夫的过渡地带，他们给蒙古人让出畅通无阻的道路。为感谢扩张中的成吉思汗帝国所提供的安全保护，穆斯林商人也会把金朝防务的情报透露出来。你可能会问：长城的重要作用呢？是的，从秦始皇时代开始，中国北方修筑了一段或数段城墙，以抵御"北方蛮狄"，不过，今天我们熟知的长城始建于15世纪。蒙古人面对的只是残破的数段边界"墙"，无非就是一些低垄，很容易纵马而过。

当然，对金攻击仍旧不易。金朝人口十倍于蒙古人，金朝皇帝统帅数十万骑兵和步兵，他的城市防守森严。两大要塞保卫通向北京的要道，对于直接攻击，它们几乎坚不可摧。

成吉思汗的入侵计划细心缜密，付诸行动则大胆无畏。1211年春，蒙古人在肯特山南部峡谷集结待命，然后成三列平行纵队横越戈壁，这样的布阵井然有序，行军时不必再去排干沿途散布的水坑。无论以何种标准来衡量，这都是一次声势浩大的行动：可以想象一下，约十万名武士携三十万匹战马，大概以一万人或五千人为一组，分成十组或二十组，每组都配有骆驼牵拉的车子，以此摆开阵势。当大军穿越八百公里砾石平原时，风驰电掣的传令兵来回联络行进中的各组，然而，所有原始资料对此都略而不载，这完全是情有可原的，因为没有发生走错路的情况。从前，游牧军队和汉人已经标识出岔路方向，以后还会有人标明方向的。

1211年夏，蒙古大军蜂拥而至，直入金朝之境，成吉思汗攻占抚州（今河北张北），并在那里扎营，以恢复战马的力气。几公里之外，"一个性情暴躁的恶徒胡沙虎"[1]作为金朝统兵官，正防守着从高地草原缓冲至今日张家口的野狐岭隘口。双方似乎都在等待对方行动。其实，在蒙古人忙于劫掠的时候，胡沙虎可以趁机发动一次突袭，不过他没有这么做。也许是为了赢得时间，胡沙虎派出一位名叫石抹明安的契丹人军官，并给他下了一个愚蠢的命令："你经常出使北边，应该熟悉成吉思汗吧；你去问他，为什么要攻打我们，对金朝有何怀恨之处；如果他无法作出明确回答，就申斥他。"明安毫不犹豫地叛逃了，带去有关金军部署的关键情报。金军驻守的隘路的终点是獾儿嘴关口（今天，一条新的高速公路遮住了这条隘路及其关口，它绕开曲折的老路修建了一些隧道和岔路），这个名称后来废弃不用。金军挤进这个关口后根本没有空间列阵迎敌，密集的骑兵被箭矢和蒙古式冲锋所吞没，金军骑手掉头逃跑时又踩踏了自己的步兵。正如《秘史》所述，金军尸体"像烂木一样堆积"，沿着趋向张家口的山谷散躺了三十公里。蒙古人一直把獾儿嘴之战看作他们最伟大的胜利之一。

在随即发生的小规模战斗中，蒙古人迫使金军将领逃回北京，并夺占了几个主要城市和要塞。北京孤立无援地坚持着，

---

[1] 引自牟复礼（F. W. Mote）《帝制中国：900—1800》，马萨诸塞的坎布里奇：哈佛大学出版社，1999年，第244页。

任凭蒙古人在城外自由往来和肆意劫掠。成吉思汗向南挺进三百公里到达黄河。

与此同时，西路纵队沿黄河攻城略地，而东路纵队在成吉思汗的杰出将领哲别率领下，攻击前进三百公里进入东北，渡过结冰的辽河进攻今天的沈阳，即旧时的奉天（沈阳在清代才更名为奉天，此时名为"沈州"——编者注），仅次于北京的金朝第二大城市。事实证明，在直接攻击面前，沈阳坚不可摧，于是哲别采用蒙古人的惯用伎俩，他假装逃跑，似乎在仓皇退兵中扔下满地的辎重。当金军侦察兵确信蒙古人已经离城一百五十公里之远后，兴高采烈的城中民众为庆祝1212年的新年，出城拾集意外之财，这诱使他们离城越来越远。突然，蒙古人遍地开花地出现了：经过二十四小时不停奔驰，他们看见了不设防的城市和正在聚会的居民。这绝对出乎意料，蒙古人拿下沈阳就如同摘取成熟的李子一般。

成吉思汗对胜利心满意足，于是他向北撤至草原和戈壁的边界地带。对他及其军队而言，胜利的意义仍不过是战利品、破坏、威望。成吉思汗仍对占领和管理不感兴趣，但是，他已经介入——在不知不觉中——一种新型战争——攻城，这会使他彻底转变成一位新型领袖。

1212年秋，蒙古人再度袭来，以期掠夺更多的东西；如果不是成吉思汗身负箭伤并下令撤兵的话，蒙古人应该会突进至金朝都城。第二年夏天，成吉思汗重返战场，沿路再取各处城镇，重新攻打野狐岭及其两大要塞。文献记载说，金军在地上撒满了铁蒺藜——一种带有四根尖钉、意在戳破马蹄的装置——但成吉思汗的两员大将哲别和速不台，循山脊而上，攻占关口一端的要塞。这下，通往北京之路顿开。

金帝国已是一派末日景象，数千金兵在战斗中殒命，蒙古人到处抢夺食物，金地百姓忍饥挨饿。北京陷入政局动荡。卫绍王的宠臣、乖戾无常的将领胡沙虎，在獾儿嘴损兵折将如此惨重却被赦免，他对蒙古人的威胁不屑一顾，竟带着自己的亲军在都城外驰猎。随着蒙古人的日益迫近，胡沙虎意识到，如此耍派头很可能自取灭亡，但他不想把自己的命运置于皇帝手中，这太不可靠了。于是他策划了一场政变，屠戮守卫皇宫的五百名士兵，杀死皇帝，让自己的叔叔登上皇位，宣布自己为监国。为了庆祝这些骇人之举，他大宴群臣，还叫来京城最漂亮的名妓作陪。

两个月后，蒙古人包围北京城，胡沙虎派六千人马出城抵御，并威胁统兵官术虎高琪，如若战败将被处死；高琪屡战不利。为了避免已知命运的来临，高琪转而诛杀胡沙虎。他全速飞驰，可能还带了一小队人马，赶在坏消息之前回到城中，将上司胡沙虎逼入绝境，砍杀之。然后，高琪提着胡沙虎的人头去觐见新皇帝宣宗，请罪。或许是为自己的逃避行为开脱，或许是被这恐怖的一幕所吓倒，不管怎样，皇帝立刻任命高琪为帝国的副元帅。

这已经是一个国土穷蹙的帝国了，皇帝龟缩在都城内，恐惧笼罩着大多数城镇。成吉思汗几乎倾全军之力（除了一小支军队以外）去蹂躏乡村和攻取城市，这仍然是一支没有重型攻城武器的游牧军队，但成吉思汗正在想办法。蒙古人把上千战俘集结在一起，强迫他们带头攻城，被围者经常认出城下闹哄哄人群中的亲属，不忍心攻击自己人，于是就投降了。如此一来，十万大军，兵分三路，向南、向西进至黄河，向东到达太平洋，横跨一片德国大小的区域，扫平了一打又一打的城镇。蒙古大将木华黎传记的汉人作者写道："黄河以北各地，烟尘相望，鼓声震天。"

但是北京仍然坚守着，早在一个世纪以前，即使是对于一支正规军来说，北京已经是一块难啃的骨头了。城外是四个要塞村庄，各有自己的粮仓和军库，各有地道通往都城。从昆明湖（金章宗时，自玉泉山下引水至金山脚，为一水池，时称"金水河"。昆明湖是清乾隆时扩充水面后的名称——编者注）汲水的三大护城壕保卫着城墙，形成一个周长约十五公里、底部深达约十五米的矩形。一堵女墙高出地面十二米，有十三个城门，每十五米设一哨塔，共有九百多个。

在这些令人敬畏的防御工事里面，居民们操纵着同样可怕的武器。双重或三重弓弩能够发出射程为一公里的三米长箭；大炮由弹射器构成，被称为牵引抛石机。所有武器都能用来发射各种奇异的引火装置，这就是早期火药的运用。攻城弩射出的火箭和抛石机甩出的火球用于焚烧云梯、袭击哨塔；装入瓶罐的石脑油可以随手投掷，就像莫洛托夫鸡尾酒（Molotov cocktail，也称莫洛托夫燃烧弹、莫洛托夫汽油弹。西班牙内战时期苏联支持的国际纵队多用此物，适逢莫洛托夫负责苏联外交事务,故名——译者注)。另一种防御手段是使用蒸馏石油——西方称之为希腊火——制成简陋但有效的喷火器。为了攻取城市、镇守城市,蒙古人将会缴获并精通这些武器。

围城持续了一年,转眼到了1214年春天。对蒙古人来说,冬天颇为艰难,据说他们遭受了某种传染病,但是到了春天,城内人的情况更为糟糕。成吉思汗提议退兵,以换得双方的适当让步,金朝皇帝答应献出一名公主、五百童男童女、三千匹马和数量惊人的一万卷布帛(如果完全展开可以延伸九十公里左右)。成吉思汗承诺和平撤兵,命令满载战利品的军队向北退至热情欢迎他们的草原。

金朝皇帝受到了一个惨痛的教训。满目疮痍的北京受到游牧民的威胁,现在他们已经熟悉攻城战,北京城不再是无懈可击的了,要确保安全只有越过他和游牧民之间真正的地理边界:黄河。金朝皇帝决定把都城南迁至中原古都开封。

这是一项大工程。文献提到,三千头满负金银财宝的骆驼,三万辆装载文书档案和皇室财物的车子,向南拖沓而行六百公里,历时两个月。所有的一切都是为了越过黄河寻求安全保障,但结果却适得其反。金帝国的军队中有来自东北的二千契丹人,他们不愿意迁徙到离故土更远的中原腹地,出北京城五十公里后,他们发生哗变,火速回军,在城外安营,并送信给成吉思汗,表示归顺。

蒙古军在北京城北约四百公里处内蒙古草原的一个湖泊旁扎营。成吉思汗听到金朝皇帝南迁的消息后非常震惊,汉文文献记下了他说的话："金朝皇帝不相信我！以讲和来欺骗我！"不过，这个消息也令他激动不已，他得到了一个天赐良机：北京被自己的皇帝所抛弃，叛军乐意为蒙古人而战。但他必须马上行动，因为新都开封可能成为金朝将来进行反击的基地，要攻克它会变得非常非常困难。9月，蒙古人回到了北京城下。

蒙古人没有试图攻击，由秋入冬之际，他们只是把北京团团围住。到了春天，开封的金朝皇帝向北京派出两支援军，蒙古人打垮了金朝援军，夺得一千车粮饷。更多的北京外围城镇陷于蒙古人之手。北京开始发生饥荒，以致活人吃死人求活；守城官员争论不休，文官首领自杀身亡，武将主帅溜之大吉（他逃到开封，因叛变被处死）。1215年6月，群龙无首、忍饥挨饿的城内平民打开城门投降。

与此同时，成吉思汗已经拔营撤至北京以北一百五十公里处的草原边缘，正在回曲雕阿兰附近克鲁伦河的路上。没有了成吉思汗的节制，占领北京的蒙古人四处横行，他们抢劫城市，杀死数千平民；一座宫殿付之一炬，部分城区大火一月未灭。

数月之后，一名由花剌子模沙（Shah，波斯语，意为王——译者注）——成吉思汗的下一个对手——派出的使节，前来打探虚实，如此一座固若金汤的大城落入一个游牧小部落手中，到底是不是真的。证据实在是太显而易见了，使节回去报告说，被屠戮的尸骨堆积成山，流淌的人脂浸腻了土壤，腐尸传播的疾病夺去了几位随行人员的生命。

现在，蒙古人成为整个中国东北部的主人，金帝国版图缩小了三分之一，且被割裂成两半，剩下黄河南部和东北两块残余国土。在蒙古人的新占领区内，少数城镇仍拒不投降；一些幸存的守军起兵反叛旧主，投靠新主；经历了毁坏和饥荒，一百万人逃往南部。金朝心脏地带分崩离析。

成吉思汗仍意犹未尽，因为开封的金朝皇帝最后拒绝臣服蒙古，必须给予致命一击。实际上这是一次双重打击——将东北的金朝势力彻底消灭，同时对开封发起总攻。

东北生活着农夫、牧人、猎户，是一个闭塞的乡村地区，那里最有势力的是契丹首领耶律留哥。1212年，他宣布效忠成吉思汗，成为当地最大的军阀，所辖户数达六十万，而其他地区则长年征发年轻人参加金军。东北唾手可得。

事实就是如此。1214年至1216年，木华黎和成吉思汗的兄弟哈撒儿横扫东北全境。木华黎已跟随成吉思汗十五年，是成吉思汗最优秀的将领之一，在经略北中国的长期斗争中，木华黎会成为主角。1216年秋,一小支蒙古军快速行进至辽东半岛尽头,到达太平洋,另派一路纵队去追击数千契丹起义军,跨过鸭绿江进入高丽境内。傲慢的蒙古使者来到开城的高丽朝廷,离开时索取了大量物品,其中包括十万张纸:看来,成吉思汗想通过提供文化用品来优待新兴的学者型官员。

当这些征服的消息传到成吉思汗那里时,他命令新附庸国西夏出兵三万协助蒙古军,并派一军进入鄂尔多斯,沿黄河南下,从后方突袭开封。在这场长达一年的大规模战役中,六万西夏军行进一千公里,对抗占有极大优势的金军,通过堡垒林立的地域,终于到达开封近郊。西夏军主要打了六仗,大部分是在冬天,实战证明金军的防御太强了,最后西夏军只好撤退。战争将会继续,完全胜利差不多还需二十年。

对金战争的彻底胜利本应很快到来,但是,在遥远西部发生的事件却转移了成吉思汗的注意力,这些事件开启了蒙古征服史的另一篇章。

The Gates of Hell

地狱之门

征服已经席卷了两种截然不同的文化，把我们从蒙古的草地带到了西夏和北中国的繁华城市，到目前为止，其结果是血腥的，虽然不完全是前所未有。现在，故事即将牵连第三种文化——伊斯兰，这次对人类文化产生的冲击在世界历史上是全新的。中国的死亡人数肯定在数万以上，而如今这些事件引发的后果将使死亡数字至少增长十倍。

几乎可以确定，伊斯兰作者夸大了这些数字，尽管如此，它们还是高得令人毛骨悚然，似乎意味着种族或宗教仇恨的恐怖宣泄。然而，事实并非这样：蒙古人没有十字军式的圣战野心去宣称萨满教高于其他信仰的伟大真理，没有执意去消灭弱势的种族。是的，当然，蒙古人会成为主人，但其他人愿意为蒙古人服务，他们一度承认蒙古优越性。蒙古人最先考虑的是征服，因为不管出于怎样晦涩不明的原因，征服是天强加给成吉思汗的命运。毁灭是一个策略问题，把城市、地区、王国和帝国弄乱并没有其他目的，就是为下一个胜利铺路。死亡完全是副产品。

这一连串事件的第一个环节是数年前造成的。当时，乃蛮王室的子孙屈出律率残部不断向西逃亡，直到进入另一个幅员辽阔的王国后，他才结束了亡命生涯。由于该王国在时空上的遥远，因此它在现代人眼中显得模糊不清。然而，屈出律及其立足的新基地在这个故事中扮演重要角色，因为是他们把成吉思汗引入了伊斯兰世界。

为了了解整个事件的来龙去脉，我们必须回溯到一个世纪前。1124年，建立金帝国的女真人驱逐了昔日的统治者契丹人。二百名契丹贵族向西逃了二千五百公里，穿过新疆的沙漠，翻越天山山脉，跳出了北中国新统治者的势力范围。十年之后，在这片处于内亚、主要居住着突厥人和伊斯兰民众的无政府之地，契丹人辛苦创建了一个涵盖草原、山地和沙漠的王国，其面积类似西欧般大小，包括现代吉尔吉斯斯坦、中国西部的一部分、哈萨克斯坦南部、塔吉克斯坦。因为是由契丹人所建，所以这个王国被称为哈剌契丹，意即黑契丹（汉语名为"西辽"，由西逃的契丹贵族耶律大石等人创建——编者注）。

七十年之后，屈出律来到这个王国，深受当时统治者的欢迎，他娶其女儿为妻，巩固自己的地位，然后，用历史学家志费尼的话说，屈出律"像强弩所射之箭那样飞跃向前"，夺取王国的政权。他的背叛为他赢得了少数朋友。紧接着屈出律做了更坏的事情：在新任妻子的怂恿下，他皈依了佛教，粗暴反对伊斯兰教，由此疏远了自己的新属民。当新疆南部和田的伊玛目（Imam，伊斯兰教中带领穆斯林做礼拜的人，或是对伊斯兰著名学者的尊称，也指伊斯兰教的各派领袖——译者注）痛斥他时，屈出律把这位伊玛目钉死在他自己学校的门上。在成吉思汗眼中，这个乖张无常的狂热分子，终有一天会为自己的父亲和祖父报仇，出于对蒙古民族未来安全的考虑，必须把屈出律铲除。

成吉思汗把这个任务托付给哲别。地理环境是最大的挑战：二千六百公里行军，首先横穿蒙古的草地，翻越海拔三千米的阿尔泰山脉，然后通过崎岖不平的天山高地到达世界第二大高山湖泊伊塞克湖，离伊塞克湖西端约八十公里就是屈出律的都城八剌沙衮（今吉尔吉斯斯坦北部托克马克附近——译者注）。

正如成吉思汗所预料的那样，军事胜利唾手可得。随着蒙古人的步步进逼，屈出律南逃至丝绸之路的商贸中心、位于塔克拉玛干沙漠西部边缘的喀什噶尔（今称喀什，位于中国新疆西南部——译者注）。哲别率军追击屈出律时，禁止军队劫掠，所以喀什噶尔的畏兀儿居民很高兴地迎接哲别的到来。屈出律再次逃窜，他越过沙漠朝帕米尔高原逃去，目的地或许是今天的巴基斯坦。如志费尼所述，屈出律及其追随者被蒙古人"追得像条疯狗似的"，最后被当地猎人们赶入绝巷，他们把屈出律捕获，交给了蒙古人。蒙古人嘉奖了这些猎人，砍下屈出律的脑袋，在新征服区的城市内游街示众。

蒙古人的征战行动，使他们和屈出律的伊斯兰邻国发生接触。这个王国横跨现代乌兹别克斯坦和土库曼斯坦，与现代伊朗、阿富汗国土重叠，以它的核心区域为名，这个王国就叫花剌子模（这是音译通称；实际上存在六个政权）。这块难以驾驭的地区位于伊斯兰世界的东部边疆，半个世纪前，被人从它名义上的最高宗主——巴格达的哈里发（Caliph，政教合一的伊斯兰国家的最高领袖——译者注）——那里夺走了。花剌子模控制着丝绸之路各大商贸中心——撒马尔罕、布哈拉、玉龙杰赤、忽毡、梅尔夫、你沙不儿（撒马尔罕、布哈拉，今属乌兹别克斯坦；忽毡，又作苦盏，今属塔吉克斯坦；玉龙杰赤、梅尔夫，今属土库曼斯坦；你沙不儿，又作内沙布尔，今属伊朗——译者注）；还控制着传统界河——锡尔河，并延伸至远方地区，即穿越近五百公里的克孜勒库姆沙漠不毛之地到阿姆河（古称乌浒河）。那是一个混乱而残酷的时代：撒马尔罕独自承受了哈剌契丹七十次的武力进犯，几乎每年一次。在这种压力下,1210年左右,花剌子模沙摩诃末决定与屈出律短暂结盟,结果,当屈出律夺取哈剌契丹政权时,摩诃末在花剌子模则成为"亚历山大第二",于是便引发了一连串事件,导致成吉思汗建立跨洲帝国的进程步入新阶段。

造成如下所述事件的关键是摩诃末的性格,对于这样一个把自己的人民和宗教引向巨大灾难的人,没有人会给予好评。摩诃末的母亲秃儿罕拥有自己的朝廷,也承担着很多责任。或许,秃儿罕一开始就认为,摩诃末是一个善变和不可靠的突厥人,他将一些地方首领下狱,竭力把自己的意志强加于主体居民伊朗人。摩诃末攻打撒马尔罕时造成一万人死亡。据志费尼所述,摩诃末是一个臭名昭著的浪荡子,"让漂亮歌女作陪玩乐,持续滥饮红葡萄酒,以此不断满足自己骄奢淫逸的生活"。这样的描述可能是诽谤,因为志费尼是为他的蒙古主人写史,他急于解释蒙古入侵是对穆斯林罪行的一种惩罚,但毫无疑问,摩诃末的确是一个失败的领导者。

成吉思汗无意让自己卷入这场纷争,他声称自己想要的一切就是建立贸易联系。来自布哈拉的三名商人到达蒙古,他们渴望拓展因蒙古进兵北中国而顿开的贸易路线。作为回应,成吉思汗派出一个贸易代表团携带礼物去见摩诃末,这些礼物包括海象牙、独角鲸牙、翡翠、麝香,还有一块驼峰般大的中国黄金。代表团也将一个所谓的友善信息捎给摩诃末,说,成吉思汗会把摩诃末放在"与自己最亲密的儿子们同等的地位"。这正是摩诃末所担心的最坏的事情。因为他刚听说成吉思汗完全攻占北京，中原大地尽是累累骸骨，这妨碍了摩诃末自己向中国扩张的野心，眼下，成吉思汗又对摩诃末宣示父亲般的威势，这样一来，作为沙的摩诃末似乎只是一个附庸而已。贸易代表团的首领是当地的一名穆斯林，他向摩诃末极力保证，成吉思汗的兵力不敌沙的兵力，但伤害业已造成。

因此，当1218年成吉思汗接着派遣由一百人（如《秘史》所记）或更多人（据其他文献所述）组成的庞大贸易代表团去见摩诃末时，疑心变成敌意，抑或掺杂着贪婪。代表团用五百头骆驼驮载金、银、河狸皮、紫貂皮等物，朝讹答剌（位于今哈萨克斯坦南部）进发，因为该城正处边界，而且很富有，在历时一千多年的东西贸易路线——后来被誉为丝绸之路——中，讹答剌是一个繁华的中转站。它很富有，简直太富有了，它拥有自己的农田。这是一片肥沃的冲积平原，由锡尔河及其支流阿雷西河造就，它们从天山蜿蜒曲折地流入咸海，从某种意义上讲，洪水催生了讹答剌城。每年，从天山上下来的冰雪融水都会形成洪水，为了高出洪水水位，当地人一直在地面上为自己建起土墩，以便于生活。这些土墩被称为"土比"（tobe），共有二百个左右，个别土墩大小仅容一室，很多土墩可容村落，甚至还有一些土墩演变为城镇。最壮观的就是讹答剌城，它是一个人造高地，建有泥砖城墙，上盖十五米高的壁垒，四座城门，一条护城壕，外围小城呈环状拱卫主城，它们各自建有城墙。

今天我们还可以看到讹答剌城的部分面貌，这要归功于四十年考古工作的成就（阿拉木图考古研究所的Karl Baipakov指导了大部分工作），揭示出遗址文化层的上层，即叠加在土房上的房子，然后层层深入进行考察，把城址的历史追溯到了公元前100年。如今，为了灌溉棉田，河流几乎已被抽干，咸海变成了盐水坑（现在水位稳定，不久可能还会上升，多亏了环境保护工作），曾经的肥沃平原退化成半沙漠，运河沦为干枯的沟渠。想当年，蒙古人到来之时，讹答剌城所建图书馆是穆斯林世界中最好的，澡堂可与罗马的媲美；拥有七万户人家，分布在众多由两室或三室房子构成的蜂窝状建筑里；存在很多工匠社区，甚至还有一个公共厕所系统。

讹答剌城左右逢源、富裕繁华，但地处险境。曾经引以为豪的独立城邦讹答剌，八年前却因为摩诃末的扩张，变成了位于花剌子模和哈剌契丹之间的边界城镇。摩诃末派驻在该城的长官是本故事中的另一个反派，我们通常以他的尊号为名——亦纳勒术（Inalchuk，意为郡王）。

成吉思汗的贸易代表团一到讹答剌就出事了，用志费尼的话来说，这件事"破坏和荒废了整个世界"，喷出的鲜血汇流成河。亦纳勒术逮捕了整个代表团，并把自己的所作所为报告给上司——花剌子模沙摩诃末。随后，"没有经过深思熟虑，苏丹（Sultan，指某些伊斯兰国家统治者的称号，此处即指摩诃末——译者注）就立刻下令，穆斯林教徒（在讹答剌的成吉思汗派出的商团）……将被处死"，他们的货物被没收。亦纳勒术杀掉了整个代表团——除了首领之外，他们全部是穆斯林。

为什么会这样？难道亦纳勒术认为成吉思汗的人都是间谍？还是因为亦纳勒术和摩诃末两人的贪婪多疑？没人知道真正的原因。

起初，成吉思汗未被完全激怒，他派出三位使臣到花剌子模，给摩诃末一个赔罪补过的机会。可是，摩诃末反而杀死了三位使臣，或者——另有记载说——只杀了为首的使臣，其余两人被剃去胡须后遭驱逐。

杀死一个使臣就足以引发战争，更别说是处死一百人或更多。当消息传到成吉思汗耳中时，志费尼描述道，他突然变成了一股暴怒的旋风。这不仅是对个人的侮辱，也不仅是外交上的暴行。"怎能切断我的'金缰绳'？"成吉思汗质问道，意思就是说摩诃末撕裂了忠诚这根纽带。看来，直到1218年为止，成吉思汗还想当然地认为所有首领都必定会承认他的霸主地位。他"独自登上一个山头"——无疑就是圣山不儿罕·合勒敦——"脱帽露头，以脸朝地，祈祷了三天三夜，说：'我不是这场灾祸的始作俑者；赐予我力量去复仇吧。'"

这标志着成吉思汗的征战生涯进入新阶段。在这次事件之前，传统思维仍然占据主导，成吉思汗的前辈们立志统一蒙古部落并入侵北中国，就他个人而言，还意味着对付西夏。但是，还没有游牧首领敢于入侵一个距离故土如此遥远的帝国，更何况这是一个支配内亚的政权。然而，成吉思汗别无选择，他蒙受了羞辱，面临着直接挑衅，正如《秘史》所说，"为了复仇，为了惩恶"，他必须攻打花剌子模。

成吉思汗的决定引发了他家庭中关于继承人问题的讨论，问题是由他现任诸妻之一的也遂提出来的，《秘史》以也遂的口吻说道：

您那庞大古树般的身体，

一旦倾倒，

您将把您的百姓交给谁？

成吉思汗对此心知肚明："也遂的话说得对极了。"他公开让四个儿子当众商议这个问题。成吉思汗的衣钵可能会理所当然地传给长子术赤，但是，术赤的生父可能是篾儿乞人，因为他母亲当时被篾儿乞人所掳。这个提议引起了激烈争吵。

次子察合台大声嚷嚷："我们怎能让这个杂种来统治呢？"

术赤一把抓住弟弟的衣领："我从未听到过父汗说我与兄弟们有什么不同。你怎能这样看不起我？你有什么本事胜过我？你只不过性情桀骜而已！"

博尔术和木华黎将兄弟俩支开，此时，一位高级谋士设法平息事态，他让兄弟俩回顾成吉思汗战胜千难万苦缔造民族的往事：在那段岁月中，成吉思汗只能以涎水为饮，他不停奋斗，直至眉头汗水浸透脚底。你们的母亲当时又如何呢？她对你们寄予厚望，把你们搁在颈边，让你们和其他孩子一样感受母爱。

对于这样的责备，察合台表示接受。他说，好吧，他会和术赤一起效力，并推举老三窝阔台为继承人，以示妥协。成吉思汗进一步化解紧张气氛，说："大地母亲宽阔广大，江河众多；你们每个人都会得到属于自己的一份财产。"幼子拖雷说，他支持哥哥的建议。

窝阔台当时说了什么呢？他知道自己并非最佳人选，但还是含糊其词地说："我定会据我所能，尽力而为。"他没有太多的言辞，但这就已经足够了。继承人选定，家族和国家统一如故。有关继承人的决议以书面形式确定下来，这是对成吉思汗处事公开——我们现在称之为透明——的称颂，他乐意面对一个艰难的决定，其统治术日显老练。

政治统一为向西扩张奠定基础。

成吉思汗亲自策划一场需要精心准备的战争，寻求所有他能得到的帮助。

成吉思汗在某些问题上确实需要帮助，特别是以前蒙古领袖根本没有遇到过的问题：征服地域的管理。成吉思汗肯定已经清醒地认识到一点：重复发动一次又一次相同征服战争的行为——就像他在北中国那样，有些城市他围攻并夺取了三次——是愚蠢的。多年前，少数蒙古王公学会了被采用的畏兀儿文字，他们对行政管理有了初步的思路，但此时仍然没有官僚机构。如果成吉思汗不希望重复之前的战争模式的话，那么他必须建立起一套官僚机构。

不知是成吉思汗本人还是另有其人，想起了三年前在北京抓获的一名战俘，当时，成吉思汗收养的亲属失吉忽秃忽对帝国宝藏和战俘中的显要人物编制了一份清单。有一位金朝官员引人注目，确实，此人是位二十五岁的年轻人，身材高大，长须及腰，说话声洪气足。他是契丹族人，契丹族曾建立辽朝，统治中国东北，后被金朝取代；他的名字叫楚材，姓耶律氏——辽帝国最显赫的家族；其父仕于金朝，故家资富饶，颇具权势。楚材生而多才，是一位才华横溢的学者、诗人，成吉思汗攻金之时，他任副省级官职，后被召回北京，在蒙古军攻城期间，他一直坚守岗位。北京的浩劫是一段可怖的经历，为了弄清楚所发生的这一切，楚材隐退静思了三年，脑海中形成并强化了一种信念：只有糅合三圣——孔子、佛祖、老子（道教创始人）——的学说，才能最好地践行真理和美德。眼下，楚材发现自己被成吉思汗传唤，因为后者急需用人，去建立和运作一套帝国官僚机构；这是一种荣耀，成吉思汗帮楚材摆脱了与旧主的干系，他期待楚材能表现出应有的谦恭。

在一次有名的对话中，成吉思汗对楚材说道："辽、金两国乃世仇，我为你报仇雪恨。"

楚材平静地答道："我父、我祖都曾敬事金朝，作为一名臣子和儿子，我怎敢怀有二心地仇视自己的君主和父亲？"

成吉思汗听后为之动容，任用了这个沉着而睿智的年轻人。长髯人——成吉思汗以此称呼楚材——也看到，征服证明了天命已授予成吉思汗。从今以后，楚材在影响大汗及其帝国性格方面将发挥重要作用。

所以，也许正是受楚材的影响，成吉思汗才走向理性，至少表现出理性。1219年，就在入侵花剌子模前夕，成吉思汗下令树起一块石碑，上面镌刻的文字流露出典型道教哲学家的情感，可能被这位游牧圣人所接受：

中原傲慢奢侈极矣，天已厌之。就我而言，居于荒凉之漠北，漠北无所滋贪婪。我恢复简朴之风，再立纯洁之德,谨遵中庸之道。衣食方面,畜舍中牛倌或马夫若破衣褴衫,我亦破衣褴衫;他们若粗茶淡饭,我亦粗茶淡饭。我爱百姓犹如自己的幼儿,我待士兵如同自己的手足。我经历百战,每战必身先士卒。七年征战,终成此大业;六合虽广,悉归于一统。

恢复简朴之风?还不到那个时候,目前首先是策划并发动一场战争。

成吉思汗向包括西夏在内的附庸国提出征兵要求。他已经征服了西夏地区,接受了西夏贡品;佛教徒国王名叫不儿罕(意为圣者)(指西夏第八任皇帝神宗李遵顼,1211—1223年在位——译者注)也是有求必应。成吉思汗要求皇帝出兵:"还记得你的承诺吗?你说过要成为我的右翼。"

然而,成吉思汗得到的答复,无异于一记锐利的耳光,就像花剌子模苏丹摩诃末的回应一样。这记耳光不是直接来自西夏最高统治者,而是来自他的军事指挥官(即"绀字",皇权背后的力量)阿沙,似乎可以肯定,阿沙得到了一个让西夏重新获得独立的极好机会。蒙古人已然踏平了北中国,眼下正面临着另一场战争,的确,世上没有任何力量能够在相距如此遥远的两个前线同时作战。没等西夏皇帝开口回答,阿沙抢先以轻蔑的口气拒绝了:"既然成吉思汗的兵力不足以去征讨别人,那他为什么还要非做大汗不可呢?"

听到这样的回答,成吉思汗心中的愤怒无以言表,他目前的首要任务是进军攻打摩诃末,不过,等到凯旋时,"若蒙长生天护佑",他定要惩罚西夏。

1219年,成吉思汗率军西征,一路吸纳弱小部落。与横扫西夏和北中国时的蒙古军相比,这次的西征大军有些不同,其总兵力大概在十万到十五万之间,每名士兵携两至三匹马,它保持着游牧军队长期形成的调动迅速、疾驰有力的机动性,但又不乏一个坚强的核心。之前对城市的攻坚战积累了最好的攻城技术和知识:攻城槌、云梯、四轮移动盾牌、投掷烟火弹的抛石机、管状喷火器、双重或三重的大型攻城弩——足以发射小型电线杆那样的箭矢。

还不止于此。出征的军队总是远离故土,靠劫掠而生,他们处置战俘的方式无非是遣送工匠回汗廷、杀死男人、霸占女人、奴役小孩,此外别无他法。他们对俘获战俘不感兴趣,因为战俘的存在会削弱征战所需的高度机动性。但是,现在战俘有三大用处:从事专业工匠的奴隶式劳役;加入蒙古军,成为军内非游牧士兵的中坚力量;充当炮灰——特别下作的权宜之计:平民被驱赶走在军队前面,用自己的身体去填满护城壕,承受防御武器的全部威力,或许还可以让这些武器失效,因为防守者不会用它们来杀死自己的亲人。

西征大军简直就是一辆巨型战车,它需要修路架桥、攻城略地、聚集财富、补充兵员、制造武器、增强力量,实现自给自足。要让这辆战车爆发性地滚滚向前,就得靠最高统帅的日常工作来推动:纠正失误、酬赏将士、保证安全。这些仍然是一个游牧武士的日常工作,成吉思汗还没有意识到,他正在着手进行的事业需要具有一种更宏大的视野。

蒙古军到达花剌子模边界,与之抗衡的是一支兵力更盛、富有潜力的军队。然而,苏丹不得人心,他不会冒险任命一位可能随时背叛他的将军去建立一个统一的指挥体系,因此,当蒙古人包围讹答剌的时候,苏丹的兵力分散在各个主要城市。成吉思汗从那些怨恨苏丹、投奔蒙古人的穆斯林官员中得知了所有情况,他充分利用这些分裂势力,给很多城镇和要塞一个机会,让它们不战投降,从而免遭蒙古军的洗劫。

当然,那些成为抵抗中心的城市则是另外一回事了。由于讹答剌的长官点燃了这场血腥战争的导火索,因此该城受到特别关注,蒙古人对它的攻击在哈萨克斯坦被称为"讹答剌的毁灭"(1991年有同名电影上映——译者注)。成吉思汗想生擒该城长官,再让他悲惨地死去。攻城持续了五个月,直到一名高级军官试图从该城的边门逃走,他的行为加速了他自己和这座城市的灭亡。蒙古人顺着这名军官的逃跑路径强攻入城,他们的"猎物"亦纳勒术,亲率数百守军困守内城。因为蒙古人得令要活捉亦纳勒术,所以他们有条不紊地缓慢攻打了一个月。守军意识到难逃一死,于是发起自杀式攻击,一次出动五十人,直到最后,亦纳勒术及少数幸存的亲兵被困在城楼上,他们击碎墙砖砸向攻击者。等到蒙古人将亦纳勒术镣铐缠身押走并慢慢折磨至死,一切都结束了。

今天乍看讹答剌,一块荒芜粗糙、布满尘土的平地,没有剩下一个哨塔,几乎不见一处城墙痕迹,你可能会推测是蒙古人摧毁了这个地方。其实不然。他们为什么要这样做？当时，讹答剌是丝绸之路上如此重要的联络站，最初不正是讹答剌吸引了成吉思汗吗？蒙古人的目标是亦纳勒术，他一死，这座城市就保住了，并又很好地发展了五百年，正如考古发现所揭示的：数米高的"文化层"，几百件人工制品——首饰、青铜器、玻璃器皿、陶瓷品、铜币和银币——其中很多东西都由当地手工作坊生产。讹答剌建有一座大清真寺和一个两公顷的陶器工场。简而言之，讹答剌是现代哈萨克文化主要的起源中心之一，讹答剌的毁坏与成吉思汗无关。18世纪上半叶，这个地区沦于蒙古西部非成吉思汗系蒙古人之手，一场入侵打断了贸易路线，摧毁了丝绸之路上的众多城市，居民离开了。风雨雪霜让讹答剌沦落至今天的地步。

与此同时，成吉思汗分兵进击，派术赤以巨大的钳形攻势向北横扫，最终剪断花剌子模的北部地区。1220年1月间，成吉思汗又派一军扫荡讹答剌，而他自己则率另一只"钳臂"直插克孜勒库姆沙漠——尽是沙土草丛覆盖的四百五十公里严寒荒野——兵锋指向布哈拉。

1220年2月或3月，蒙古军逼近布哈拉，城中二万人的强大守军先发制人攻击蒙古军，但在阿姆河沿岸被击垮，残军仓促退入雅克城堡。而布哈拉城的居民不想为了遭他们鄙视的苏丹而被蒙古人杀死，于是打开了城门。成吉思汗驾马而入，穿过两旁排列着平民木屋的小巷胡同，经过用烘烧泥砖建成的宫殿，进入内城沙赫里斯坦，到达全城最大的建筑物——清真寺；这样一来，成吉思汗发现自己正处在一种全面繁荣的文化——他刚开始领略到——的心脏地带。

成吉思汗脚下踩着的这种文明，其壮观程度可与中国媲美，尽管相比之下显得稚嫩。这种文明奠基于五百多年前，当时，阿拉伯人在伊斯兰教创始人穆罕默德的神灵启示下，向外扩张至波斯、叙利亚、伊拉克、埃及、北非、中亚，甚至越过直布罗陀海峡，最后，阿拉伯军队一度把比利牛斯山脉和中国西部喀什噶尔之间的地域连成一片。一时间，新兴的伊斯兰教及其圣书《古兰经》，还有教义的第二来源"逊奈"（sunnah，意为圣训，先知穆罕默德及其继承人的言行），统一了这个帝国。

但是，坐江山完全不同于打江山。地方势力和教派都为自身攫取财富和权力。什叶派声称自己拥有统治权，因为他们追随穆罕默德的女婿阿里，是为"阿里什叶"，即阿里派。另一教派赞同穆罕默德的叔叔阿拔斯的主张，他们崛起于帝国的边缘，在伊拉克尤为兴盛。在阿拔斯王朝统治下，帝国的重心再次发生变动，这次东迁至巴格达。伊斯兰世界，犹如阿拉伯人开创的一条"大河"，到了1000年时，已经分裂成一个"三角洲"，包括五条"干流"和数十条"支流"。在帝国心脏地带，地方统治者把阿拔斯王朝的领土瓜分为许多小王朝，看上去就像一个瞬息万变的万花筒。但是，统一却以某种形式始终维持着，所有伊斯兰教徒都崇拜同一个神，尊敬同一位先知，通用阿拉伯语，共享贸易，共同继承惊人的、丰富的知识体系。

征服战争带来了难以置信的财富，在此推动下，中世纪的伊斯兰教渴望学习,并催生了出色的学问(那种认为欧洲无所不能的观念定会让伊斯兰学者感到匪夷所思)。纸代替了草纸,书店兴隆,藏书室为富裕之家平添了几分优雅。因为阿拉伯语是神示的语言,所以它的书面语备受推崇,它的书法成为一种艺术形式。中世纪的伊斯兰教,对自身的优越性充满自信,创新立异,求知欲强,出乎意料地宽容。为构建科学和哲学的基础,阿拉伯人回看希腊人,全面翻译希腊经典。其他许多语言和信仰,诸如波斯语、梵语、叙利亚语,基督教、犹太教、琐罗亚斯德教等,也成为这个庞大融合体的一部分。

艺术繁荣。都市文人墨客经常光顾诗人们绚丽而高雅的作品。虽然伊斯兰教不鼓励(后来完全取缔)人像艺术,但在图案设计和建筑风格上却并未禁止。精妙绝伦的圆顶清真寺不断涌现,比意大利文艺复兴时期的圆顶建筑早了数个世纪。尽管比不上中国瓷器,但是陶工们还是造出了光泽明亮、装饰精美的釉。粉刷灰泥和绘制壁画的宫殿树立了一种华丽的装修风格,引发了整个伊斯兰世界的竞相模仿。

科学也是百花齐放。起源于印度的阿拉伯数字,提供了一种远比以往任何系统更强大的数学工具,正如欧洲后来所发现的那样。虽然阿拉伯科学家依然坚信黄金可以由各种金属转化而成,但是,他们探寻"点金石"的严谨态度,将在炼金术(alchemy,由al-kimiya变形而来)和现代化学之间架起桥梁。穆斯林旅行家写下有关中国、欧洲和非洲多地的报告。在把阿拉伯语译成拉丁语的过程中,欧洲语言变得丰富多彩,不过仍包含着很多见证阿拉伯科学优势的词汇:零(zero)、代数(algebra)、星名(如参宿四，Betelgeuse）、天顶（zenith）、天底（nadir）、方位角（azimuth）。

在诸多中心城市中，巴格达是最大的。它横跨底格里斯河，被规划成一个完美的圆形：由三百六十个哨塔拱卫的三重堡垒。巴格达被称为"圆城"，像块磁石一样吸引着商人、学者、艺术家们前来——最远的甚至来自西班牙和北印度，它逐渐成为世界上最大的城市之一，财富方面赶上了君士坦丁堡（拜占庭帝国首都，今土耳其伊斯坦布尔——译者注），后者在19世纪末时与巴黎差不多大小。巴格达的瓷器来自中国，丝绸、麝香、象牙来自东非，香料、珍珠来自马来亚，奴隶、蜡、毛皮来自俄罗斯。

值得一提的是，在四个世纪里，古代绿洲城市撒马尔罕、布哈拉、梅尔夫、玉龙杰赤，是伊斯兰世界的东部前哨，虽然与巴格达相比它们稍逊一筹。四座城市都是沿河而建，这些河流从帕米尔高原流入克孜勒库姆荒漠；它们都靠错综复杂的沟渠系统和地下暗河（坎儿井，qanat）来维系；所有城市都修筑城墙以抵御敌人的入侵和风沙的蚕食；它们长期拥有呼罗珊地区与河中地区（跨越乌浒河即今天阿姆河的地域）的富庶堡垒；它们都是连接东西方的商贸中心。西瓜在此冷藏后急送至巴格达，撒马尔罕的纸张满足整个穆斯林世界的需求，规模可比小型军队的商队在本地和东欧之间来回游走。

布哈拉，花剌子模的都城（此处据原文翻译，然原文有误。花剌子模旧都玉龙杰赤，摩诃末时期攻占撒马尔罕作为新都，其间并未以布哈拉为都城——译者注），拥有三十万人口，几乎与巴格达等同。学者和诗人们用阿拉伯文和波斯文，以共同的词语形容布哈拉为"伊斯兰的东方之珠"。皇家图书馆藏书四万五千册，内有一系列藏书室，每一间收藏不同学科的图书。或许，众多杰出学者中最伟大的要数哲学家医生伊本·西纳（Ibn-Sina），在欧洲以他的西班牙文名字著称——阿维森纳（Avicenna, 980—1037），他的出生地点离成吉思汗眼下站立处不远，位于该城清真寺的前面。他著作等身，共写了二百多部书，其中最有名的是医学百科全书《医典》（Canons of Medicine），该书译成拉丁文后，成为欧洲最经典的医学教材达五个世纪之久。

随着突厥人的威胁不断迫近，这一切都转瞬即逝，他们是持续数个世纪西迁的突厥部落的一部分。但是，伊斯兰文明坚持了下来，因为突厥人在此定居后，皈依了伊斯兰教逊尼派，取了穆斯林名字和称号。到了13世纪初，处于平庸君王统治下的花剌子模，继承了这些宗教、艺术和知识传统；成吉思汗对此知之甚少，但对它的财富早已耳熟能详。

志费尼以生动细腻的笔调记载了接下来发生的事情。成吉思汗询问清真寺是不是苏丹的宫殿；不是，有人告诉他，那是神的宅邸。于是成吉思汗下马走向讲坛，跨上两三步，喊出了让人大跌眼镜的话："乡下缺乏草料，但要喂饱我们战马的肚子。"

惊慌失措的伊玛目和其他显贵立刻去牵蒙古人的战马，蒙古军士搬空了粮仓，用藏经木箱当马槽，把里面的《古兰经》扔出。

几小时之后，各路蒙古军开始返回城外的营帐，准备进攻雅克城堡；《古兰经》被撕破，任由马蹄践踏。有些历史学家认为这是成吉思汗本人煽动的故意亵渎的行为,但这样认为是不对的。成吉思汗对待佛教徒和儒者已经是毕恭毕敬,现在轮到穆斯林了,但这并非是意识形态在起作用。志费尼本人对践踏《古兰经》的行为不作评判。这种行为说明,成吉思汗及其心不在焉的军队只考虑那些与牧民武士相关的实际问题,仅此而已。成吉思汗并没有反对伊斯兰教,不管怎样,这只能说明他不在乎它而已。

然而,这种随意的强势行为也有教训,成吉思汗立刻就意识到了。更多迹象表明,他有理由相信天助之力,他渴望他的敌人终将明白和顺从。成吉思汗起身离开此地,走进木撒剌(musalla,城外举行节庆时可供祈祷的院子),他决定在这里对精心挑选的观众发表演说(或许是为了增强戏剧效果,许多作家把这个事件的发生地点换成了清真寺)。首先,他要求集合起来的市民选出大富大贵之人,接着,选出来的二百八十人齐聚在木撒剌内的单墙边。志费尼详述人数:一百九十个本地居民,九十个外地商人。成吉思汗登上讲坛,向这些人阐明兴衰成败的道理:

> 你们这些人啊,应该知道你们犯下了大罪,应该知道你们当中的大人物犯下了这些罪行。如果你们问我言之何据,那我会说,因为我是上帝之鞭。如果你们不曾犯下大罪,上帝就不会派我来降罚于你们。

这句被反复引用的名言,普遍被认为是真实的。但事实是这样吗?志费尼的日常工作是讨好他的蒙古主人,通过强调穆斯林的罪行来证明蒙古人成功的合理性。正如著名的蒙古历史学家沙克达恩·比拉（Shagdaryn Bira）所指出的那样："志费尼发现，成吉思汗及其行为……完全证实了全能安拉的预言，他写道，安拉曾说：'那些人是我的骑士，我通过他们向背叛我的人复仇。'"比拉认为，对志费尼来说，"有罪一方的不是侵略战争的发动者，而是受害者"（《蒙古历史论集》，第87—88页）。

接下来的几天，苏丹士兵及其家属被困于雅克城堡；惊恐不安的城堡居民蜷缩在自家房子里；富人及其扈从走到城外成吉思汗的营帐中，向他交纳财物——现金、首饰、衣物、布帛。

还剩下两件事情：夺取城堡、处置居民。首先，苏丹士兵正以雅克城堡为基地夜袭蒙古人。蒙古人为进攻城堡而清理地面，把城堡周围的木屋都烧掉了。现在，弹射器和大型攻城弩已经各就各位；城堡下面，当地居民被驱赶着往前冲，在点燃的石脑油的泼击之下纷纷倒地，尸体填满了护城壕。数天的战斗异常惨烈，最后，雅克城堡被攻破，陷入一片火海，苏丹守军只好投降，但很多士兵横尸在地，他们或是阵亡，或被俘后处死，"站着高于鞭梢"的所有男性军人都不能幸免。幸存的居民被赶在一起，然后分掉：年轻男人被征入伍，女人携孩子被迫为奴，铁匠、木匠、金匠被编入蒙古工匠队。

随后，蒙古巨型战车滚滚向东，直指花剌子模的新都城撒马尔罕。该城有四万至十一万守军（不同文献记载存在很大差异），他们埋伏在护城壕中；自讹答剌失守后的几周内，撒马尔罕匆忙增筑了城墙和城堡。防御力量还包括一支由二十头大象组成的部队，它们可能是由富于进取的商人从印度买来的。蒙古人驱赶着成群的战俘，在撒马尔罕城四周安营扎寨。在一次交锋中，守军出动了大象部队，但大象受了惊吓，在冲向空旷平地之前，掉头踩踏了自己的士兵。摩诃末领导无方，再次断送了一座城市的希望，他逃跑了，并敦促每个人都沿着他的路线撤退，因为抵抗是没有用的。撒马尔罕的富商和教士，不打算为了摩诃末这种人而去冒死亡的危险，他们向蒙古人求和，受到了与布哈拉居民同样的待遇：蒙古军官及其家属从中任意选取财物、女人和工匠。

当然，对花剌子模的致命一击应该是生俘或杀死逃亡的摩诃末，这个任务交给了哲别和速不台，他们两人在今天的乌兹别克斯坦、土库曼斯坦和伊朗境内追猎摩诃末。摩诃末绝望地寻找安身之所，有一天，他被蒙古人尾追着来到了里海之滨，当地的埃米尔（Emir，穆斯林酋长、王公、统帅的称号——译者注）劝他躲进一个小岛上。摩诃末留下的财宝被瓜分，他和少数随从划船到岛上，最后，他在惊恐和绝望中死去。令摩诃末厌烦的母亲也步其后尘，逃进了里海南部的堡垒中，追捕她的蒙古人围堡断粮，以饥饿迫其投降，然后押送她去蒙古，她在那里开始了多年暗无天日的囚禁生涯。

与此同时，蒙古军的钳形攻势在剩下的大城市玉龙杰赤（后称为库尼亚乌尔根奇至今）合拢。1220年末，成吉思汗的儿子术赤自北而下，征服了六座小城。术赤的兄弟察合台和窝阔台从东南而来，博尔术率成吉思汗的亲兵前来会合，这使他们如虎添翼。各路蒙古军共计十万人马，然而，这还不足以震慑玉龙杰赤城居民，他们固守而战已经持续五个月了。这是蒙古人经历的最艰苦的战斗。在这里，阿姆河的冲积平原上，弹射器没有石头，因此蒙古人砍伐桑树作为弹药。和往常一样，战俘被迫去填塞护城壕，然后去挖城墙墙脚。城墙攻破后，蒙古人入城必须沿街巷战，所到之处，用点燃的石脑油焚烧房屋，将之夷为平地。当他们发现这样做攻速太慢时，就想决堤淹城，不过，当地人意外地消灭了准备决堤的三千蒙古人，于是这个企图以彻底失败而告终。1221年初，蒙古人最终取得胜利，此时，入侵者便毫不留情，十万有一技之长的平民被俘带走，其余人等全部遭屠。志费尼说，五万蒙古兵每人杀二十四人，共杀了一百二十万人。

最后，整个花剌子模帝国几乎都是成吉思汗的囊中之物了，他又指派幼子拖雷渡过阿姆河去西部地区扫尾。拖雷花三个月时间攻取了梅尔夫、你沙不儿和赫拉特（今属阿富汗——译者注）这三座主要城市。4月，你沙不儿沦陷，居民被杀，该城就像用犁耕过一样被夷平。赫拉特明智地选择了投降，居民得以赦免，但一万二千人的强大守军除外。

值得关注的是梅尔夫。13世纪初，这座绿洲城市是中亚明珠，城内清真寺和宅第林立，壁垒重重，泥砖砌围的郊区占地一百平方公里，穆尔加布河的冰凉河水从堤坝经地道流入城内，维持着整个城市的运转。该城有十个图书馆，藏书十五万册，藏书量是中亚最大的。今天，老梅尔夫一片黯淡，如果你站在中心城区附近的一处小丘上望去，你会发现四周大片土地尽是尘土埂和碎石堆。由此向西三十多公里，是该城唯一的复兴之地——新梅尔夫（Merv，也称马雷，Mary），它的工业烟幕笼罩着天空。老梅尔夫完全是一片凄凉景象。

如今导致老城衰败的主因是风雨侵蚀，但这个过程却始于1221年1月，当时蒙古人兵临城下。守城长官名叫抹智儿木勒克，是一位趾高气扬的贵族。八百蒙古兵试探梅尔夫的防御能力，结果失利而退，但其中六十人被俘后被处死，成吉思汗和拖雷得知这个消息后，便决心让这座城市经历一次恐怖的命运。

蒙古军人数不多，约七千人，每位士兵配置弓、箭、刀，身穿坚硬的皮甲，备有可替换的战马。与往常相比，这次蒙古军在兵力上处于劣势，他们面对着梅尔夫城一万二千人的守军。这座城市的常住人口约七万，但是，周边村庄难民的大量涌入使这个数字膨胀了十倍多。所有城民都知道自己的命运，他们闩上大门，静静等待，他们已被恐惧折磨得精神恍惚。

蒙古指挥官绕城侦察了六天，抹智儿木勒克眼看别无选择，于是决定乞和。蒙古人下令交出二百个富豪权贵，随即带回去审问他们的财产情况。然后，蒙古人进城，如入无人之境，开始疯狂地报复。四天中，他们把驯服的民众赶到城外平地上，仔细地挑出四百名工匠，选取一群小孩充当奴隶。

随后，杀戮开始了，城市洗劫一空，建筑毁于一旦，书籍付之一炬或埋入地下。仅仅数天时间，梅尔夫彻底消亡，几乎失去了所有的东西和所有的人。正如志费尼记载，蒙古人下令，除了被俘的四百名工匠以外，"包括女人和小孩在内的所有人都将被处死，不论男女，没人能够幸免。梅尔夫的城民随即被分给蒙古兵或签军（强行抽调被征服地居民中的青壮组成部队，谓之签军——编者

注），简言之，每名军士要负责处死三四百城民"。

蒙古人离开之后，一位著名的教士开始组织人员估算死亡人数。"这时，他和其他几个人一起，花了十三个昼夜的时间来计算城内受害者的数量。除去那些在洞穴和乡野荒漠中被杀的人不算，仅估算一下平地上看见的那些尸体，他们得到的数字就超过了一百三十万。"

一百三十万？再加上玉龙杰赤据说被杀的一百二十万？这听起来简直不可思议。然而，从上个世纪的恐怖事件中我们可知，对于那些心怀叵测、手握大权、掌控技术的人来说，制造大屠杀却很容易。1915年，亚美尼亚大屠杀中，土耳其人杀死了国内百分之六十的亚美尼亚人口（二百一十万人中有一百四十万人死亡）；第二次世界大战期间，纳粹屠杀了六百万犹太人；1970年代中期的柬埔寨，红色高棉的暴政造成约八百万人口中一百七十万人丧命；1994年，卢旺达的种族灭绝导致八十万人被戮（总人口五百八十万）。

事实上，志费尼的数字是保守算法：7 000×300=2 100 000。因此，一百三十万，不仅完全可能，而且，与以往任何一次屠杀的先例相比，这次屠杀的速度要快得多。卢旺达种族灭绝只用了三个月，美国常驻联合国代表萨曼莎·鲍尔（Samantha Power）称之为"世界上已知最快的种族灭绝"（《纽约书评》，2003年1月6日）。对于蒙古兵来说，一个手无寸铁的战俘就像绵羊那样容易驱使，而且毫无价值。砍脑袋只需几秒钟，七千蒙古兵屠杀一百万战俘，应该是一件几小时内就能完成的简单工作。

毋庸置疑，这是一场规模空前的大屠杀，从技术上来说，蒙古人在两年的入侵过程中杀死数百万人是可能的。吉本根据法文资料[1]认为："屠杀造成的确切死亡人数累计达四百三十四万七千人。"

但是，这些数字准确吗？

志费尼有关大屠杀之后梅尔夫的记载，有助于客观看待这座城市的命运。据说，一百三十万，包括了这个城市的所有人，那是1221年2月。然而，同年11月，抵抗运动的流言发酵成一场叛乱。蒙古统兵官巴儿马思，命令工匠和技工移到城外宿营，并试图去召唤那些显贵，但没有成功，于是，"他杀死了在城门口找到的一些人"，而把更多的人带往布哈拉。叛乱者和亲蒙古的军队争夺控制权。当一个叛乱者来到时，"百姓就跟着造反，去投奔他"，这个叛乱者入城后，就着手发展农业和修筑水坝；"来自各地的异乡人，被梅尔夫的巨大财富吸引，一下子从角落里涌现出来，奔向梅尔夫"，该城民众也参加叛军。失吉忽秃忽亲自前来镇压叛乱，新一轮攻城结束了："蒙古人用拴骆驼的缰绳套在这些信徒头上，把他们十人一串或二十人一串地带走，投进血沟（即处死他们）；就这样诛杀了十万人。"一位地方长官出了个卑鄙的主意，他让幸存者发出祈祷的召唤，"接着，藏身洞穴的人出来了，全部被抓下狱，最后从屋顶上给扔了下去。更多的人就这样命丧黄泉"。结果，"全城剩下的活人不到四个"。屠杀之后是叛乱，叛乱之后又是屠杀，总有更多的人被杀，总有一个地方值得去抢。

---

1 佩迪·德·拉克鲁瓦（Pétit de la Croix）：《成吉思汗的一生》；宋君荣（Antoine Gaubil）：《成吉思汗的历史》。

怎么解释这些自相矛盾的数字呢？没有调查统计，所有数字都不过是猜测，但这里可作一个思考。20世纪初，这个曾被称为花剌子模的区域——大致包括乌兹别克斯坦、土库曼斯坦、伊朗东部和阿富汗西部——共有三百万左右的人口，而当前整个地区的人口约三千万。因此，假如志费尼的记载是准确的，假如当时的人口数量和20世纪初是差不多相同的，那么，等于说是，蒙古人杀光了他们新领土内的"全部人口"。

但是，很明显，他们不会这么做。即便是在最极端的情况下，城市仍持续运转：粉碎叛乱，供养军队，收取赋税，启动重建。所以，上述猜测肯定不对，需要进行更多的研究。或许，我们所能做的是，设定一个更高的人口基数和更低的死亡率，比如，五百万人的百分之二十五，这样的比例，能让一个遭受严重破坏和残酷统治的社会勉强维持生命，并随着岁月的流逝而逐渐恢复元气。

当然，按照这样的比例，还是有一百二十五万人在两年内死亡。

以绝对数量而言，这仍然是历史上规模最大的大屠杀之一。

蒙古军的行为堪比纳粹对犹太人的大屠杀，因为，拖雷蒙古军的行事方式和纳粹凶徒的"最后解决"有着可怕的相似之处。蒙古人，人人都是宰羊杀人的行家，他们和那些使用毒气室、焚烧炉的人一样都是老手。但是，这种比较是不确切的。纳粹的大屠杀是国家政策所致，其执行方式是在几年内成批地消灭犹太人，满足希特勒反犹的痴魔，除此之外没有其他目的。花剌子模大屠杀是一项决定的一次性贯彻实施，使用恐怖手段达成战略目的；不是因种族灭绝而去消灭一个族群，而是破坏城镇，这是一种战术，应该给它专门的名称：城市毁灭。这不是个人意志或是强迫症所为；这是不动声色的冷血谋杀，只为一个目的：尽可能快速低代价地取得胜利。

事情还没有彻底了结。摩诃末的儿子札兰丁，与他的父亲完全不同，在成吉思汗的追击下，他纠集余部向南撤退，进入今天的阿富汗。在喀布尔以北的八鲁湾，札兰丁击败蒙古人，这是蒙古人在这场战争中遭受的第一次失利（顺便说一下，此役蒙古军的将领就是成吉思汗家族的养子、《秘史》可能的作者失吉忽秃忽。成吉思汗对此次失利表示理解，他说，失吉忽秃忽从未经受命运的残酷打击，这是一次很好的教训）。札兰丁继续战斗，试图保存一个抵抗中心，他再度撤退四百公里，翻越兴都库什山，取道开伯尔山口，到达北印度闷热的平原，就在此时，他身陷印度河与蒙古追兵的包围之中。这里是札兰丁军队的末路，而不是札兰丁本人的末路，他纵马入河，然后安全达到对岸。成吉思汗为札兰丁的勇气所震撼，于是便放他一马。札兰丁逃生后继续投入战斗，尽管无法力挽狂澜，但人们还是将他描述成一位传奇英雄。有关札兰丁的传闻持续了好几年，不过，没人知道他最后是怎么死的。

成吉思汗没有深入印度扩大战果，他立刻把注意力转移至桀骜不驯的附庸——西夏，在这场战争开始之前就胆敢违抗他的旨意。但是，首先，成吉思汗需要花点时间进一步思考自己的命运。

The Great Raid

大突袭

就在蒙古军远征的极西之地，发生了一些意外事件，这需要我们把时钟回拨六个月至1221年的春天。花剌子模帝国即将被征服，速不台和哲别率胜利之师饮马里海之滨，放眼凝望四周，寻找新的挑战。彼岸世界是什么，都有谁？不管是什么，无论有谁，他们都是成吉思汗"金缰绳"所系的一部分，都应该履行自己的义务：立刻称臣，交纳贡品。成吉思汗同意了他们两人继续深入的请求，此时他本人正向南追击札兰丁，拖雷眼下关注的是梅尔夫。成吉思汗给了速不台一两年的期限，没有人比这位四十五岁的老将更能担此重任，他出征过汉地、哈剌契丹、花剌子模。速不台、哲别遇见了术赤，三人在里海周边纵横驰骋，降服附庸国、掠夺战利品、获取情报。

于是，蒙古人继续西征，这是军事史上最惊心动魄的冒险行动之一：他们在俄罗斯南部纵马疾驰七千五百公里，并第一次接触了主流基督教。

蒙古人进军路线上的第一个王国是格鲁吉亚，该国信奉基督教将近一千年，保持独立已达一百年。此时，格鲁吉亚国势仍处于鼎盛时期，这要归功于它的英雄女王塔马儿。格鲁吉亚人把塔马儿统治时期（1184—1213）视为"黄金时代"，文学、建筑、学术和艺术全面复兴，与欧洲、俄罗斯和花剌子模的贸易为国家积累资金。

实际上，也就是在那一年——1221年，基督教欧洲第一次听到有关中亚正在发生的事情的传闻——基督徒需要帮助。在过去的三年里，第五次十字军东征中法国人和德国人正试图征服埃及，但被撒拉森人（指十字军东侵时的穆斯林——译者注）粉碎。教皇求助于格鲁吉亚人，其他基督教统治者则把目光投向更远的东方，那里似乎存在一位神秘人物——印度大卫王，他好像正在为基督徒提供帮助。他是传说中基督徒祭司王约翰的孙子，他也可能自称"祭司王约翰"。大卫王（或祭司王约翰），是一名聂斯脱利派基督徒，据说他已经打败了伊斯兰游牧部落，正在前往拯救基督教欧洲的路上。这种谬说把若干事实混为一谈：存在一位聂斯脱利派国王（脱里）；（成吉思汗）对伊斯兰势力的斗争"已经"大获全胜。

然而，格鲁吉亚却传出了与之抵牾和令人困惑的消息：当初蒙古人之所以被认为出身于基督徒，是因为他们的隼旗被误认作十字架了。转眼间幻想破灭，蒙古人其疾如风，迅速迫近第比利斯（今格鲁吉亚首都——译者注），把格鲁吉亚骑士精英分而击破，旋即退兵，消失在伊朗北部。不久蒙古人再次向北转进，第二次击垮格鲁吉亚军队，杀死了国王"灿烂辉煌的"吉奥尔吉，然后越过高加索山脉继续推进，这让格鲁吉亚人迷惑不解：为什么蒙古人没有发动更大规模的袭击？吉奥尔吉的继承人、他的妹妹鲁苏丹，给教皇写了一封让人瞠目结舌的道歉信。"一群野蛮的鞑靼人，貌似凶魔，贪如恶狼，他们入侵了我的国家，"她说，"唉，我们再也无法举起十字架了。"

在高加索山脉北部的低地，即今天的车臣地区，蒙古人碰到了另外一个更加强大的敌人。虽然他们在政治上并不统一，但是这些属突厥语族的游牧部落——俄罗斯称之波洛维赤，突厥人称之钦察，欧洲人称之库蛮，都有各种各样的拼写法——

占据着黑海北部的大片草原，跨越顿河，直至定都基辅的俄罗斯公国的边陲。波洛维赤人比蒙古人更胜一筹，拥有重型战争器械和骑射手的机动组合，此外，他们是本土作战，兵源更充足。哲别和速不台决定使诈，他们派出一名使者去会见波洛维赤人，并用牧群装载从格鲁吉亚抢来的财宝，送给他们。波洛维赤人带着这些意外横财，一夜之间就离开了；而蒙古人，卸下车子、财宝、战争器械的负担，追上重物在身的波洛维赤人，击败他们，重新夺回财宝。幸存的波洛维赤人窜入俄罗斯境内，于是蒙古人控制了克里米亚北部的大草原。

现在，哲别和速不台兵分两路。哲别在巩固第聂伯河岸的新基地，他刺探俄罗斯、审问战俘、获取更远的西部所有地区的情报；速不台则向南进入克里米亚，在那里，蒙古人第一次遇见了欧洲人。这些欧洲人来自一个不一样的帝国——威尼斯商业帝国。他们拥有一块飞地，跨越亚速海的入口，是克里米亚两部分之一，附近有两个热那亚人的前哨站。威尼斯商人马上觉察到了新来的潜在商机。他们腰缠万贯，身穿锁子甲，胯下坐骑配备银制的马鞍挽具，披盖丝绸；他们有一支名副其实的译员队伍；大批穆斯林商人渴望与他们贸易；甚至还有一位英格兰人与他们同行，这值得用脚注详说一番[1]。威尼斯人凭借

---

[1] 几乎可以肯定，这名英格兰人叫罗伯特，出身不详，他是1215年"男爵之乱"的首领罗伯特·菲茨沃尔特的牧师，这次叛乱因反对国王约翰而起，以"大宪章"的签署而告终。后来，这位前牧师罗伯特被逐出英格兰，逃往圣地巴勒斯坦。在那里，他赌光了所有财物，但是，他的语言天赋却引起了穆斯林商人的注意，他们正在为蒙古人搜集情报。于是，蒙古人把这位前牧师带到了伏尔加河畔的拔都营帐。据加布里埃尔·罗内（Gabriel Ronay）《鞑靼可汗身边的英格兰人》（伦敦：卡塞尔出版社，1978年）的精彩叙述，罗伯特与蒙古人共处了二十年。

他们的帆船和贸易联系，通向一个新的商品世界。蒙古人和威尼斯人达成了一笔交易，速不台烧毁热那亚人的据点，让威尼斯人垄断黑海贸易权。1223年春天，速不台回师至哲别处，然后两人重新进入现在的俄罗斯南部。

波洛维赤部的忽滩汗为确保自己的地位，和自己的女婿、"勇敢的"密赤思老——俄罗斯的一位地方军阀——建立联盟。其他俄罗斯公国的王公也前来助阵，他们来自沃里尼亚、库尔斯克、基辅、契尔尼果夫、苏兹达尔、罗斯托夫，那年春天，所有人都齐聚在第聂伯河西岸。

面对兵力如此雄厚的军队，蒙古人犹豫了。有消息说，正在向里海北岸西进的术赤得到命令，要他与速不台、哲别合兵一处，但术赤希望保持独立，总之，他病了。在术赤迟迟不到的情况下，速不台、哲别派遣和平使团去见俄罗斯诸王公。王公们拒绝和平倡议，指控蒙古使团是间谍并杀死了他们，如此行为当然会惹恼速不台二人。

俄罗斯联军缓慢地向第聂伯河沿岸集中，那里的河水向下汇成了急流（如今水电站坝已经淹没了河岸）。联军兵力达八万人左右：波洛维赤骑射手，坐船而来的伽里赤（包括今天的波兰东南部和乌克兰西北部地区——译者注）步兵，俄罗斯的重甲骑兵则头戴锥形钢盔，脸罩铁制面具，腰挂长剑，手持钉头锤，举着各色旗帜。他们在数量上超过了蒙古人，但本质上内部各军互不统一，他们惯于欧式作战，采用依托城堡的僵化战术。相比之下，尽管蒙古军只有二万至二万五千人，但纪律严明，作战机动，同仇敌忾，驿传体系确保前线蒙古军与成吉思汗汗廷的常态联络，更重要的是，如今蒙古军装备精良，不仅携带着自制的弓弩，而且还配备了用大马士革钢锻造的穆斯林宝剑。

俄罗斯人在第聂伯河西岸列兵布阵，他们初见蒙古人就尽显一脸不屑的表情。成群的蒙古兵手中只有弓弩和马刀，当一支俄罗斯骑兵渡河时，他们放了几箭，随即越过空旷的大草原夺路而逃。俄罗斯联军主力连船搭桥，急忙过河。蒙古人还是一路退却，丢弃了自己的牧群和当地战俘，追兵尾随其后，欣喜若狂地横扫一切。

一连九天，蒙古人不断逃进草原深处，俄罗斯人越发对胜利充满信心，波洛维赤部兴高采烈地收复失地。5月31日，俄罗斯人到达迦勒迦小河，它向南流经草地四十公里后注入亚速海。率先过河的是波洛维赤部，因为他们的速度与蒙古人一样快，其次是俄罗斯骑兵，最后是步兵，他们把车子和重型装备留在了小峡谷的远岸边。不久，联军就像一摊水被拖拉成了一串水珠。

现在，轮到蒙古人反击了，他们根本不按常规出招，而是以重装骑兵队奔袭波洛维赤轻装弓箭手，随后，手持枪矛、轻剑的骑手攻击俄罗斯骑兵，直到这两支联军先遣军陷入溃乱时，蒙古军开始扫荡其后卫部队，把他们全部赶入浅水河谷之中。不久，六位王公和七十名贵族丧命黄泉。当联军其他部队穿越大草原奔跑逃命时，麻木不仁的基辅人才开始过河，缓慢地驾车退兵，直至被蒙古军包围。

最终，在蒙古人允以不流血的前提下，包括基辅王密赤思老（基辅王密赤思老和上文中"勇敢的"密赤思老是两个人——译者注）在内的诸王公投降了。速不台和哲别无意放弃报复，但他们遵守诺言，用不流血的方式慢慢处死这些人，向正在观望的西方发出严厉的警告。蒙古人将战俘捆绑在一起，垫在沉重的木台之下，速不台、哲别和蒙古军官站在木台上尽情宴饮，而基辅王密赤思老及其同盟者被压在下面窒息而死。

正在此时，6月初，逗留在里海北部的术赤率军前来增援。速不台和哲别在横渡第聂伯河发动一次短暂突击后，便回军伏尔加河，在那里，他们和术赤相遇了。于是三人溯流而上，向前推进了七百公里之后，碰见了不里阿耳人——8世纪时就定居在伏尔加河的部落，后来其亲属部落称他们为保加利亚。双方的冲突几乎是一场灾难，文献对此没有细部记述，但是，保加尔人确实太强悍了，蒙古人遭受了第一次也是唯一的一次失败，只好撤退。这次耻辱的记忆将留在蒙古人的脑海中，直至十五年后方能报仇。

这次军事行动应该称为大突袭，其中最关键的是迦勒迦河之战，它导致了出人意料的结果。蒙古人策马回师，至额尔齐斯河与成吉思汗重逢，他们带来了有关那片土地的宝贵知识，那里的资源状况，那里的分裂状态。蒙古人已经知道，俄罗斯人缺乏统一指挥，可以逐次击破每个公国，循序占领各座城市，更为重要的是，蒙古人现在从波洛维赤战俘口中得知，那里的草原足以支撑蒙古军不断向西推进。只要谋划精确，成吉思汗可以为他的游牧帝国开创第三个焦点，从而继续追求他的宿命。帝国的中心，是他的故乡；帝国的远东，是繁华的中国城市；帝国的西端，是新的目标：俄罗斯南部的肥沃平原，再往西就是匈牙利。

把俄罗斯和匈牙利草原看成新蒙古，将欧洲视作另一个中国，这是难以想象的，那么，就等到瓜熟蒂落那一刻吧。

Emperor and Sage

大汗和大师

然而，这一切都意味着什么呢？显然，这些事件证明，成吉思汗命中注定要走上一条冲出蒙古故土的征服之路。但是，那种让他缔造民族并以此脱颖而出的力量究竟是什么？通过发动前所未有的征战，从而使自己免于卑微、接受保护、得到回报，却没有去深入理解宇宙的基本性质，这是多么令人费解的事情啊。

自幼年时代起，成吉思汗的生活环境就充满了宗教思考，当时，萨满教和聂斯脱利派基督教在蒙古、突厥部落中互相竞争。年轻的成吉思汗知道，其他统治者同样声称得到神助。中国皇帝受天命进行统治；西夏皇帝叫不儿罕，意为圣者、活佛。每到一处，他就能看到信仰之碑——银川的宝塔与王陵、北京和大同的寺庙。如今，据速不台和哲别所奏，他又听说了格鲁吉亚的基督教大教堂。也许，所有这些信仰——萨满教、儒学、佛教、基督教——可能都在探索同样晦涩的神性。这个推论得自一条敕令，成吉思汗下旨，对所有宗教给予同等的尊重；这是一项法律，它奠定了自成吉思汗时代起蒙古诸帝最显著的一种品质：宗教宽容。

吉本在18世纪后期撰写了《罗马帝国衰亡史》，他被成吉思汗的"开明"态度所打动：

> 成吉思汗对宗教的态度最让我们感到惊讶和赞许。欧洲的天主教审判者使用残酷手段来捍卫那些荒谬言论，而对于这位蛮族的行为必定百思不解：他竟能预知哲学知识

体系（吉本注：可以看出，成吉思汗的宗教法与洛克先生的思想是极为相似的），并依据自己的法律来建立纯粹一神论和完全宽容的制度。

但事情不是那么简单的。吉本和洛克，都是启蒙运动的知名人物，对异于基督教的其他宗教抱持宽容的态度，他们把成吉思汗看成各自观点的先驱者。事实上，成吉思汗宽容那些宗教是出于实用的原因。萨满教并不敌视其他宗教，而离间人们的恰恰就是宗教压迫，可能的话，最好给予新宗教一定的地位。实际上，有没有可能所有宗教都崇拜同一个神呢？成吉思汗接纳任一宗教的教士，乐意赐予他们特权和免税待遇，只要他们承认蒙古统治权并为他祈祷。

举个例子：1214年，成吉思汗第一次听说佛教僧人海云（后来成为他孙子忽必烈的导师），他要求这个光头少年蓄发并采用蒙古发型。海云拒绝道，如果他这么做了，他就不再是一名和尚。成吉思汗妥协了，允许所有佛教僧侣剃发受戒。1219年，大将木华黎再次使海云连同其师父进入成吉思汗的视野，成吉思汗有令："他们是真正的敬天之人。我意让他们丰衣足食，赐他们封号。我正欲广罗这样的人。"

相比宗教本身的精神思想，宗教产生的影响力更让成吉思汗在意，也似乎更让他觉醒。如果宗教能够支撑起各个帝国和众多纪念碑，如果他可以获得终极真理，那么，他本人还能发挥什么作用呢？也许，深入了解宗教知识将确保他做到：控制宗教团体及其追随者；延长自己的寿命。

成吉思汗有两位贴身近臣，他们比多数人更有资格激发上述动机。一位是契丹"长髯人"耶律楚材，在蒙古军围攻北京城时，他一直坚守岗位，随后如佛教徒般隐退静思，以求开悟，1218年，投奔成吉思汗。另一位是成吉思汗的汉人大臣刘温，以精通医药之术、有削骨制鸣镝之技而闻名。

成吉思汗在集结兵力准备进攻花剌子模前夕，顺便下令树起石碑，上面刻有宣称自己简朴和纯洁的文字，就在那时，他从这两个人口中第一次听说全真派道教及其著名首领长春真人。

全真道，创始人叫王嚞，外号王害风，1159年，他外出远游时，遇到两个神秘的奇人授他以教义。全真道在本质上是道教的一种形式，从传说中的老子创教开始，道教已经演进了一千七百多年。道士们坚信，最好的生命方式在于发现和遵循"道"，这就意味着，他们要去理解人和事的原始纯洁性，了解自己的天定宿命，然后通过践行宿命来回归纯洁。经过数年与世隔绝和自我强加的苦行生活，王创立了一个教派，推广"三教合一"的融合学说，主张糅合儒、佛、道这三种中国主流信仰，而以道教为基本信仰。他饱读大量的道教炼丹术著作，相信某些物质——玉、珍珠、贝壳、朱砂、黄金——能用来配制延年益寿的长生不老药。长寿观念，连同全真道的博爱原则，使之在老百姓中赢得信徒。王的一名年少弟子，因其超强的记忆力和优美的诗文而受到广泛好评，1170年，王仙逝的时候，这名弟子二十二岁，现在，他自号"长春子"，继承了王的衣钵。

出于某些原因，成吉思汗及其官员对这样一个人物颇感兴趣。楚材的日常工作包括在精神上开导成吉思汗；政治上，成吉思汗已经意识到,需要选派一个有口皆碑的人去安抚那些焦躁不安的汉地臣民,但是,要解决自身问题得靠炼丹术的实际应用。有关长春子的传闻或许是真的——他已经活了三百岁,并把长寿秘诀传授他人,于是,成吉思汗在中亚腹地传令敦请长春子——时年七十一岁。

此时刘温居于蒙古中部,接到成吉思汗旨意后,在二十名蒙古武士的陪同下,起程前往长春子道观的所在地——距离北京五百公里、位于山东半岛的莱州。在七个月的行程中,刘温一行人穿越草原戈壁,来到饱受战乱之苦的北中国乡村。刘温告诉长春子,大汗有旨:"不论何年何月,若请不到您就绝无返回之理。"

毫无疑问,这是天意,长春子准备赴召远行,这段旅程将长达一万公里,历时近四年。长春子有位弟子叫李志常,把乃师的这次旅行记录成书(此书就是《长春真人西游记》——译者注),东方学家阿瑟·韦利(Arthur Waley)出色地将其译成英文,定名《炼丹师行纪》(*The Travels of an Alchemist*),本章下列引文即来自此书,它对关键时期的内亚进行了独一无二的调查。此前,还从未有任何人——更别说是一位老道士——在一种独特权威的保护下,自太平洋之滨旅行到伊斯兰腹地。"蒙古和平"最终让数位西方旅行家由西向东穿行欧亚大陆成为可能,其中最有名的就是马可·波罗,但第一次穿行却是在成吉思汗亲自敦请下,从反方向开始的。

数日之后,长春子携十九名门徒,在一支十五人骑兵队的护送下,动身前往成吉思汗可能的驻地,无论如何需要历时数月才能到达的目的地——阿富汗;事实证明,这需要两年时间。

1222年5月第三周，正值初夏季节，阿富汗高原气候始暖，道士和大汗终得相见，两人通过一名译员对话。两位老人的地位几乎相当，每个人都是各自事业中的翘楚，每个人都承认对方来之不易的权威。一番谈笑风生的客套之后，大汗开始说到点子上了：

"真人，您远道而来，有什么长寿药带给我吗？"

大师毫不犹豫地说：

"有养生护体之法，无长生不老之药。"

大汗并未流露出失望之色，而是设帐以待大师一行客人，问题转到了大汗这位客人的称呼上（大汗决定称之为"神仙"）。现在，涉及此行的主要目的了，这是楚材所设想的，也是长春子自己受邀前来的原因，"神仙"将指教这位亚洲腹地的统治者应该重养生、施善政。可是，这些地区尚未完全驯服，大汗仍须对付山贼，这个任务要一个月左右才能完成。大师说，既然如此，自己最好先回撒马尔罕，只需三周时间便能往返，对于一个已行过万里（一里等于半公里。但是，"万里"相当于"很长"的意思，从习惯上讲，长城就有万里长）路的人来说，这算不了什么。

9月，大师返回阿富汗，此时，大汗打算率军北归。一路上，两位老人多次促膝而谈。有一次长春子论道，说"道"是构成天地万物的基础，他把谈话氛围推向高潮，大汗命人把大师的话用蒙古文记录下来，落款日期是1222年11月20日。"大多数人只知天之大，而不晓道之大。"大师一边阐释，撒马尔罕的长官耶律阿海一边翻译：当人出生之时，圣光普照，若为美色和情欲所动，则精气失调；修道之人，禁欲冥思,以复元气,这才是真正的长生不老之药。大汗应该节制饮食,无欲而生,拒斥美味,戒除女色。大师建议大汗,一月静寝,不行房事。

在北归途中,大汗和大师有段时间分别而行,以避免行军的喧嚣。随后大师继续布道,并更加切中要害:"常言道,罪有三千,不孝为大。眼下,我觉得您的臣民在这方面有严重过错,如果陛下能用您的盛威大德去感化他们,那将是再好不过的了。"

大汗龙颜大悦:"神仙,您的话千真万确,正合我意。"然后嘱咐手下臣僚:"天降神仙告诉我这些事情,你们都要牢记心头。"但他们没有这么做。《秘史》并未提及长春子,或许是因为现场没有诗人把当时的情景谱写成故事,更可能是因为《秘史》旨在突出成吉思汗家庭,而外人却受到冷遇。

现在,大师恳请大汗允许他回乡。在最后一次面谈中,大汗提到了赏赐,这肯定是大师及其信徒们所希望的;大汗下旨,长春子的整个组织将免收赋税,于是,一场对双方都有利的小型革命即将开始。

1224年，长春子一回到中原，道教就呈现出集中发展、雄心勃勃的新气象，面对这种形势，佛教步步退却。大师很想使大汗的旨意生效，故而敦促其追随者们安然接受蒙古统治。赋税减免政策在招募信徒方面产生了惊人的效果，道教原本是个小教，从作为对手的佛教汲取营养但又受制于佛教，如今，道教兴旺发达，弟子门生成群地激增，他们接管衰败的佛教寺庙，新建道家坛观。1227年，长春子主管整个道教的免税扩张运动，实际上成了一位道教的教皇。

但是，他知道自己大限将至。8月22日，离八十寿辰不到六个月的时候，大师写下一句诗，感叹生命转瞬即逝的特性和经久不衰的本质：

幻泡出没水长闲。

"随即他登上葆元堂，归真。"真是无巧不成书，就在同年同月，他那位最伟大的门生也与世长辞了；不过，欲知此事详情，且听下回分解。

Death and Secrecy

死亡之谜

最终，成吉思汗把目光转向西夏，五年前，这个党项王国拒绝了他的征调要求，这是不可饶恕的侮辱行为，公然对抗天意，威胁帝国的未来。西夏是内亚的锁钥，也是未来在中国进行扩张的关键，因此必须踏平西夏。

但是，作为战略家，成吉思汗面临着一个棘手的局面。现在，四股势力在内亚争夺霸权：蒙古、西夏、北中国的金朝（仍然只是被蒙古人局部击败）、南宋。正当蒙古军主力冲击花剌子模之时，这四股势力相互摩擦、议和、结盟、再结盟，可谓波诡云谲。1227年，这场角逐进入白热化阶段，在这个紧要的转折关头，几乎同时发生了两件事情：成吉思汗之死和西夏问题的最后解决。

此时西夏有一位年轻的统治者李德旺，但他没有让国家重回到蒙古入侵前的稳定状态。或许，他猜到了即将来临的形势，所以与对手兼邻国金朝签署和约，而金朝也需从三线作战的境地中喘口气。成吉思汗的战争机器转而去阻止这两个结盟的敌人联合抗蒙。1225年秋，成吉思汗挥师南下，横越戈壁，穿过"三美"区域。此时，六十三岁的他精力不减当年，但在围猎野驴时摔伤，只好负伤休养（实际上，这次意外事故发生的时间地点都不清楚。有人说，这次意外是导致他去世的一个，或唯一原因，但他差不多战斗到了最后一刻）。

那一晚，成吉思汗开始发烧，计划必须改变，于是众首领相聚商议。有一个叫脱栾的内臣，自从十三年前蒙古军入侵汉地开始就掌管成吉思汗的家政，他建议撤兵，但成吉思汗拒绝了：这样做就是示弱，最好驻军待机而动，并派人传话提醒对方，如果西夏人想乞和，那么现在还不算太晚。

可是，尖酸刻薄的西夏军事总指挥阿沙敢不准备一战，回话说，其实，"你们尽可放马过来！就到贺兰山我军大营来！"成吉思汗还未从发烧中痊愈，听后火冒三丈，太嚣张了！必须把西夏人变成奴仆！侮辱一次又一次。"够了！"他说，"即便我们死了，也要挑战他们的狂妄自大！"这次不会犯错了，这已经超越了帝国的战略利益问题，还事涉个人尊严。当然，天支持他的义愤填膺："长生天，你来裁决吧！"说完，准备进兵。

阿沙的挑衅暗藏计谋，他希望牵着蒙古人的鼻子走：让他们从北方快速横扫戈壁，把他们吸引至西夏后院，而西夏人可以凭借银川、武威两座大城的驻军，与他们打一场漂亮的正面战。可是，成吉思汗将按照自己的策略，选择合适的时间——不是现在，因为冬天已经来临——准备进军，其路线与阿沙设想的刚好相反。

春天到了，军队重新集结，成吉思汗身体康复，足以率军征讨，但他没有前往贺兰山，而是横跨一百六十公里的沙砾滩，直趋西夏的北部重镇黑城——蒙古人称之为哈剌浩特。该城成为要塞已有一千多年了，扼守着一片荒凉可怖的沙砾地，但它却是额济纳河上一座繁荣的前哨站。额济纳河是蒙古人的叫法，今称弱水，发源于南面三百公里外的祁连山——雪山——柔软翠绿的山麓，穿过沙漠，流向北方（这次战役的细节颇受争议。作为史源，《秘史》对此的记载甚至不如常见史料，而其他史料对此的记载则互相矛盾）。

如今，蒙古军已经是攻城战的行家，哈剌浩特显得毫无希望。蒙古军为确保双方决战之时西夏无兵可援，故采取迂回策略，而夺取哈剌浩特是实施这一策略的第一步。如果阿沙胆敢从银川派兵穿越五百公里沙漠前来增援，那么，他的军队必将精疲力尽，补给线受限，全然不堪一战。西夏人继承了一种优雅的城市文化，他们宁愿把信心系于首都的坚固城墙。西夏军队没有向西出击。

这种作战方针正中蒙古人下怀。一旦某座城市陷落，蒙古人将和往常一样，利用战俘、叛徒、补给、武器去占领下一座城市，可能的话通过谈判，必要之时就用武力。如同西征花剌子模的时候那样，这不是闪电战，而是稳扎稳打，犹如缓动的雪崩之势不断推进。

两个月后，在三百公里远的南方，即额济纳河的发源地祁连山区，成吉思汗让士气旺盛的蒙古军分兵而进：速不台负责向西进击那些最远的城市，而蒙古军主力则向东猛攻西夏的心脏地带。

向东进军一百六十公里后，来到了丝绸之路上的张掖城，这座绿洲城市以其佛寺——内藏一尊三十四米长的卧佛——而闻名古今。此前，成吉思汗曾于1205年暂过此地，当时，他俘获并收养了一个年幼的党项男孩——张掖城守将之子（有文献称此人是成吉思汗的"第五子"）。这个男孩取了个蒙古名字叫察罕（Tsagaan，意为白色），仕途一路高升，此时统领着成吉思汗的亲兵，而察罕的父亲仍然是该城的守将。察罕用箭射书于城内其父处，要求双方派人会面，得到父亲应允。当双方代表正在议事的时候，西夏副将发现情况不妙，便立刻发动兵变，杀死察罕之父，拒绝献城之议。怒不可遏的成吉思汗威胁要活埋全城之人，但是，当城破之时，察罕劝谏赦免居民，仅罪杀他父亲的三十五人。

8月，成吉思汗避暑于雪山，他的军队兵临武威——西夏第二大城市——城下，武威最终乖乖投降，免遭灭顶之灾。秋天，成吉思汗再次率军横渡黄河（可能在今天中卫附近，黄河在此伸展变宽，分解成较浅的侧流），然后向北绕道，从东南逼近银川，其进军方向与阿沙挑衅中暗藏的计谋恰恰相反。昏庸无能的皇帝李德旺似乎是被吓得英年早逝，皇位这杯毒酒递给了另一人李睍，他的统治昙花一现，随后发生的事情极具毁灭性，以至于他其实只是一个幻影。

11月，蒙古人合围今天的灵武（当时叫灵州，蒙古人熟知的名字是朵儿篾该——好战之城），北距银川仅三十公里，现在，西夏人终于得采取行动了。灵武是一个靠大型沟渠系统来灌溉的地方，此时，沟渠之水和黄河一样结冰了。当西夏军队沿着黄河对岸前进时，蒙古人飞速横穿冰封的黄河，冲垮了士气低落的西夏人，并重回围城之势。这次战斗的详情没有记载，不过，双方肯定都已经很清楚，西夏人大势已去。

12月，灵武陷落。这段插曲中我们所知的唯一细节是，蒙古军中因爆发某种疫病——可能是伤寒或痢疾——而退兵。我们之所以知道这个细节，是因为那位集学者、人道主义者、御前辅臣于一身的耶律楚材，刚从中亚归来，亲眼目睹了一幕幕掠夺和苦难的情景，他竭尽全力减轻这些不幸。当时，"蒙古诸将争相掳掠小孩、妇女和贵重物品,而(楚材)阁下独取多部书籍和两骆驼驮载的大黄",这些大黄被用作药物,治好了很多病例,简直是包治百病的灵丹妙药。

接着,一支蒙古军包围银川,另一支前往东部和南部攻占其他小城,这时,成吉思汗与速不台合兵一处,由南往西,突入金朝边界一百公里而还。此次进军目的在于阻止金军前来驰援西夏盟友,同时为最后征服金朝腹地做好准备。速不台翻越六盘山,在金朝西部一百五十公里宽的带状区攻城夺地。为庆祝自己的胜利,他向他的主子献上五千匹马作为礼物。与此同时,成吉思汗朝正南方挺进。

数周以后,成吉思汗挥戈围攻隆德,他派出隶属自己的党项人察罕,去察看汇报银川的形势。察罕发现,经历六个月的饥饿病困之后,西夏皇帝已有投降之意,皇帝所需要的就是有一个月的宽限去准备合适的贡礼。贡礼挽救不了这位皇帝的命运,成吉思汗想要的是残酷而彻底的胜利,他告诉追随者:"每当我吃饭之时,你们必须说杀戮并消灭西夏人的事情。"这个可怕进程的第一步就是,西夏统治者不得不死。成吉思汗接受西夏正式投降,并命脱栾安排相关事宜,但对自己的真实打算却秘而不宣。

转眼已是夏天了。成吉思汗在今日固原以南的六盘山驻营,他继续应对战事,要弄政治伎俩,必要时采用武力,同时又尽可能通过谈判来为所欲为。

西夏实际上已经完蛋,金朝知道这一点。据官修正史《元史》记载，就在那个满目疮痍的国家同意投降的当月，金朝遣使求和，成吉思汗答应了，这并不能阻止他深入金朝国土。但是，在六盘山以南一百公里处的一段金—宋边界线上，成吉思汗病倒了。由于病情非常严重，他被迫紧急北还，其间发生的一系列离奇事件，将他毕生的事业置于危险境地，直至他死亡为止。

成吉思汗生命最后一幕的上演地点一直是学者们争论的问题。我在研究这些事件的时候，猛然意识到，去实地调查可能会发现更多东西。在银川，考古学家告诉我，这个问题其实并不存在，当地人早就知道成吉思汗死于何处。我打算前往宁夏南部的固原，再去更远的六盘山。

固原，是中国最穷省份的最穷城市。当你驾车向南越过黄河之时，富饶的平原渐行渐远，迎面而来的是一片让人感到棘手的区域。这里土壤肥沃，数千年来，戈壁之风挟土而至，在此倾倒下一层深色厚土，但是，泥土并没有蓄积起来用于耕作，雨水把它冲刷一净，阳光把它烤成硬块，烈风把它吹成沙尘暴，洪流在它身上切割出一条条多变的沟壑。

然而，固原有着相当繁华的过去，它曾经是丝绸之路上的转运站，筑有周长十三公里的双层城墙，城门十个。蒙古人一声不吭地拿下固原，成吉思汗完全清楚自己为什么要得到它。他已经控制了丝绸之路的核心部分——讹答剌、撒马尔罕和中亚其他商贸大城，如果事情进展顺利，那么，他不久也会控制丝绸之路的东端。由此向南七十公里,是近年来成立的六盘山国家森林公园,公园深处有一个最理想的军事基地。

公园入口处有一条混凝土浇筑的白龙,它带刺的脊梁骨横跨在道路之上。远处是一片荒野,让人惊其美丽,同样也让人诧其孤独——尽管它颇受一日游游客的青睐。外来客对此地一无所知,任何观光指南都没有提及它,网上也几乎找不到相关信息。但这里确实风景壮丽:森林密布于山脊高峰,溪流刻画出道道沟壑,总面积达六千七百九十平方公里。公园内,一条新路呈U形上下盘旋,止于一处被宣传为成吉思汗最后营帐的地方——好看、崭新、光滑的三个混凝土"蒙古包",它们的葱头形穹顶分别系着一长串各色小彩旗。

2002年,我和两位汉族考古学家,还有一位执教于呼和浩特内蒙古大学的朋友照日格图,一起去过那里。当时,我发现自己紧盯着某个与混凝土蒙古包不搭调、不被游客注意的东西。那是一张八位桌,桌面由一块大圆石制成,座位都是凳子大小的石柱,整体看上去很古老,其实都是磨石而已,可能只有一二百年,但那时我不知道底细。

其他人凑了过来。

"这些旧石头究竟是什么时候的?"我问道。

"元代的,"二十二岁的回族年轻导游小马说,"你看见中间的洞眼了吗?那是一个旗架,成吉思汗用过它。"

小马是银川旅游学院的毕业生,他拿着一本官方旅游手册作为证据,胸有成竹地阐述了那段故事。"1227年,成吉思汗在此避暑。当他挥兵西夏之时,却从马上跌落后受伤,但他视战斗为己任,因此来到这里,练兵、打猎、养身。不过这已经于事无补,他最后死于此地。当时天气很热,遗体开始腐烂,只好安葬于此,唯有他的马鞍和其他用具被取走后埋在别处。"

这种说法令人惊讶。死于此地是一回事,更无其他资料表明成吉思汗事实上可能被"葬"于此。我开始怀疑,成吉思汗曾经是否到过这个神秘莫测、杂草丛生、交通闭塞的山谷。

"哦,他到过这里,可以肯定,"小马说道,"这里的夏天很凉快,是极好的练兵之地,有重要的军事地位,对蒙古军来说,它处于甘肃、陕西两省的中间。如果你占领了这个地方,"小马挥手指向周围群山,"没有敌军能够战胜你,而你却能控制周边所有地区。就在这条路上的某个地方,成吉思汗把将领们召集起来训话,此处是'校场';另外一处是'点将台'。"

我还是疑窦丛生。整支大军经过如此险峻的通道,真的有可能吗?一旦到此,他们如何扎营?这个地方全是森林,没有牧场。我需要证据。

这些石头就是证据,小马说。考古学家们发现它们就在路上。

天空晴朗,太阳不是很热,午餐时间还早,小马带着照日格图和我上山。道路变成了一条小径,穿过冷杉林爬升至那些石头被发现的地方。"但过不了多久,就没有人知道在哪里发现它们,因为这些树木都会旺盛生长。"

我有点开窍了。这个最近被宣布为国家公园的区域将成为一片森林。山谷从前很空旷，农夫们在那里种植庄稼、饲养牲畜、狩猎野生猪兔及鹿，他们沿着我们刚才穿过的陡峭通道——古代车马小道——与外界保持联系。1227年的时候，这个山谷可能是一大片庄稼地和牧场，也是一处绝妙无比的军队隐蔽之所。

我需要借助一些东西来弄清楚这一切，民间传说可能会有帮助；当地老人也许会谈到这些事情。

"哦，不。这里没人住了，因为这里是国家森林公园，所有人都搬走了，最后一批居民也在四年前离开了。"

到现在为止，我们穿过冷杉林，身陷落叶林的怀抱，备感凉爽柔和，我们已经溜达了很远。无意之中，我瞥见了众多纤细的桦树中有道缺口，看到几公里外貌似黑点的东西。

"但是快看，那些不是房子吗？"房子很显眼地矗立在空旷的乡野上，那里郁郁葱葱，仿佛盖上了一块由成熟谷物构成的幕布，"那些不是田地吗？很可能'有'人。"

"没有人！"小马斩钉截铁地说，"所有人都迁走了！"

真让人坐立不安。如果那是房子和庄稼，就意味着有人，有人就意味着有信息和民间传说，可能还有发生在这里的真实事件的证据。

"看，有条小路。"我指着路旁灌木丛中的空隙，"还有车轮印。"

众人顿时无语。很明显，小马已经不由自主地坠入云里雾里。我们三人动身走去，一路上，我们发现自己身处森林田园诗境之中：一条小路空旷荡然，蜿蜒向前；底下溪流纯洁甜美，净如瓶水；上有树荫遮天蔽日，把阳光滤成点点绿斑。车轮印是几天前刚留下的，是一种车把较长的小型双轮拖拉机轧出来的。

我们绕着亚麻幼苗地的边缘而行，到达目的地时，发现走进了一个荒村。六间石屋破败不堪、杂草丛生，盖有弧形瓦片的灰色屋顶历经岁月沧桑，已经扭曲变形。

"有人吗？"照日格图喊了一声。

远山之处无回声，也没人应答。沉寂、衰落、破败，一切便是如此。但是有块耕地里传来人的说话声，我们必须回去找到他们，于是众人沉思不语地往回走。

突然，就在路的右侧，出现了一个女人，她缄默拘谨、表情严肃，身穿灰衫黑裤，头戴形似厨师帽的白巾，这表明她是一名回族穆斯林。女人背着一个三岁的娃娃，小脸蛋儿和她的罩衣一样红，同时牵着一个五岁的男孩，其灰白的旧夹克上印满了"Snoopy"（汉译"史努比"，是漫画作品中一只猎兔犬的名字——译者注）。女人的肩上挂了个包，她正在采集一种形似龙须菜的可食蕨类植物。刹那间，她解开了很多谜团。她的名字叫李博成（音），这些田地是由她丈夫和几位连襟一起耕种的，他们以前住在这里，后来，每逢夏季，他们还是要回来播种和收割。哦，对了，她听说过成吉思汗，但是如果我们想进一步了解他的话，最好找男人们谈谈，他们稍后会带着母牛一起回来。

到了下午，我们和这个女人及两个孩子同路返回，发现了六个男人。一所房子敞开着，露出一口砖灶和一个铺垫被褥的石炕。房子前面有块塑料台，上面整齐地摆放着药用根茎。我们蹲坐在几块石头和旧麻袋布上，这时李博成端上几只果酱瓶，里面泡着绿茶。她的丈夫是位三十多岁的瘦高个，穿着一件黑白相间的条纹衬衫，他扮演了说书人的角色，为我们讲述成吉思汗的故事，似乎成吉思汗就是这里以前的住户。

所有这些——他手臂指向山谷一扫——都属于成吉思汗。这里是校场，由成吉思汗的亲兵驻扎；上边有牛的地方是成吉思汗的住地，即议事厅；再看下边，亚麻地下面是点将台。"那是我父亲告诉我的，因为五十年前他来到这里时，老人们告诉过他。右上侧那里被称为成吉思汗行宫，是一个平台，站在那里你能俯瞰一切。"

他愿意领我们去看看。第二天上午八点钟，我们出发了，以余武河、余武涉（音）两兄弟为向导，越过屋上的梯台，当我们穿行冷杉林时，余氏兄弟讲起了他们的故事。

他们的父母来到此地时，这里是一个由三十户人家构成的村落。一百年前，这儿还有一座佛教寺庙。随着回族穆斯林的涌入，寺庙被拆作建材和农用（于是有了碾谷石和磨石）。后来，山谷中杂草肆意蔓延。如今，其他所有人都走了，他们是最后走的，夏天时还会牵着牛羊翻山越岭过来，照看耕地，采集森林中的药用根茎。

现在，我们进入密林之中，接着，跨越小溪，爬上近似垂直、满是护根物的柔软山坡，到达坡顶后，地面桦树成荫，奇形怪状的小岩石散乱一地,使之成为平顶。"这条路过去通到这里。"余武河说。要把弯曲斑驳的路面清理出来很困难,但是我能看出,这里可能存在一条小径,穿过了一段杂草丛生、高约五米的岩层——或是自然形成,或许不是。

远处上坡传来一声呼喊,然后是一阵谈话声。只见一人双膝跪地,用手在软土中扒寻着什么,其他人在乘凉,共有十人,他们正在采集药用植物。这些人在黎明前就要从二十五公里之外的村子步行出发,沿着众多小路之一进山,他们将劳作一整天。

因此,荒野展现出它自身蕴藏的丰富资源,数百年来,这些资源使荒野深深地吸引了农夫和猎人,或许,有那么几个月,也吸引了游牧武士。这个地方因出产药用植物而闻名,后来我看到了一份清单:所列药用植物达三十九种。他们正在采集一种特别药材,每人每天可收割两三公斤。可是,这种形似小洋葱的根茎的功效和用法却没人提及,他们所做的一切就是采集和出售。

余武河向四周的森林打了个手势:"这边我们称之为成吉思汗疗养所。"

潮湿的泥土、摇晃的树苗、疯长的灌木,构成一个常变的生态系统,所以很难区分是天然造作还是人工培育。但是,如果这里有条小径,岩石顶存在某种哨塔,那么,或许这个地方备有一批药品,伤病者能够来此,调配药用植物接受特殊治疗。

到了上午十点左右,我们走出树林,迎面一片空旷山脊,上面的树苗细小零散，却爬满了青草、毛茛植物、蓝色龙胆草，就像织成的各色地毯，我们正徜徉其中。山顶上有些墙址遗迹，我推测，这里曾是一处瞭望台，全方位监视着树木丛生、绵延起伏的山脉。但是，小山顶的瞭望台并非检阅军队演习的基地，我想找到先前应许的"平台"。于是，我们下山，披荆斩棘，小心翼翼地迂回而行，路面终于渐渐平坦起来。

"就是这里，"余武河说，"成吉思汗行宫，王宫。"

我发现，这儿不是岩石平台，而是草地，或者过去就是这样。我步测了一下：行宫大概长二百五十米，宽五十米。

好了，眼下，没人有心思坐下来。当余氏兄弟还是孩子的时候，这里视野开阔，你能看到散落在草地间的石具，你可以站在一个极佳的视角上眺望村庄。如今，我们被单一植物所困，岩石也被它掩埋。在平地的边缘，你刚好能俯视山谷，可以想象一下：宽广的练兵场上，帐篷林立，牲畜成群，军队方阵整齐划一。

回到那所房子后，我尽量记住我所看到的。房子整体由泥浆砌成，人工制品和民间传说把我带回五十年前，一百年前，八百年前，但是，这些说法没有扎实的历史根据。留下来的是传奇故事和这个地方本身——盛产药用植物的神秘山谷，或许，某种药材被认为有强效，可以挽救一位患病在身的征服者的生命。

我是幸运的。但是，作为读者的你如果去了那儿，我担心你已经太迟了：那些对这个地方的传说还存有记忆的人，即将迁往山谷外的村镇；小路荒草丛生，田地没于树苗之下，房子倒塌，沦为空地。即便是历史学家和考古学家来了，试问：谁会记起这些传说？谁会带他们去看当初的校场、点将台、疗养所和行宫呢？

1227年夏天的那些日子里，欧亚大陆的命运悬于一线。一位皇帝被害，成吉思汗病逝，一种文化彻底毁灭，这些都是具有重大影响的事件，遗憾的是，它们被神秘所笼罩。成吉思汗要实现目标，就必须做好保密工作，这项工作他已事先安排，由其侍从强力执行。消息一旦泄漏，就会失去一切，敌人一旦重振旗鼓，征战形势将会逆转，半成型的蒙古帝国就有被扼杀在摇篮之中的危险，欧亚历史的总体进程也将发生转向。基于有限的信息，下列所述的是可能发生的情节。

我们要回到1227年8月第二周，成吉思汗正处于征服西夏的最后时刻，他刚占领了金朝西部，打算以此为基地，完成对整个北中国的征服，从而让他得到一个东起太平洋西至巴格达的帝国。如果一切顺利的话，终生事业将大功告成。西夏皇帝已在前来投降的路上，关键时刻，成吉思汗却病倒了，他可能是在军中感染了伤寒。历史学家普遍认为，这种疾病向南传播了一百公里左右，到达今日甘肃省清水县；不过，仍有可疑之处，因为这个县名和一条北流至黄河的河流名称相同。有人断言成吉思汗死于清水县，宁夏大学的两位学者许成和余军专心于搜集证据，反驳了这种说法[1]，两人的研究方法基于历史文献和考古发现，他们支持六盘山农夫所持的民间回忆。

疾病无论传到哪里，都是很严重的，但其严重性的迹象绝对不能泄漏。所以，在生命最后一周的第一天，成吉思汗被推上密闭的车子，急速退入六盘山的隐秘山谷，在那里，情况才能做到保密，才能用森林中的药材对他进行救治。

然于事无补，死神将至。

不过，据主要的汉文文献《元史》——以成吉思汗之孙忽必烈时期构建的历史为基础的正史——所述，在那些天里，成吉思汗仍然运筹帷幄，规划未来。他有明确指示。两代人之后，波斯历史学家拉施都丁把这些事件编入另一版本，据他所记，成吉思汗说："不要让外人知道我的死讯。不要以任何方式进行发丧或举哀，这样敌人就不知内情。但是，当西夏君民在指定时间出城时，彻底消灭他们。"

然后，正如汉文文献所述，成吉思汗谋划了打败金朝的必胜方略，最终要夺取新都开封。为此，蒙古人首先要迂回包抄坚固的潼关要塞，它守卫着自开封溯流而上约四百公里的黄河河段。成吉思汗清楚自己正在谈论的事情：之前的1216年，蒙古人一度拿下这个要塞，当他们从开封撤兵时才被迫放弃它。潼关要塞和开封本身就靠近南部的金宋边界，所以，最好得到宋朝的许可，绕行潼关，从南面逼近开封："金、宋世代为仇，宋朝必定

---

[1] 许成、余军：《六盘山成吉思汗卒地与安西王府》，《宁夏大学学报》，银川，1993年第3期。

答应。"如此一来，迫使金朝从潼关调兵急行增援，耗其军力，弱其要塞，暴露开封。这实际上是一个作战计划，多年之后，成吉思汗的继承者用它来对金朝进行最后一击。

现在，突然之间，成吉思汗的侍从可能要面临大难，其后果的确可怕。西夏皇帝李睍正从银川赶来，很可能没有胜者接受他的投降。如果李睍听说成吉思汗正处弥留或已经归天，那么，他会立刻折回，考虑怎样拯救他自己及其王国，他的最佳选择是马上联合金朝。西夏和金朝曾经是盟友；事实上，金朝近期已经拒绝了李睍的建议，但那是在蒙古人将战火燃入金朝境内之前。眼下，主动向金朝卑躬屈膝，携手对付共同的敌人，破坏蒙古人业已取得的胜利，彻底摧毁成吉思汗制定的日后征服的伟大战略，还有什么可以阻止李睍这样做呢？

当然，这只是一种可能的行动方案，万事都必须按成吉思汗的计划进行。事实真相绝对不可泄漏，因此，至关重要的是，西夏皇帝前来投降，随即成为背信弃义的西夏臣民中第一个该死的人。

这一幕将在哪里上演呢（《秘史》说，是在银川附近的灵武，但它的记述含混不清。灵武和成吉思汗患病之地相距二百公里）？偏巧在附近开阔地面上有一处合适的场所，我相信，出于一种完全不同的目的，这个地方已被改建。

在固原和六盘山之间，道路经过一些梯台低山，穿越一排炕土房，大概这些都是开城的村庄。这里并非一直如此闭塞。一块英汉对照的标牌指向右边的小径：开城古址。

麦浪下面的模糊轮廓是从前的城墙，围成一个周长约三四公里的正方形。13世纪，成吉思汗之孙忽必烈把此地建成了一个地方性的大本营，当时开城可与二十公里外的固原媲美。至1300年，开城有一万驻军，但是，1306年的地震毁坏了这个地方，五千人遇难，幸存者逃亡，它从人们的视线和记忆中消失了。现在，中国考古学家正努力让它重见天日。

当时，固原离此二十公里，且筑有城墙和门楼，忽必烈为什么要把大本营建在开城呢？很可能因为开城实际上是一个圣地，1227年春，忽必烈的祖父选中了它。成吉思汗的选择是有充分理由的：开城远离固原居民的纷扰，非常安全；隐蔽在六盘山的军队只需一天马程即可到达；地势开阔，适于大军集结。成吉思汗可能下令在此营建一个临时宫殿，蒙古人在这里接见来自金朝的求和使臣。随后，偶然之间，这个由宫帐和守军组成的新汗廷有了第二个用途，作为会见西夏皇帝的场所；皇帝前来表示最后归顺，当然，他的命运也走到了尽头。

整个谜团应该是精心编织起来的。文献资料显示，那时接连不断地发生了四件事情：

  西夏皇帝臣服；
  皇帝前来觐见成吉思汗；
  成吉思汗处死皇帝；
  成吉思汗驾崩。

这些事情发生的先后顺序并不清楚，下面所述的只是各种可能情节中最合情理的一种。

李睍来到开城的宫帐，却陷入莫名其妙的境地：在等候觐见成吉思汗的时候，大汗"紧闭帐门，让不儿罕在帐外致敬"。《秘史》记载，在李睍觐见期间，成吉思汗"感到厌恶"，或据罗依果译本所说，"心里感到恶心"。这很奇怪。可以肯定，大汗不愿意在那种情形下接见他的手下败将，这样做的话，皇帝脑海中会不会泛起疑云？大汗侍从们的心里又会怎么想呢？这是一种可能的推论。不管是成吉思汗还是侍从，他们都已别无选择，因为成吉思汗实在无力接见皇帝。当然，无论如何，西夏皇帝都将被处死，但重要的是：其一，皇帝已经俯首称臣，献上礼物，完成了正式的投降仪式；其二，每个人，包括西夏人和蒙古民众，都相信一切仍在成吉思汗的掌握之中。如果我们推测，帐帘后的成吉思汗正处死亡边缘而他自己却看不到，那么，上述意外一幕便是最好的注解。

李睍一脸迷茫地表示顺从。他献出了礼物，首先是一组金佛，接着是其他物品，数量堪比博物馆，每种物品有"九"件——最吉利的数字：金银碗具、童男童女、骟马骆驼等不胜枚举，按"颜色和式样"放置。

然后，脱栾负责处死李睍。和处死所有显贵一样，处死君王的时候，要求遵循一个蒙古人长期公认的规矩：不流血。踩死或勒死都行，不管怎样，已经处死，秘密处死。

所有问题都解决了，可谓尽善尽美，正如《秘史》中成吉思汗对脱栾说的，归根到底，"因为敌人恶言相向，我们才来到这里，蒙长生天助力，把敌人交到我们手中，我们才报了仇"。

这段资料几乎没有提供处死李睍的细节。根据一则汉文史料，成吉思汗死于猪儿年（1227年），阴历七月十二，阳历8月25日，但是有些文献并不认同这个确切的日子。《秘史》是最直接的文献，对这个问题却最没有帮助，它只是说成吉思汗"升天了"，这足以证明，他的死亡和安葬将成为国家机密。

那么，谁有可能知道这个秘密？受降期间，成吉思汗并不住在自己的御帐中。也许，他的话是后来插补的，旨在造假。也许，他返回到隐蔽的山谷之中，因病情太重而无法行动；或者其实已经死了，毕竟，发病后他只活了一周。也许，只有在安全的山谷中，悲痛欲绝的侍从们才能做出安排，对他的死讯保密，然后准备在开城公之于众。

西夏人轻而易举地成为征服者的猎物。银川被洗劫一空，王陵之顶的瓦片散碎一地，老百姓抱头乱窜，成吉思汗冷酷无情的遗志不折不扣地实现了，其后果却是一片空白。蒙古人也好，稍后的汉族王朝也好，都没有对这个对手帝国的消亡表示哀痛。党项人，连同他们的多数档案和语言文字，在历史长河中几乎烟消云散（是"几乎"，但不是"完全"。后来，在元朝任命的一百五十多位达鲁花赤，意即监守官中，有十六位党项人，中国其他地区也存在一些党项小村落）。或许，在某处沙漠洞穴中，仍然隐藏着某位幸存者用西夏文撰写的屠城记录。与此同时，通过上网浏览检索可以看到，形状古怪、外表裸露的王陵，在荒无人烟、碎石满地的银川平原上显得格外突兀，据此，你能想象当年的灭顶之灾。

死亡之谜必然导致谣传四起。许多故事添枝加叶地说，成吉思汗在围攻某城时死去；又说，直到西夏投降他还活着。后来，历经数十年、数百年之后，诗人们把传闻和民间故事编写成诗，以纪念这位伟人的离世。成吉思汗之后，诸多传说纷乱如麻，它们大多是佛教徒所述，掩盖了少量事实。根据一个传说的描述，成吉思汗霸占了西夏皇帝的妻子古尔伯勒津，她弄伤了成吉思汗之后便自沉黄河；另一个说法，古尔伯勒津是一位公主，怀揣利刃割掉了成吉思汗的性器。1930年代，著名蒙古学家欧文·拉铁摩尔（Owen Lattimore）从他的蒙古同伴阿拉西（Arash）那里得知："成吉思汗被割伤后大声呼喊，人们冲了进来，但他只对众人淡淡说道：'把这个女人带走；我想睡觉了。'他睡了，从此一觉不醒——这是六七百年前的传说，难道神圣的成吉思汗不想为自己疗伤？一旦痊愈，他将唤醒和拯救人民。"

藏人、汉人、蒙古人以及佛教徒，都深陷这个传说的泥沼，从中获得的唯一明确信息是：巨大的失落感。显然，随着时间流逝，人们不愿承认他们的神王死于自然规律，他们把神王之死看作一个悲剧，如同参孙（Samson，古犹太人领袖之一，以身强力大著称——译者注）一样，他竟然被女人和异族所害。今天，所有蒙古人都知道这个传说，邪恶皇后如何割伤主公并自投黄河——他们仍然称它为皇后河。

成吉思汗无疑是史上最伟大的领袖之一，可以用现代领导力理论剖析他的性格。

定位领袖成吉思汗有两个维度：特殊性和普遍性。就像他的帝国一样，成吉思汗是一位扎根时空的独特人物，但是，他也具有很多适用性更广泛的性格，这些性格——即便不是在每时每刻，至少也是在很多时刻——从各方面将他塑造成一位领袖。

他在两个方面创造了自己的时代：

（1）对天助的信仰

统治者宣称得到神的支持，这是一个普遍的历史现象，但是，大多数统治者只针对自己的人民、民族或帝国而作如是声明（正如汉族皇帝所做的那样）。宗教领袖的目标往往在于把他们的信仰传布全世界，但是，统治全世界却被看作世界末日的预兆。然而，成吉思汗自己可能相信、其继承者必定付诸行动的是，天实际上已经把世界交给了他们，他们的职责是要让每个人承认这一点。事后想来，这简直疯狂，但因为在那个时代，没有人，更不用说蒙古人，去思考世界是什么样子的问题，具备如此眼光是多么不可思议，成吉思汗之所以具有令人无法抗拒的超凡魅力，信仰是个至关重要的因素。

（2）集中凸显的冷酷无情

纵观历史进程，种族灭绝、企图种族灭绝、大屠杀和各种暴行屡见不鲜，但是，从来没有像成吉思汗及其继承者那样宣泄武力的。成吉思汗做到了他人梦中才能做到的事情：彻底消灭反抗者，首先是敌对氏族和部落，然后是众多敌对城市。但是，如前所述，和现代种族灭绝不同的是，这里没有种族主义。事实上，蒙古人自认为是少数族群中的优等民族，不过，有三个因素抑制了毁灭的动机。第一，成吉思汗赏识人才，而不论其族群背景（后来尤其如此）；第二，他的初衷不是彻底毁灭而是永久统治，如果土地荒废、人口稀少，就很难实现这个目的；第三，这表明他的目的纯粹是一种策略——强迫对方屈服，反抗意味着灭亡，但是，（除了复仇以外）投降后的生命即可成为天助的成吉思汗帝国的一部分。

我认为，成吉思汗领袖才能中的这两个重要元素，对他本人及其时代来说都是独一无二的。它们在今天是无效的，当然，也不适用于在现代世界中练就领导能力。

其他品性还是适用的。成吉思汗领袖才能中的有些要素，可能被今天的领导人羡慕和模仿，我们可以在此作简要概括。

成吉思汗把控自我形象。通过审查那些生前流传并由《秘史》重述的故事，成吉思汗实际上变成了自己的政治化妆师。他有纳谏如流的可贵气度；他信守诺言；他鼓励和赏赐忠诚；他与将士患难与共，保持简朴的牧民本色；与他的同胞相异的是，他看到了酗酒之害（他可能说过："醉汉就好比是一个眼瞎、耳聋、精神失常的人。"）；他拒绝奢华；他承认自身的不足（例如，虽然自己大字不识，但他明白政府管理需要文化，于是引进一套文字）；他制定明确规则并恪守之；他立足现实，但必要时又敢于冒险；他对无端使用暴力惩罚个人不感兴趣——在成吉思汗治下尚无拷问的记录（尽管他的继承者有时因采用它而使自己蒙羞）。

值得注意的是，成吉思汗没有妄自尊大，他把自己的利益等同于国家利益；他选定了一位继承人（这是许多小首领从未面临的挑战）；他到处发掘人才、雇用人才，从不介意其族群背景；他宽宏大量，甚至对待敌人也是如此；他细心缜密地定下计划；他思想深刻，正如他与耶律楚材、长春子的关系所表现的那样；他宽容不同宗教；最后，这位世界征服者最令人惊叹的品性或许是——他从不傲慢，无论出于什么令人费解的原因，面临重任压肩之时，他总是表现出谦虚谨慎的非凡品质。

从另一个角度来看问题。丹尼尔·戈尔曼（Daniel Goleman）是最成功的领导力理论家之一，他把上述许多品性要素称为"情商"，并列出高级领导人显示的十八种所谓"能力"。他说，有成效的领导人显示其中四种能力，而卓有成效的领导人则显示六种或更多。用当代的条件去和八百年前的需要进行比较，是不能完全令人信服的，但是，据说成吉思汗具有十八种能力中的十五种（只缺少承诺服务、冲突管理、团队协作等现代"能力"）。不管你怎样评价，成吉思汗都算得上是天才级的领导。

领导能力（文中说有十八种能力，作者却列出了十九种，不知何故——译者注）

个人能力　　　　　　　社交能力

情感自察	移情
准确的自我评估	组织能力
自信承诺	服务
自控	激励
诚信	说服力
适应力	培养他人能力的兴趣
内驱力	认识到改变的必要性
乐观	冲突管理
	团队协作

资料来源：戈尔曼等：《新领导人：从领导艺术转变为科学效果》[1]

成吉思汗的遗体在哪里？这个问题没有最终答案，因为陵墓并不存在，相反，在中国和蒙古分别形成两种互相分离的传统说法，构成两种互相抵触的主张，每一方都认定自己是成吉思汗真正的继承者。

中国的传统说法主要集中于成吉思汗的装备用具，这与蒙古的传统说法直接冲突，后者主要讨论他的遗体，并认为，尸体通过戈壁运回蒙古故地并葬于一处密陵。

但是，这个说法并无任何确凿证据。当时正值8月盛夏，尸体很快就会腐烂，加上出于保密的需要，所以必须尽快返回

---

[1] 伦敦：时代华纳，2002年。（在美国出版时更名为《最初的领导力》）

故地。送葬队伍要走一千六百公里，对于一支小心谨慎、处处留意的返乡车队而言，这需要大约三周的时间。成吉思汗的家人可能会采用汉人的专门技术，尽量保存好遗体，但蒙古人还不知道木乃伊的制法。这是一个仓促的行程。

《秘史》没有提及送葬队伍和葬礼，而是直接跳到成吉思汗死后的下一年，在克鲁伦河召开大聚会，确立窝阔台为成吉思汗的继承者。为大汗送葬这样一件情感大事，竟然莫名其妙地被《秘史》编撰者遗忘了，这简直让人匪夷所思。唯一可能的解释是，整个事件被故意忽略。对如此忌讳之事最好的做法是：首先，掩盖原本就是国家机密的内容，也就是成吉思汗之死和送葬过程；其次，除了最核心的圈内人以外，对所有人都隐瞒下葬地点的信息。

这反而让传奇故事大行其道。不久，随着成吉思汗的离世，民间传说开始填补信息空缺，其中一个故事讲的是，送葬队伍一路上用屠杀开道，这个故事由两位历史学家——阿拉伯作者拉施都丁和马可·波罗——阐述。拉施都丁直截了当地说："他们把一路上遇见的活物全部杀死。"马可·波罗则间接指出："蒙哥汗（成吉思汗之孙）死后，超过二万人遭戮，因为他们在路上碰巧看见了遗体。"

从此以后，无数的历史——包括通俗的和学术的——都把这个故事用在成吉思汗身上，视之为信史，而没有作进一步评论。但这不合乎情理，任何一部蒙古文或汉文文献都没有记载这个情节。1253—1255年，修道士威廉·鲁布鲁克呆在哈剌和林的蒙哥朝廷中，他那本准确详细的旅行纪里没有提到这个故事。与修道士威廉同时住在哈剌和林的志费尼也没有提及。

先来看看这个故事的成型。拉施都丁和马可·波罗都是在事发五十年后开始写书的。拉施都丁虽然接触蒙古文文献，但不会说蒙古语；他依靠了主人合赞（1295—1304年在位，成吉思汗五世孙）和来自北京蒙古朝廷的使节的帮助。马可·波罗没有明确将杀戮归咎于成吉思汗的送葬队伍，只是说"某位帝王"，具体是指蒙哥（死于马可·波罗到达中国前十四年；马可·波罗没有看到任何皇家葬礼），他的相关叙述是道听途说。

为这个所谓的屠杀行为进行辩解的说法是，它确保成吉思汗之死成为秘密。但这个观点是荒谬的，秘密当然会被隐藏，可是，杀人能保密的说法绝对违背常识。或许，汉人和党项人无足轻重，可以随时除掉，但在蒙古会发生什么？难道我们去假设护卫军杀死了自己的百姓？在大草原上，大家抬头不见低头见，人人皆相识。送葬队伍想方设法掩盖事实，但是，在天气晴朗的日子里，你总能一览无余，没有什么比一支送葬队伍更加显而易见的了，没有什么方法比大屠杀更能让一支送葬队伍招摇过市。所以，谁会待在周围等着被杀？护卫军又怎能保证俘获并杀死每一个目击者？还有被害者的尸体：它们不能被扔在那里使下一批路人产生疑惑和恐惧；而皇家送葬队伍不可能装载这些死尸。

最好的保密方式就是小队人马急速赶路，不要给你想掩盖的事实"打广告"。

当然，送葬队伍的路线是个未知数。17世纪历史学家萨囊彻辰的叙事透露出一点线索，他说，车子轮轴陷嵌于泥中，于是，一位蒙古将领唱诵圣主：奉长生天之命而生的人中雄狮，你所珍视的一切都尽在眼前；宫殿、后妃、王子、族人、大臣、子民、水、战友、出生之地——"他们全在这里啊，我的圣主！"这首挽歌是最富感情的蒙古诗之一，其文体类似《圣经》。瞧，圣主听见了，降恩赐福于下，于是，车子辚辚而动，众人感戴欣喜，伴送大汗遗体前往伟大的故土。

传统观点坚持认为，这个事件发生在——如果确有其事——牟那山，即今天的阴山，位于鄂尔多斯以北黄河大转弯处的边缘。往西，在山脉和沙漠之间是一片低洼区域，沼泽湿地和蜿蜒的黄河支流形成一个中游三角洲，刚好是双轮篷车有可能陷进去的那种地面。

如果情况确实如此，那么，送葬队伍很可能向东，走上成吉思汗多次对金战争时的行军路线。这条东路沿线，戈壁砾石滩让位于草地，后来变成一条御道，如今，这条路的一段横亘着铁路线，从边界过境城市二连浩特（属中国）、扎门乌德（Zamyn Uud, 属蒙古国，意为"道路之门"）到达蒙古国首都乌兰巴托。

沿着这条路线——现在是草地——而行的送葬队伍，几乎要朝正北方向走上三天，直至跨过水位低浅、显露硬层的克鲁伦河，来到曲雕阿兰旧地。附近有一处墓场，因此，成吉思汗或许就长眠于此，但是，更有可能的一处地点还在前面，在克鲁伦河上游的肯特山，在一个很多人仍在苦苦追寻的地方。

Part II
Transition

第二部分
过渡时期

Genghis started the empire; Kublai brought it to its greatest extent; but without Sorkaktani to link the two, without her ambition, foresight, good sense, and a couple of interventions at crucial moments,Genghis's empire might have fallen apart.

成吉思汗开创了帝国；忽必烈将帝国拓展至极限；但是，如果没有唆鲁禾帖尼把两者连接起来，没有她的雄心壮志、深谋远虑、当机立断以及紧要关头的多次干预，那么，成吉思汗帝国可能已经分崩离析。

The Woman Who Saved the Empire

女人，拯救帝国

在蒙古国，你会注意到一件事情：女人非常惹眼。在乡村，面带胡桃色的老妇人直盯着你看，眼神里充满自信，而外表强悍、脸颊红润的女孩子就像优秀的骑师一样策马驰骋。在首都乌兰巴托，只要你步行通过大广场，就定能遇见洋溢着自信的美女。数个世纪里，蒙古草原的游牧业传统使女人足可与男人一样自力更生，她们纵马奔腾，她们执掌大权，她们奋战沙场。1220年，成吉思汗的一个女儿，在其丈夫刚被箭射死后，便率军向波斯城镇你沙不儿发起最后攻击。走运的遗孀们能够接管亡夫的财产，这让她们中的一些人变得富裕强大、极其独立。世界上最大的陆地帝国，呈现出完全由男性支配的形象，但在很大程度上要归功于那些非凡的女人，比如成吉思汗的母亲、他的第一个妻子，还有他的一位儿媳——本篇的焦点人物。

她的名字叫唆鲁禾帖尼，她之所以广为人知，原因在于她是她那个时代最杰出的女人。在二十五年的时间里，一连串动乱使成吉思汗开创的事业面临毁灭的威胁，而她却引领自己的家庭过得风平浪静。局外人的相关记录可谓不约而同。"在鞑靼人中，除了君王的母亲之外，这位女性最负盛誉"，教皇使节之一的约翰·普兰诺·卡尔平尼写道。"极其聪明与能干，"拉施都丁说，并继续称颂她"才能出众，智慧超群，机敏过人"。"所有王公都对她的管理能力感到惊讶，"希伯来医师把儿·赫不烈思说道，并补充引用了一句诗文，"如果我在女性群体中再看到另外一个像她那样的女人，那么我将断言，女人的种性远远优于男人"。

与她同样卓越不凡的是她生下的四个儿子。一个统治波斯，一个是企图在中亚基地建立强权的身背恶名的反叛者，还有两个成为扩张中帝国的大汗，更有甚者，她的第二个儿子忽必烈，为现代中国奠定基础。成吉思汗开创了帝国；忽必烈将帝国拓展至极限；但是，如果没有唆鲁禾帖尼把两者连接起来，没有她的雄心壮志、深谋远虑、当机立断以及紧要关头的多次干预，那么，成吉思汗帝国可能已经分崩离析。

然而，她却不是蒙古人，而是来自说突厥语的克烈部，在成吉思汗出生之时，这个部落控制着蒙古中部。克烈部的首领脱里是成吉思汗父亲的结义兄弟，也是唆鲁禾帖尼的伯父。她父亲是脱里的幼弟札阿，他的故事反映出内亚多变的草原部落联盟关系的复杂和危险。札阿先被西夏党项人收养，后晋升为军事指挥官——党项语称"绀孛"，此后这个官名成了他名字的一部分：札阿绀孛。成吉思汗打败克烈部后，通过联姻合并这个部落。札阿有两个女儿，大的叫亦必合，是成吉思汗的五个妻子之一（后来成吉思汗把她赐给一位将领，但保留其皇后地位）。小的叫唆鲁禾帖尼，1203年，她大约二十岁，嫁给了成吉思汗幼子、时年十二三岁的拖雷，六年后，四子中的第一个儿子出世。那时，没有人料到，成吉思汗幼子的儿子们将会出类拔萃。唆鲁禾帖尼必须等待二十五年，才能让天下尽归其手。

1227年，成吉思汗驾崩，幸运之神第一次垂顾于她。成吉思汗生前已经立第三个儿子窝阔台为汗位的继承人，同时，四个儿子在各自的地域行使权力，这是按照传统要求来分配的。

长子术赤分到的地域最远，越过了咸海，但那时他去世了（术赤与汗位失之交臂，奉命参加大突袭，但他却消失在大草原上，他是在"打猎"还是"生病"——没人知道。总之，他失宠于成吉思汗，在1225—1227年之间的某个时候去世），因此，其财产在他的两个儿子之间进一步分割。从咸海到西藏的中亚地区归察合台。按照传统要求，幼子拖雷继承父亲的"家灶"之地，意味着他占有整个蒙古，这为他奠定了权力基础，而这些权力最终落入唆鲁禾帖尼之手。但是，唆鲁禾帖尼还没有理由去做"子以母贵"的美梦，主要是因为，成吉思汗的继承人窝阔台以压倒性的威望紧握着权力的缰绳。

窝阔台看到了成吉思汗所看到的：帝国需要一个都城，取代克鲁伦河边的蒙古旧基地曲雕阿兰。对一个氏族而言，曲雕阿兰是一个理想的汗廷所在地，附近群山为它提供安全保障，一条坦途越过草地和沙漠通向中原——贸易和战利品的来源地。1228—1229年，窝阔台在曲雕阿兰大聚会上开始了他的统治，在那里，他也许（可能、或许）倡导搜集那些写进《秘史》的传说和信息，但是，曲雕阿兰已经过时了。对于一个民族和帝国来说，未来在于更西面的鄂尔浑流域，那里曾被前突厥帝国统治，突厥人称该地为哈剌和林（意为"黑圆石"）。1220年，成吉思汗选它作为新都，不过他什么也没有做。窝阔台想实现父亲的遗愿，于1235年开始把哈剌和林建成一个永久居留地。

但是，他首先需要一个健全的政府，而主要的指导者就是成吉思汗时代的契丹谋士耶律楚材。1229年，窝阔台任命楚材为新设行省（此时的行省与后来元朝的行省性质不同——译者注）的临时长官——实际相当于地方总督，治理那些已被征服的北中国地区，这是第一位身负重任的文官。

怎样治理这块新征服的领土呢?这块土地满目疮痍,其破坏程度在今天几乎无法理解。蒙古王公拆散村落,驱民为奴,寺庙里挤满了逃亡的囚犯、溃卒、难民。新朝廷中,有人建议,在如此混乱的形势下,解决问题最简单的方式就是——种族灭绝。农夫有什么用?他们的劳作毫无意义,他们自身一文不值,他们却是反抗活动的渊薮。他们牛马不如,应该被牛马取代。为什么不杀光他们,把耕地变成牧场?一万武士每人屠杀一千农夫,这不需要太多时间。

楚材驳斥了这种疯狂愚蠢的言论。他毕生的工作就是辅佐奉天之命的君王们,让他们从野蛮无知变成德才兼备。支离破碎的北中国是最好的试验地。他力图实践儒家的好政府原则,同时,提倡佛教以陶冶情操,他的终极目标是创造一个优于儒家社会的社会。他的手下担任抄写员、译员、使节、占星家和税务专家,在治理地方的过程中日显举足轻重。楚材也亲自去一些城市保护书屋、财产和学者。

现在,楚材抢抓时机。他敏锐地意识到,蒙古人讨厌汉地文明,除非它能带来物质利益,于是他指出,如果农民生活富足,那么就可以向他们课税,从而有助于发展经济。为此,他拟定一个改革计划,新的治理方式在汉地前所未见,更不用说在蒙古了。首先,民事机构将从追逐私利、滥用暴力的军事机构中分离出来。原金朝统治区被划成十个区,每个区都设课税使,农民的土地税和城市居民的人头税,以丝绸、白银或谷物的形式全部交纳给政府。由于成吉思汗时代的个人免税政策,道教神职人员的财富和人数迅速膨胀，而此时也要交纳道观的商业税，另外，相关法律禁止道士们进一步把佛教寺庙占为己有。

蒙古军方高官强烈反对这些举措，但是，楚材在窝阔台的支持下坚决实行。1231年，第一批赋税进账，正好在预算之内，价值一万锭白银，窝阔台立刻任命楚材为政府中汉官之首。行政管理需要受过教育的人，1233年，楚材从牢狱中救出许多学者和显要；为了培养新一代的学者和管理人员，他建立政府印刷机构和汉蒙官员子弟学校；他安排被迫为奴的前金朝官员参加文职资格考试：四千人榜上有名，一千人重获自由。

显然，窝阔台急于承接他父亲的眼光，但他需要获得比征服更好、更鼓舞人心的统治合法性理由，而1229年的加冕典礼是一个转折点。成吉思汗为日渐辽阔的帝国奠定基础，窝阔台准备给这份基业添砖加瓦，他重启西征、入侵朝鲜半岛、最终征服北中国。不过，比征服更为重要的是，窝阔台用一种新的意识形态赋予这些征服以"意义"。正是他下令说，天已经把世界交给了蒙古人。过去的胜利暗示着这种观念，而将来的胜利会证实这种观念，它已经适时扎根。1232年，宋廷使臣彭大雅访问蒙古朝廷，他洞察到："他们常用的表达方式是'依靠长生天的气力、皇帝的福荫'。"每当窝阔台及其继承者想维护自身权威时，他们就会通过各种语言文字来表达相同的话语。这句话在《秘史》中用了十三次；贵由在写给教皇英诺森四世的著名信件中说："依靠长生天的气力，他已经把从日出之地到日落之地的全部土地都交给了我们。"类似话语还用于片状金银通行牌上祈祷文的开头（通行牌是允许旅客和信差使用遍布帝国全境的驿传的凭证）。伟大的志向需要一个伟大的称号。窝阔台宣布自己不是"汗"（khan），而是"合罕"（khagan），恢复了这个常译为"大汗"（Great Khan）的古突厥词语。从那时起，所有蒙古最高统治者都称合罕——成吉思汗也被追加这个称号，而"汗"适用于次级统治者（在现代蒙古语中，khan和khagan的区别消失，因为中间字母g不用了）（这个问题有商榷之处，相关研究可参阅姚大力：《"成吉思汗"，还是"成吉思合罕"？》——译者注）。正如罗依果指出的，所有这一切都标志着"部落联盟向征服型国家的真正转变，这种国家拥有新的行政管理机构、难以置信的高效通讯系统，并结合一个重焕生机和不断强化的军事组织"，总之，他认为，窝阔台是"蒙古帝国'真正'的建立者"。

现在，窝阔台必须把宣言变成现实。当务之急是北中国未征服的那一点点土地。大军分三翼而进，统兵官都是最优秀的蒙古将领：速不台、窝阔台本人、拖雷。其中一支军队袭击易守难攻的潼关要塞，因为它堵住了一条通往黄河的峡谷，扼守着自金都开封向上近四百公里的黄河河段。但攻击失败了。所以，正如成吉思汗临终时建议的，蒙古人绕过了要塞围攻开封。这是另一场壮观的攻城战，持续了一年，攻击一座人口逾百万的城市。蒙古人坚守阵地，而"震天雷"响彻四周，五十公里开外就能听到，炸弹掉落在蒙古军的战壕中，"结果……攻城士兵被炸成碎片，甚至一点痕迹都没留下"。不过，饥饿、瘟疫、人相食、叛乱，最终迫使金朝投降。主张大屠杀的言论又一次出现，耶律楚材的激烈反对又一次阻止了它们，他把饥饿的城市居民分散到破败的乡村。金哀宗南逃，决定再战，但是蒙古人紧追不舍，他的希望落空，1234年2月，为免被俘而自缢身亡。自成吉思汗首次对金开战起二十一年后，北中国完全落入蒙古人之手。

就在攻城开始数月后，拖雷死了，唆鲁禾帖尼再次好运临头，但在当时她还没有看到光明前途。《秘史》关于拖雷之死的描述让人晕头转向，它想要戏剧化地表现一位弟弟对哥哥的忠诚、一位将军对君王的忠诚。窝阔台和拖雷返回蒙古，留下速不台负责战事，但路上窝阔台得病，可能是土神和水神迁怒于他——但或许是他一生酗酒所致。萨满巫师聚在一起占卜得病原因，在检查了被宰牲畜的内脏之后，他们声明需要祭品。但是，当萨满巫师刚把战俘、金银、牛和食物搜集起来献祭时，窝阔台病情加重了。问题来了：能否让大汗的家人承担病痛呢？拖雷毛遂自荐，他说，不这样做的话，百姓将成遗孤，金人会幸灾乐祸。拖雷必须喝下某种含酒精的药水，他同意了："巫师，请施展法术诅咒吧！"拖雷有所不知的是，窝阔台遭受的不是简单的病痛，而是死亡的折磨。拖雷喝下药水，并很快有反应了。在口不能言之前，他刚好还有时间把家人托付窝阔台照料。"我已经说完必须说的话了，"他含糊道，"我醉了。"就这样失去了知觉，再也没有苏醒过来。法术奏效了：拖雷死了，窝阔台痊愈了；从接下来的十年直至永远，拖雷及其遗孀唆鲁禾帖尼将得到回报。

自1235年起，哈剌和林从大草原上拔地而起。蒙古人没有筑城经验，所以，设计师和施工者都是汉人。带有四个城门的土墙环绕着一座小城，城内有一处宫殿，地板和柱子均为木质，屋顶用瓦平铺，近处地窖用来贮藏财宝。附房是私人寓所，前面蹲着一只巨大的石龟，支撑起一根刻有纹路的柱子，就像那些常见的汉式庙宇守护神一样。也许，这只气派的石龟仍然孤独地守候在哈剌和林的替代建筑——16世纪兴建的额尔德尼昭寺——旁边。宫殿内有一条中央通道，通向层层阶梯，最高阶上摆放着窝阔台的御座。不久，政府各部门占据了该城三分之一的地方，它们掌管着祭品、萨满巫师、商人、邮传系统、国库和兵工厂。但是，即便是穆斯林商人和汉人工匠开始齐聚城内的时候，哈剌和林也称不上是大城。1254年，居于该城的法国传教士威廉·鲁布鲁克说，哈剌和林不如巴黎北部圣但尼城那样壮丽，圣但尼的大教堂——第一座哥特式教堂，建于12世纪中叶，至今依然辉煌——相当于十个哈剌和林宫殿（说基督教领先一千年有点不公平）。

哈剌和林不够精致却富有意义，它集中了成百毡房、上千车子、过万牲口。直到如今，那里住着数百富裕的蒙古人，他们拥有多达二百辆的牛拉车，编成二三十列的庞大车队，所有车子串联起来，由一个女人驾着领头的引导车，慢悠悠地经过空旷的大草原。毫无疑问，游客应该会看到这庞大车队中的一辆：装有桅杆状轮轴的四轮平板车，宽达十米，上面搭起皇家帐篷，由二十二头公牛牵拉。没人知道如此一个庞然大物的用处和用法，但在1230年代，它可能在曲雕阿兰旧地与哈剌和林新城之间嘎吱嘎吱地来回行走。

话接上文，对唆鲁禾帖尼——身处扩张中帝国腹地的拖雷遗孀——来说，命运开启了新篇章。一个富裕男人的遗孀有权管理丈夫的财产（包括百姓、部落、氏族和家庭，但没有土地），直到她的长子成年后接手为止，这是蒙古社会的传统。说来也巧，唆鲁禾帖尼的长子蒙哥已经二十三岁了，但窝阔台仍然把管理拖雷财产的持久权力授予唆鲁禾帖尼，由她支配自己的家庭、军队、行省及人口。实质上，唆鲁禾帖尼成了蒙古女王，虽然屈从于她的君主。

命运造就她独立自主的个性，年近五旬的她精明世故，有雄心保持这种独立。窝阔台打算让她嫁给贵由（她的侄子、窝阔台的儿子），试图连接两个主要家庭的世系，但她婉言谢绝了，她说自己的首要责任是抚育儿子们。她没有再婚，此后的十多年中，她以独立之身为自己赢得了一个无与伦比的声誉——睿智而坚贞。

她的远见卓识体现在对四个儿子的培养方式上。她确信儿子们在蒙古传统方式下已经受过良好教育，但是，帝国辽阔广大，众多信仰并存。一个克烈部的基督徒嫁给了一个蒙古的萨满教徒，这是她的亲身经历，从中可知，不疏远盟友及臣民是多么重要。更有甚者，她出资兴建清真寺和宗教学校，其中一所学校在布哈拉，有一千名学生；正如穆斯林所说，一位基督徒女王做了一件功德无量的好事。对她的儿子来说，他们的诸位导师信仰佛教、聂斯脱利派和儒学，然后，他们的妻子被选娶是因为具有唆鲁禾帖尼自身的形象：虽然宗教信仰不同，但是她们果断坚定、聪明睿智、不拘教条、高度独立，她们保持了成吉思汗诸多令人叹服的品性之一——宽容。

Terror on Europe's Edge

恐怖的欧洲边疆

与许多独裁者一样，窝阔台看到了对外冒险活动的好处，它们赋予一种目标感，促进统一，保证为民族、将领和普通士兵带来收益。窝阔台刚宣布自己受命于天，既然如此，就要去践行这种天命。

1235年，窝阔台召开大会，下令西征，继续任命大将速不台为主帅，如今他五十岁，东征西讨超过了三十年。正是速不台在1221—1223年打开了通往俄罗斯之路，因此他有责任去打败曾迫使他狼狈撤退的不里阿耳人。速不台骑行在一支由诸王子弟组成的队伍中，成吉思汗的孙辈们也在其中：术赤之子拔都、窝阔台之子贵由、拖雷之子蒙哥，还有速不台自己的儿子兀良合台。

打败不里阿耳人的详情，根本没有记载，不管怎样，整个过程持续的时间不长，当然，那仅仅是更大规模战争的开始。1237年末，蒙古人渡过伏尔加河。俄罗斯王公没有从十四年前的迦勒迦河之战中吸取任何教训。森林非常稠密，甚至连蛇也无法穿过，有条文献资料指出，此处不设防。蒙古人开辟出道路，宽度足可让三辆车子并排通过，然后装着攻城器械滚滚向前。在一场情况不明的胜利后，蒙古人为了统计对方死亡人数，就把那些尸体的右耳割掉，共收集了二十七万只耳朵（据推测）。各地城市如同多米诺骨牌效应那样纷纷陷落：梁赞、莫斯科、苏兹达尔、弗拉基米尔、雅罗斯拉夫、特维尔。1238年初，一支蒙古军在昔迪河击败弗拉基米尔大公，而另一支直奔诺夫哥罗德。

欧洲被警告了，空前的大灾难迫在眉睫。1234—1237年间，匈牙利修道士朱利安两次前往位于南俄的拔都营帐，他带回了拔都给教皇的信，信中要求教皇立刻投降："我知道你是一位富裕而有权势的国王……（但是）如果你决意向我臣服的话，对你个人来说会更好。"在英格兰，圣奥尔本斯的编年史家马修·帕里斯记载，"无数的鞑靼人，就是可恶的撒旦后裔……他们倾巢而出，就像从地狱——塔尔塔罗斯——释放出来的魔鬼一样"，这反映出欧洲人长期把Tatars（鞑靼人）和Tartarus（塔尔塔罗斯）两个词混淆起来。蒙古人进军诺夫哥罗德，对英格兰人——诺福克的渔民——也产生了影响。每年春天，诺夫哥罗德商人沿着连接波罗的海和拜占庭的"河路"下段向北航行，然后横穿北海到雅茅斯（今英国东部诺福克郡大雅茅斯——译者注）购买鲱鱼。但1238年，他们留在家乡保卫自己的城市，于是，鲱鱼大量滞销雅茅斯码头。没有一个欧洲统治者会对蒙古威胁视而不见。

结果，春天的融雪向诺夫哥罗德周围的平原汇集，形成沼泽，蒙古人向南撤退，一连十八个月没有动静。1240年，蒙古人转向基辅，它是当时俄罗斯的首都、斯拉夫人的母城、东正教的中心，四百个教堂像光环一样围绕在辉煌荣耀的圣索菲亚大教堂四周。俄罗斯编年史家描述道："鞑靼人（蒙古人）浓云密布般地奋力向前直指基辅，从四面八方将该城团团围住。无数战车嘎嘎作响，骆驼和牛吼叫咆哮，战马昂首嘶鸣，喊杀之声狂热震天，场面如此势不可挡，以致城内的人们听不见彼此对话。"基辅燃起熊熊大火，王公们逃往莫斯科，也就是在那个时候，随着基辅的陷落衰败，莫斯科开始兴起。

现在，乌克兰草原之门终于打开，其后便是匈牙利。依靠间谍和逃亡者提供的丰富情报，蒙古人知道了自己所要面对的形势——乡村、城镇、路程、河流，他们甚至了解到匈牙利及邻国波兰国内分裂割据、一盘散沙的混乱状况。

要拿下匈牙利，必先控制波兰。入冬后，河流结冰成路，低地凝固变硬。1241年初，卢布林、桑多梅日、克拉科夫毁于战火。据说，在克拉科夫圣玛利亚教堂的塔楼上，当时有个守望者吹响号角发出警报，被蒙古人用箭射穿喉咙。今天，被称为hejna的悲哀号角声的录音，每小时从圣玛利亚教堂响起，在音调正起时突然停止，据说当时守望者就是吹到一半被射死的。游客会被告知，他的死拯救了这座城市。事实并非如此。据当地记载，3月24日，圣枝主日（基督教复活节前的星期日——译者注），蒙古人点燃了克拉科夫，"拉走了数不清的大量民众"。

在奥得河的布雷斯劳（今称弗罗茨瓦夫——译者注），城民放火焚烧自己的城镇，然后撤退至河中一处岛屿上。蒙古人舍弃这个唾手可得的胜利，急行四十公里进至里格尼志（尽管历史学家仍然喜欢用德语形式Liegnitz表述，但该城今称莱格尼察Legnica）。这里是神圣罗马帝国的边界，西里西亚大公"虔诚的"亨利率十万大军（与前述一样，我们必须牢记，所有数字都是非常不可靠的）在此迎击蒙古人。在这个刚刚基督教化的边疆国家，波兰人、德国人和捷克人混编成众多地方名流——医院骑士、圣殿骑士、条顿骑士，他们勇于保卫在波罗的海地区的所有权，德国和捷克居民临时拼凑成军，就连西里西亚的金矿工人也组成一队，所有人都集结起来支持大公。五万捷克军队由国王瓦茨拉夫率领，想在半途加入，但是直到亨利向南退却时，他们仍有数天的行程要走。

4月9日，在里格尼志城外十公里处，亨利遭遇了蒙古人。他的军队只有数量优势，在武器、战术、战略、士气、决断等其他各个方面，蒙古人远胜于对方，而骑士们的盔甲笨重，战马不堪重负，将领争吵不休。蒙古人惯用老把戏，他们焚烧芦苇制造烟幕，漫无目标地乱闯，似乎陷入一片混乱，然后假装逃跑。波兰骑兵猛追不舍，直到蒙古人突然消失，箭矢从两边尖啸而来。大公亨利落荒而逃，却从马上跌落，只好穿着甲壳踉跄而行，蒙古人追上了他，扒其外甲，砍其头颅，丢在一边。蒙古人用长矛戳着亨利的首级，绕着里格尼志城耀武扬威，恐吓城内居民。大约有四万人死亡——从那天起，这场灾难给东欧人的心灵造成了创伤。国王瓦茨拉夫和他的五万捷克军队，距此仍有一天的行程，闻讯后便转向安全的喀尔巴阡山脉，把波兰南部全部拱手让给蒙古人。

南面，匈牙利人坐等"天罚"，这个国家如今乱作一团。波洛维赤部落遭蒙古人打击后，从俄罗斯草原转移到此，他们要求住在这里。匈牙利的贵族们宁可去死也不愿放弃来之不易的独立，他们与国王别剌四世争执不下。别剌接纳波洛维赤人，想把他们收作潜在的私人军队，但是贵族憎恨他们。蒙古人抢占先机。南部的蒙古军如今驻于伽里赤，一分为三；其中两路以钳形攻势径直穿过喀尔巴阡山脉，而速不台领中路急行而下，最终，三路纵队将在多瑙河附近会师。先头部队用了整整三天时间行军二百八十公里，通过冰雪覆盖的敌国。4月初，三路纵队在多瑙河会合，准备进攻匈牙利首都埃斯泰尔戈姆。

别剌设法在多瑙河东岸的佩斯城——当时与对面的布达城尚未相连——部署一军。和往常一样，蒙古人给了对方一个投降的机会，但遭拒绝（奇怪的是，蒙古人的使者是那位说匈牙利语的英格兰人罗伯特，穆斯林商人在克里米亚第一次听说过有这样一位译员；他还会再次闪现）。拔都和速不台踌躇了，他们眼前是一支以多瑙河为屏障的强大军队，一座可能会有援军的都城。但是，速不台是个天才，他不打无把握之仗，所以，他率全军向塔特拉山缓慢撤退，途中发生了小规模战斗，一连六天，逐渐诱使别剌远离河流和援军。

4月10日，蒙古人渡过撒岳河，退向盛产葡萄树的托卡伊缓坡地区，那里正好是撒岳河与蒂萨河的汇流处。匈牙利人在对面的莫希平原布阵，用铁链把马车串联成圈，组成一个堡垒，他们对自己的兵力优势信心满满。

蒙古将领们看到匈牙利人"挤塞在一起，就像关在围栏内一样"，知道该怎么对付他们。现在，距离波兰人在里格尼志溃散刚好一天。这是巧合吗？绝对不是。蒙古人不会把胜利建立在巧合之上。平心而论，两军彼此都已熟知，双方传令兵在敌境疾驰四百五十公里——这样惊心动魄的事情是根本无法想象的。然而，对蒙古人来说，这种事情平淡无奇、司空见惯，因此没人想到要记下来；结果反而变得神秘，以致欧洲文献资料没有提及。

那天晚上，速不台知道敌人已无援军，而自己这边则有求必应。他下令军队返渡，另外一军使用弹射器和火药抢占仅有的一座桥梁，这种毁灭性武器在欧洲首次亮相。蒙古人此次渡河作战的方式,在第一次世界大战时期非常有名,称为徐进弹幕射击,即炮兵始终把炮弹恰好投到进军步兵的前面。

速不台又亲率一军顺流而下十公里,渡过一座木筏结成的浮桥。拂晓时分,过河的两军均已站稳脚跟,到上午七点钟,匈牙利人被赶回阵营中,现在,这个阵营与其说是防御堡垒,还不如说是陷阱。整个早上,箭矢、石头、烈火,造成了可怕的伤亡。中午,蒙古人的包围圈松动了,露出了一个诱人的缺口,幸存的匈牙利人夺路而逃,从绝望的防御者变成了容易被捕的猎物,他们跌撞滚爬穿过春天的沼泽地,走上必死之路。有些人在教堂附近避难,但当燃烧的屋顶坍塌压下来时,这些人也只能上西天。三位大主教、四位主教、两位执事长死了,与他们一同遇难的还有六万五千名普通的匈牙利人、德国人,据马林贝格修道院院长[1]的记述,甚至也包括法国人。

别剌向北逃入山区森林,兜了一圈后进入奥地利,往南经过克罗地亚,在一系列岛屿上找到了避难所。合丹——里格尼志之战的猛士——率蒙古军穷追不舍,来到亚得里亚海岸边,要么是找不到"猎物"踪迹,要么是对"猎物"已无兴趣,反正合丹继续南进至阿尔巴尼亚。他烧毁了许多小城,以致"对墙小便的人都没有了"(斯普利特的牧师、编年史家托马斯语)(斯普利特,今属克罗地亚——译者注),随后再次转向内陆。别剌潜入克尔克岛——威尼斯主人称之为维格利亚岛——躲藏,等待良机。

---

[1] 是这位修道院院长于1242年在维也纳记下的。(参阅古斯塔夫·斯特拉科什—格拉斯曼(Gustav Strakosch-Grassmann):《1241—1242年蒙古对中欧的入侵》,奥地利因斯布鲁克,1893年,第191—193页)本笃会的马林贝格修道院建于12世纪,当时属于奥地利,即今天意大利南蒂罗尔地区博古西奥附近的圣母山修道院。

与此同时，另一支蒙古小分队向西突进，在一场战斗中蓄意焚烧、破坏、强奸、杀戮，其恐怖程度堪比他们在穆斯林地区的所作所为。蒙古人的行为动机与以往完全相同：这些基督徒和穆斯林一样，胆敢抵抗，所以，注定要让他们遭受长生天的报复。蒙古人用三天时间攻下多瑙河港口城市佩斯，纵火烧毁多明我会修道院，杀害了一万名藏身于此的难民，"把大量被害者的尸体堆在河岸上"，恐吓对岸的人们。斯普利特的托马斯描述了这血腥的一幕，他说，有些蒙古人"用长矛刺穿小孩，扦成一串，挑在背后，就像挑着吐沫的鱼儿一样，在河堤边走来走去"。1242年夏，蒙古人暂时鼓动农民去种庄稼，但等到收割之后这些农民同样被杀。此时此刻，没有耶律楚材去建议课税而不是实行恐怖。

当然，越过匈牙利后，又是另外一个世界，和中国一样富庶。拔都已经下令侦察部队突袭奥地利。一部分侦察兵窜入维也纳森林，几乎看得见维也纳城了，却遭奥地利军队驱逐。在首都以南四十公里处的维纳·诺伊施塔特（"维也纳新城"），奥地利军队追上了蒙古侦察兵，并俘虏了八个人，其中一个就是作为译员的英格兰人罗伯特，他被当成叛教者接受审判。尽管罗伯特竭力配合以求活命，但却无济于事，最后落得抛尸野坟。

在整整四个月的时间里，蒙古人蹂躏了七个国家，把中欧军队打得落花流水，整个基督教世界都在瑟瑟发抖。"听，所有岛屿，所有信奉我主十字架的基督教信徒，披麻抹灰，含泪服丧，号啕大哭"，图林根（位于德国中部的一个州——译者注）伯爵给布洛涅（法国北部港口城市——译者注）公爵的信中如此写道，敦促双方团结起来进行反击。但很明显,团结一致纯属空谈。威尼斯商人已经在克里米亚与蒙古人结盟,他们拒绝提供援助。神圣罗马帝国皇帝腓特烈利用别剌的溃败,趁着他逃经奥地利的时候,侵占了匈牙利西部的一些地区。教皇格列高利的首要敌人不是蒙古人,而是皇帝腓特烈,于是,皇帝绝望地乞求英格兰的亨利三世出手相助,同时把求助信的副本散发到全欧洲,但却没人理会。教皇格列高利和皇帝腓特烈都向十字军发出了号召,结果也是石沉大海。

因此,有一点可以肯定,如果蒙古人将他们在匈牙利和波兰的可怕胜利进行到底的话,西欧也会羊入虎口。然而,"如果"却成了一个大问题,看上去似乎是他们没有努力一试。匈牙利及其草原之所以成为目标,是因为匈牙利平原就像一个青草资源的宝库,可以为蒙古骑兵提供动力"燃料",但是,一旦他们来到这里,就发现了一个问题。

平均每匹蒙古战马全年需要约四公顷草地来喂养(在英国,专家认为每匹马需要约1—1.5公顷草地。但是,在东欧和内亚的草原上,马儿必须忍受严冬,这就需要更多面积）。一支十五万人的军队，配备六十万匹马，如果它们想长久保持体力的话，就需要二万四千平方公里草地。在蒙古，这没有问题，但匈牙利大平原的面积仅有蒙古草原的二十分之一。速不台应该很快就认识到，匈牙利无法成为一个长期进行扩张、休养军力、供应补给的基地。

或许，随着蒙古部落向罗马和巴黎不断进军，他们会要求教皇和每个国王投降，当然，这不是某种主观意识所能决定的，但蒙古人却有一个更具说服力的理由离开这里。

12月上半月，窝阔台死了。正如在后面一章我们将看到的那样，继承权的争夺趋于激烈，导致整个帝国的命运悬而不决。成吉思汗的孙子、帝国部分区域的统治者、兵力雄厚的拔都，具有举足轻重的地位。1242年6月，他退出欧洲战场，返回伏尔加河的营地。那年夏天晚些时候，别剌从亚得里亚海岛屿上露面了，他发现，城镇被烧成一片废墟，腐尸七零八落，人们同类相食，他看不到一个蒙古人；欧洲莫名其妙地得救了，被弄得晕头转向。

The Foundations Secured

基业稳固

回到蒙古，窝阔台终日喝酒打猎，虚度光阴，步步走向生命的尽头，但这并非表明他是个糟糕透顶的人。他用心良苦，尽力赢取人心民意，不过，他放纵无度——滥赏礼物、昂贵的战争成本、名目繁多的苛捐杂税、无节制的豪饮狂喝。行政机构趋于瓦解。

耶律楚材竭力开导窝阔台，但蒙古同僚把楚材的政策看作一个阴谋，用他们的钱来充实大汗的腰包。窝阔台无可救药，楚材的改革使大量现钱突然涌入，导致他加倍肆意挥霍；他花钱支付军事战争，并投资给承诺高额回报的穆斯林商人。当窝阔台把中原征税权交给穆斯林"包税人"奥都剌合蛮的时候，楚材的工作就撞进了死胡同。奥都剌合蛮的亲信买断征税权，其结果是，他们横征暴敛，索取他们想得到的任何利益。他们成为服务蒙古人的放高利贷者，收取百分之百的年息（窝阔台曾满怀善意地禁止高税率），一场骗局开始恶性循环——穆斯林商人把窝阔台的钱以极高的利息借给不幸的农民，后者需要贷款以补偿纳税的损失，后果可想而知：人们背井离乡躲避征税官吏及其打手帮凶。有人估计，百分之五十的人口，要么居无定所，要么成为蒙古官员的奴隶。

从1230年代中期开始，纵酒滥饮让窝阔台逐步通往必死之路。他的幕僚们任命一位特别官员，去清点他用过的酒杯，试图控制他的饮酒量。表面上，酒杯数量是下降了，但这只是因为他用了容量更大的酒杯。

1241年12月，大汗参加年度冬猎，这是一件大事，为此，他树起一排长长的围栏，走完一圈需要两天的路程，把各种野生动物——主要是白尾鹿和狼群——聚拢起来。然后，在宠臣、穆斯林包税人奥都剌合蛮的陪伴下，窝阔台开始整晚畅饮。12月11日拂晓，他死了，终年五十五岁。《秘史》以窝阔台的自我评价结束对其统治的回顾，几乎可以肯定，这是经窝阔台本人默认——若非下令——而加进文本的。他的话模仿萨满巫师的语气，表现出对祖先的敬重；通过细说自己的功绩和罪过，表明对强大祖先——民族缔造者——精神的遵从。"登上大位"之后，窝阔台做了四件好事——攻打中原、建立驿站、开挖水井、为人民布施和平。但是，他也犯有四个过错，其中三个是强迫一段集体婚姻、暗害一位忠臣、筑墙围成一个私人猎区，这些听起来更像是罪行象征，而不是真罪。第四个最大过错是"让自己沉湎于酒中"。窝阔台没有让人把自己与父亲合葬在蒙古北部的圣山，而是葬在蒙古极西的私人领地，以示自惩自罚，或许，原因就在于他犯下了第四个过错。

两年后，耶律楚材也死了，有人说，为一个无法实现的理想奉献了近三十年之后，五十四岁的他心都碎了。

唆鲁禾帖尼，已经是蒙古腹地的一股势力，她从这些剧变中获得利益、学到东西。1236年，在窝阔台完全征服北中国两年后，她要求把河北的部分土地变成自己的"封地"——私人领地，理由是她的丈夫曾经征服过这些地方。与占有百姓相对，占有土地是蒙古文化中的新生事物，窝阔台犹豫不决，但是，正如拉施都丁写道，因为他"过去在国家大事上经常找她商量，不会对她的建议置之不理"，所以她心想事成，获得了财富和独立的基础。

唆鲁禾帖尼携二十一岁的儿子忽必烈去河北,看到了蒙古战争机器造成的巨大破坏:农田废弃荒芜,耕地杂草丛生,村庄杳无人烟,难民成群结队。根据金朝的记录,13世纪初的人口四千万左右,如今降至约一千万[1]。这个数据令人诧异,以致很多学者没有片面相信它。或许是家庭支离破碎,或许是数百万人口南逃,不管怎样,战争造成的社会后果是灾难性的。

唆鲁禾帖尼的封地在河北正定,在今天北京西南约二百公里的地方,比其他地区少受破坏,因为这里被授予一位投降成吉思汗的地方世侯了,所以许多蒙古人不能来此骚扰。农田上建起佛教的寺庙、宝塔和石像,无论今昔,此地位于华北大平原的西部边缘,肥沃的农地逐渐让位于在河谷间起伏的低山。唆鲁禾帖尼瞅准机会积累财富,她让自己的财产增值,然后通过资助佛教和道教拉拢属民,把税钱用在刀刃上。

同年,忽必烈从窝阔台那里收到一份私产——邢州,在他母亲封地以南一百公里处,户数一万。忽必烈太过年轻,对建立好政府兴味索然,听任地方官员为所欲为,其后果可以预料:苛税猛于虎,贪腐横行,精壮劳力逃走,赋税收入陡降。忽必烈震惊不已,下令改革,他选派新官员,修订税法,于是百姓回归,这使忽必烈在治理地方上领受了一次重要的教训。

---

[1] 这个情况有点糟糕,但也许不完全那么糟糕。1234年,蒙古政府首次进行户口普查统计,这个人口数字来源于户数:从七百六十万户锐减至一百七十万户。但是,一户有多少人口呢?也许,由于战乱,一家家庭遭遇破坏,统计的只是幸存人口。也许,因难民激增,蒙古时期汉地家庭户的规模大于金代汉地家庭户。也许,北中国减少的人口只有——只有!——百分之五十。

忽必烈感到还有很多东西要学。在未来几年中，帝国近乎分裂，他却聘用了一个由多位汉人谋士组成的智囊团，他们中多数人共享宗教和知识的乐趣，所有人都准备为新主公服务，出谋划策，在中国三大传统信仰——佛教、道教、儒学——中寻找出路，希望把蒙古统治者塑造成贤明的中国统治者。忽必烈迈出了非常了不起的一步，因为他跨过了一道语言和文化的鸿沟。他不太会说汉语，汉人也极少能说蒙古语，所有的交流都要通过译员。

在这些谋士中，有三个人特别重要。

第一位是佛教徒海云禅师，从小就以神童著称。他说，在七岁的时候，已经读完了孔子的书，但发现自己仍然没有想通乐与悲的问题，因此他转向佛教，在九岁时受戒。1219年，蒙古人攻占今甘肃省会兰州时，发现十六岁的海云与他师父一起游荡，但在烧杀劫掠中很不起眼。一位蒙古将领问他们是否害怕被军队所杀，海云反倒是平心静气地回答，他们相信这些入侵者能提供保护。经略中原的统帅木华黎对此印象深刻，把这对师徒引荐给成吉思汗。不久以后，师父圆寂，徒弟在耶律楚材的大力扶持下，升任几大寺庙的住持。1242年，忽必烈在哈剌和林接见海云，询问佛教、道教、儒学这三教中，哪个地位最高。海云答道，佛教能为君主提供最好的指导，帮他提升品德、减轻苦难、抵制妄念、接纳良言、避免奢侈、分辨是非。

海云向忽必烈推荐了另一位佛教徒刘秉忠，同时也是一位画家、书法家、诗人、数学家；这位多才多艺的人物曾投身于著名的道教派别全真道——成吉思汗还特意宣召该派掌教人长春子直奔阿富汗。后来，刘皈依佛教，但没有失去对道教和儒学的兴趣。当海云回北京主管自己的寺庙时，刘秉忠继续留在忽必烈身边充当幕僚，献身于"依据儒家原则修订蒙古制度的理想"[1]。

第三位谋士叫姚枢，1235年就加入窝阔台的幕僚，随失吉忽秃忽奔袭宋朝边境，其间，他也竭力阻止蒙古军的暴行。后来，他在北京帮助建立一个儒家学术机构。因不满蒙古行政官员所为，姚枢退隐乡野达十年之久，直到1251年，忽必烈请他出山，并邀至哈剌和林。姚枢成为忽必烈次子真金——也是嗣子，时年八岁——的导师，这样，一位贴身的儒士可以为忽必烈提供实用的建议。

忽必烈也雇用其他族群的人，因为他希望平衡过去和未来、地方利益和帝国利益。在给政府建言献策方面，他有汉人团队；在军事事务上，他依靠蒙古人；而译员和秘书又是突厥人。这个群体庞大而多样，出人意料——共有二十多人，为了政治平衡而精心挑选出来的影子内阁，仿佛说明，忽必烈正在为自己谋就比治理地方更大的事业。

戈壁以北，没有一致赞同的继承人。窝阔台曾指定爱孙失烈门为储君，以发泄对儿子贵由的怨恨，但是，窝阔台的遗孀脱列哥那接管了政权，在她的统治下，帝国险些崩溃。她无视丈夫的遗愿，着手让贵由登上汗位，但贵由从不受人欢迎：体

---

[1] 陈学霖：《刘秉忠》，收入罗依果《为大汗服务：蒙元初期的著名人物（1200—1300）》，德国威斯巴登：哈拉索维茨出版社，1993年。

弱多病，酗酒成性，喜怒无常，多疑猜忌，面无笑容。但是，脱列哥那是个固执的女人，她强词夺理并施以礼物，说服了多数家族成员。然而，术赤之子拔都并不买账，他托辞患有痛风，拒绝参加忽里台——选举下任大汗的诸王大聚会。此事耽搁了五年，其间，脱列哥那不断通过阴谋和贿赂，为她儿子寻求支持。

汗位之争使帝国面临分裂的威胁，诸王私自立法，改变了成吉思汗亲自定下的规矩。成吉思汗的幼弟、如今已年过七旬的帖木格竟敢提出，作为政界元老，即使没有召集大聚会，他也应该被推举为大汗——过不了多久，他就要为此付出代价。局势一片混乱，直到唆鲁禾帖尼——谨小慎微地克制自己，不私发旨令——出来支持贵由，使脱列哥那在诸王中赢得微弱但意义重大的多数。脱列哥那终于可以安排大聚会了，1245年春，大会召开，身患痛风的拔都也派他哥哥代表自己参加。

忽里台仍是帝国最大的事情。正如志费尼所述，哈剌和林成为展示新生权力和财富的舞台。数百显贵从帝国的各个角落赶来：为数最多的是散布各地的成吉思汗系后裔——儿子孙子、堂表侄甥。这些天潢贵胄参加为期数周的大会，而各地首领对他们极尽阿谀奉承之能事。首领们来自北中国、朝鲜半岛、俄罗斯、匈牙利、中东、阿塞拜疆、土耳其、格鲁吉亚、叙利亚，甚至是尚未征服的巴格达，他们齐聚一处，创造了一座扎有两千帐篷的卫星城市。意大利修道士约翰·普兰诺·卡尔平尼也刚刚到达，他忙着从说拉丁语和法语的长住民中搜集内部情报。宴饮持续了一周，诸王勉为其难地推举贵由继承汗位，在三次例行推辞后，贵由接受汗位。

8月，在哈剌和林附近举行贵由的加冕典礼。各路附庸和蒙古精英的贡物汇集于此，丝绸、天鹅绒、锦缎、金银和毛皮，足足装了五百车，陈列在举行加冕礼的贵由的斡耳朵——多根金色圆木柱撑起的黄毡大宫帐——内外。贵由头戴皇冠，身靠御座，这是一张由俄罗斯金匠所造、镶饰着黄金的象牙宝座。正是唆鲁禾帖尼看管这批巨额财宝，并负责分发给每个人，从成吉思汗那些白发苍苍的伙伴到万户长，再到一群十户长，从苏丹到低级官员，以及所有这些人的家属。

贵由和脱列哥那召集诸王，一起威逼他们立誓，汗位将属于窝阔台一系；实际上，这违背了成吉思汗本人的意愿，他明确提到，如果窝阔台后裔不适合统治，那么，诸王将从其他一系的子孙中选举大汗（如果《秘史》是后来编写的，那么，这个说法应该是被实际继承人蒙哥加进去的）。唆鲁禾帖尼无意让蒙哥出风头，因为现在正处于危险时刻。成吉思汗年迈的弟弟帖木格因谋求汗位而被处死。成吉思汗的弟弟！被处死！很多年前，这是不可想象的事情。

接着，丑闻使这个家庭面临撕裂的威胁。脱列哥那雇用了一位叫法迪玛的女穆斯林，此人之前作为俘虏被带到哈剌和林，她在那里干起了拉皮条的勾当。不知何故，法迪玛逐渐钻进脱列哥那的家内，成了太后的密友和心腹，一位女性拉斯普廷（Rasputin, 1869—1916, 俄国农民"神医"，年轻时是个无赖，被人称为"拉斯普廷"，意为淫逸放荡。传闻他拥有催眠术和预言的神力，后来因给皇太子医病而成为沙皇尼古拉二世和皇后的宠臣，干预朝政，最终被贵族集团谋杀。1996年有同名电影上映——译者注）。她对太后的私心和朝廷的勾心斗角了如指掌，从而能过多地影响朝政，她的话就是金科玉律，高层人士也不得不卑躬屈膝，同时又对她恨之入骨，祈盼她遭到报应。贵由继位后不久，其弟阔端卧病，有人认为是法迪玛对阔端施行妖术。贵由全力扭转危局，他从母亲手中索要了法迪玛，控诉并拷问她，直到她认罪，然后让她可怕地死去，但又赐予她上流社会的荣誉——不流血而死。志费尼描写道："她全身上下的通气孔都被缝住了，裹在一张毛毯中，扔进河里。"母子冲突侵蚀了建立可靠统治的基石。

与此同时，拔都在干吗呢？他率领一支小部队仍在缓慢通过中亚。贵由怀疑拔都不是前来归顺，而是发动进攻，于是集合自己的军队向西进发，意欲反击。这些工作花了数月时间，为唆鲁禾帖尼开启机会之窗，使她能够做出最关键的干预——这是一个充满危机的艰难决定。一旦被发现，那就前功尽弃——数年的等待、苦心经营的人际网、对儿子们的希望。唆鲁禾帖尼想起了亡夫和拔都之父术赤的手足之情，她给拔都送去密信，提醒他，贵由正在备战。拔都严阵以待，但事实证明，已无必要。1248年4月，两军实际上正沿巴尔喀什湖摆出开战架势，一向体弱的贵由因行军而精疲力尽，突然死去；他可能是中毒而死，可能是战死，但最有可能的是病死。

拔都满足于在南俄建立自己的帝国，没有兴趣去竞争新大汗之位。他欠唆鲁禾帖尼一个人情，所以，他立刻在军中召开王公大会，倡议唆鲁禾帖尼的长子蒙哥继承汗位。

回头看看蒙古故地。贵由的儿子们太小而不能实行统治，他的遗孀被各种事件压得喘不过气来，只能与萨满巫师们闭门商谈对策。帝国又一次群龙无首。地方统治者只顾自己，从百姓身上榨取民脂民膏，动用邮传体系谋取私利。人们记得成吉思汗的话：如果窝阔台后裔不称职，那么，应该从成吉思汗其他三子的后人中选出新大汗。其他三子中的两位是术赤（死于二十多年前）和察合台，他们的领地实在太远，所以他们的子孙无缘染指汗位。剩下的就是成吉思汗幼子拖雷和他遗孀唆鲁禾帖尼的孩子，即她的四个儿子：蒙哥、忽必烈、旭烈兀、阿里不哥，这些名字占据了本书余下部分的多数篇幅。

现在，唆鲁禾帖尼终于可以为了自己的利益而出击了，她已经六十多岁了，这是她最后的机会。她拥有很多有利条件：权力基础、金钱财富、受人尊重、影响力。朝廷因法迪玛事件而陷入分裂。唆鲁禾帖尼还有一个优势，贵由的后人是成吉思汗的曾孙辈，而她自己的孩子是成吉思汗的孙辈，代际上更接近这位伟人。年近四十的蒙哥完全具备资格，他曾率蒙古军西征欧洲，在莫希平原之战中大败匈牙利人，三个年轻的弟弟也是经验丰富的将领。当帝国重新履行神赐使命——把蒙古统治强加于世界——的时候，他们将成为关键人物。

到了1250年，汗位之争差不多快结束了。竞争者一起来到拔都营地，听到拔都再次要求选举蒙哥，但拔都营地不适合召集大会。于是，1251年夏，第二次大会在传统地点曲雕阿兰召开，确定选举结果。仿佛是一场总统选举的总结陈词，蒙哥完全表现出了慷慨大度，他与先前那些对头及其家庭握手言和、友好相待。这一招会奏效，但要等到暴力时代最具破坏性的可耻事件发生之后。

这一幕发生在曲雕阿兰诸王大会期间。一位养鹰人丢失了一匹自己喜爱的雌骆驼,于是开始骑着马到处寻找。找了两三天,他偶然遇见了一支军队,并注意到一辆装满兵器的车子。他与士兵们攀谈起来,发现这是一个阴谋,有人想趁所有人在宴饮时袭击蒙哥。养鹰人找到了骆驼,飞奔回来,闯入宴席,把这个消息告诉新君王。蒙哥派出三千人的小股部队前去打探,他们发现叛军属于贵由之子失烈门(原文有误,失烈门并非贵由之子,而是贵由兄弟之子——译者注)——曾是受宠的窝阔台汗位继承人。叛军将领们被押到蒙哥面前,经过三天的审讯,蒙哥认定他们是意欲谋反的叛徒。接踵而来的是更多的逮捕、招供、流放和处决——砍头、踩踏、自杀。从1251年底到1252年初,大清洗波及了遥远的阿富汗和伊拉克,蒙哥委派的主审官忙哥撒儿操控一切,他曾在成吉思汗之父、成吉思汗和拖雷身边当差,此时更是残忍无情、生杀予夺。这是恐怖的流血事件,大概有三百人遇害，以大屠杀的标准来衡量，不算多，但这些都是精英集团成员，且人人皆相识。

现在，帝国重新统一，为了印证这种统一，帝国即将发动一场前所未见的对外扩张运动，当然，它是一件规模宏大的家务事。旭烈兀向西挺进，经过伊斯兰世界到达地中海；蒙哥本人和忽必烈着手最后征服中国南方的宋王朝；相比之下，第三个方向的进军规模较小，目标是吞并朝鲜半岛。

1252年初，她儿子发动的大清洗仍在进行，七十岁的唆鲁禾帖尼却死了，她被安葬于甘肃省张掖一所基督教堂的西面，后来，她成为人们狂热崇拜的偶像，至今仍有人记起她。她死时明白，她的夙愿已经实现，拖雷系取代窝阔台系继承汗位。她的长子是大汗，两位弟弟是高级将领，帝国稳固了，成吉思汗的梦想又一次进入践行阶段；不久以后，这些转变促使忽必烈走向汗位，并筑成现代中国的基础。

Part III
Kublai

第三部分
忽必烈

Kublai faced a much vaster porblem: namely how to combine steppe-land with town and farmland, nomadism with settled cultures, the few with the many. Besides, he also had to take into account Muslims. His response was to make it up as he went along, sometimes finding solutions in the practices of previous dynasties, sometimes devising his own. Over thirty years, he created a form of government that owed much to China, but was also uniquely complex and cosmopolitan.

忽必烈面临着一个更大的问题：怎样把草原与城镇农田、游牧生活与定居文化、少数与多数整合起来。另外，他也必须顾及颇为关键的穆斯林团体。忽必烈应对上述局面的态度就是在施政过程中融合彼此，他有时从前代王朝的实践中寻找方法，有时就自己想办法。在三十多年中，他创造出一种政府形式，这种政府更多地带有中国色彩，但也独具复杂的世界主义性质。

Westwards Again: Conquest and Defeat

再度向西：征服和挫败

1252年，蒙古人准备西征，攻占伊斯兰世界及更多地区，他们知道自己在做什么，因为三十多年前的成吉思汗时代已经有了一个良好的开端。这是由旭烈兀统帅的强大军队，十五名指挥官各领一支万人队，总兵力为十万至十五万，每名士兵照例配有多匹战马，以便提供替班坐骑和肉食。北中国承担武器供应的重任，其中最好的攻城武器是由一千名火炮能手操作的牵引抛石机，它们能把岩石和"震天雷"抛出一百米或更远。先头部队骑行在前开路，确保获得牧场，成群的母马聚拢在行军沿线，可以产出马奶酿制阿剌吉。当先头部队最终向西攻击前进一年后，工程兵抢在主力大军到来之前修理桥梁、建立渡口。

很多书上都说，蒙古式行军是一场暴雨、一股旋风，恰似一种新的自然力，事实上，这回西征既是一次军事入侵，也是一次人口迁移。全军人员要实现自给自足，这是有可能的，因为西进之路是一条不规则的草地走廊，正好与匈牙利平原相对。草地就是动力"燃料"，正如约翰·马森·史密斯（John Masson Smith）所指出的："蒙古人的挥军远征和蒙古帝国的异常辽阔，很大程度上归功于巨大后勤优势提供的产品。"[1]

这项西征事业的与众不同之处在于，很多士兵携家庭同行，而每个家庭平均也会饲养三十只羊。这是一个流动的国家，占领者和移民加起来可能超过二十五万人，还有数量逾百万的马和羊，所有牲口广泛散布开来，以免过度放牧。大军每天向西行进数公里，与其说是一场风暴，倒不如说是一股潮流，一个宽约

---

[1] 《阿音札鲁德：马穆鲁克的胜利还是蒙古人的失败？》，《哈佛亚洲研究学刊》，第44卷第2期（1984年12月）。

十二公里的漂流人潮。再考虑一下需水量，每天在三百万加仑以上，只要有一条洪水期的大江大河就很容易供应。但是，当青草耗尽、牧场枯竭、河流缩水的时候，该怎么办呢？蒙古人终将发现，他们的行程会受到十分严峻的生态局限。

除了履行天命之外，蒙哥发动西征还有另一个动机。据传，一群刺客正从波斯赶来，但没有人记下这些杀手的行踪。不过，必须认真对待这个威胁，因为他们不是简单的刺客（assassin，首字母小写），而是最初的阿撒辛派（Assassin，首字母大写），一个历时悠久且臭名昭著的危险组织，伊斯兰世界以此称之，表示该组织具有为政治宗教目的而从事谋杀的极端思想。

这个事情可追根溯源至伊斯兰教的教派之争。先知穆罕默德去世后不久，教义基于先知及其继承人言行的逊尼派，与声称政治权威源于穆罕默德女婿阿里的什叶派（阿里什叶，即阿里派）互相争斗。尤其是什叶派，更是不断分化，派中有派，其中一派叫亦思马因派，宣称，第六代教长的儿子、被剥夺继承权的亦思马因真正代表了来自穆罕默德的权力谱系。为了反抗逊尼派的镇压，亦思马因派构筑一张地下巢穴网，并建立一个低级支派——崇拜被杀的埃及王子尼扎尔。11世纪下半叶，什叶派下亦思马因派的尼扎尔支派占据了令人生畏的阿剌模忒堡，该堡高耸在里海南部厄尔布尔士山上。

阿剌模忒是一处天然堡垒中的堡垒，位于一座山峰上，山峰往下数百英尺是唯一一条进山小路，而小路本身只能通过一个峡谷的两端才能进入。尼扎尔支派的首领哈散打算立足于这个完美的基地，建立一个尼扎尔国。哈散还掠取其他山顶堡垒，形成坚不可摧的力量基地，以此来发动一场恶性战争，依靠顽固的极端分子通过谋杀去夺取统治权。不久，世人就听说了由哈散手下的年轻狂热信徒构成的阿撒辛派，因为某些讲阿拉伯语的人称尼扎尔支派为哈希什亚（hashishiyya）——吸食大麻者。但事实并非如此。大麻广为人知，不是尼扎尔支派的秘密，所以更有可能的是，这个词实为一种侮辱，用在一个受人鄙视又令人畏惧的组织身上。为哈散献身的人整装待发，伊斯兰世界境内的大小首领们生活在恐怖之中。恐怖激起了反恐怖，但无济于事，结果：双方达成和平共存的协议，当然，也伴随着偶然的暗杀和复仇未遂。到了1219年，蒙古人攻打邻近的花剌子模时，阿撒辛派仍然存在于许多不同的堡垒之中。

但是，阿撒辛派缺乏明智的领导人物。如今的伊玛目阿老丁，只有三十多岁，但已经被孤独和滥饮逼疯，所有人都要不加指摘地服从他，而他十来岁的儿子鲁克奴丁显然是个例外。出于对父亲喝醉后发酒疯的惊恐，鲁克奴丁坚信，活下来的唯一希望在于从父亲那里夺得继承权。1255年11月，阿老丁走到附近一处山谷，貌似去查看羊群，有天晚上，一名闯入者用斧头砍下了他的脑袋。没等审问，凶手自己就被一位不明身份的持斧者斩首了，可以推测，凶手或许会牵连鲁克奴丁。这样，鲁克奴丁成为同样不足胜任的新首领。

只经过多次支吾搪塞，甚至未曾一战，鲁克奴丁便决定亲自向蒙古人投降。旭烈兀对他相待如宾，因为如果鲁克奴丁受到礼遇，那么他会劝说其他首领放弃抵抗，省得蒙古人去费力攻打一个又一个的堡垒。这一招奏效了：就连阿剌模式在内的多数阿撒辛派堡垒都开门投降。

既然鲁克奴丁已经人尽其用，那么，不能再让他存活于世了，因为阿撒辛派要么抗拒蒙古人，要么迟迟不肯屈服。约有一万二千名尼扎尔支派精英被杀。鲁克奴丁要求亲自去哈剌和林觐见蒙哥，这就等于给自己签署了死刑执行令。他一路上被人押解，穿过中亚来到蒙哥驻地，蒙哥却让他回去毁掉自己的堡垒。在返回途中，蒙古押送人员把鲁克奴丁一伙叫到一旁，引剑刺死他的同伴，将他踢成肉酱——毕竟，他仍是一位首领，因此赐予他不流血而死的荣耀。

这不是怪异教派的最终结局。自1103年起，阿撒辛派衍生出一个阿拉伯分支，他们攻击突厥人、埃及统治者、十字军（偶尔也会与之合作）。他们最让人生畏的首领叫拉希德丁·锡南，十字军称他为"山之长老"，后来这个称呼笼统地指代任意一位阿撒辛派首领，直至其毁灭为止。1273年，叙利亚阿撒辛派受到埃及苏丹的威胁，暗杀行为终告结束。

那是阿撒辛派而不是整个尼扎尔支派的最终归宿。在19世纪中叶的波斯，尼扎尔支派伊玛目被任命为库姆（伊朗西北部城市——译者注）总督，并获新称号"阿迦汗"，从那时起便世袭相传。阿迦汗率领教派和家族进入阿富汗，与英国人结盟，后定居孟买，在那里待了三十年，重聚财富，饲养赛马。现任伊玛目是受过哈佛大学教育的阿迦汗四世，他常驻巴黎附近，通过瑞士的阿迦汗基金会，对拥有一千五百万成员——分散在各地——的尼扎尔共同体提供援助；对于一个因极端暴力而差点导致灭绝的教派来说，这样的结局令人感叹。

随着阿撒辛派问题的解决，蒙古人把矛头转向伊斯兰世界的其余地区：阿拔斯王朝哈里发辖地及其中心巴格达。这里有蒙古人未竟之事业，1238年，他们曾试图攻占该地，但遭失败。

从某种意义上讲，旭烈兀有一个容易得手的目标。阿拔斯王朝哈里发已是强弩之末，无数教派和族群将帝国肢解，内讧不断。突厥人攻打波斯人，同时又各自攻打阿拉伯人。叙利亚人对近五百年前阿拔斯王朝的征服仍旧愤愤不平，盼望有救世主来解放他们。往东，是丝绸之路上的花剌子模大城——布哈拉、撒马尔罕、玉龙杰赤、梅尔夫，自1219—1222年蒙古人入侵后就变成了一片废墟。在中心地区，阿拔斯王朝的皇室后裔骄奢淫逸，虚弱不堪。情况与正在落入蛮族手中的罗马帝国非常相似，正如菲利普·希提（Philip Hitti）在《阿拉伯史》中所说的："当盗贼破门而入的时候，这个病夫已经处于垂死之际。"

1257年9月，旭烈兀从厄尔布尔士山出发，开始四百公里的行军，他遣使捎信给巴格达，要求哈里发谟斯塔辛投降，并拆除城市外墙以示诚意。哈里发是个死气沉沉的人，他的前任都是傀儡，任由主人塞尔柱突厥人——从内亚长期迁徙至土耳其——摆布，而他只是希望，这次蒙古威胁能像塞尔柱威胁那样快点过去，毕竟，他是整个伊斯兰世界的精神领袖；安拉肯定站在他这边。"哦，年轻人，"他恫吓道，"从东方到马格里布（Maghreb，指北非埃及以西地区，包括今利比亚、突尼斯、阿尔及利亚、摩洛哥等国——译者注），所有崇拜安拉的人，无论是国王还是乞丐，都是我这个朝廷的奴仆，你难道不知道吗？"事实证明，这是一句空口白话，就连一个乞丐——更不用说一个国王——也没有来帮助这位哈里发。

11月，蒙古军留下家属和畜群，开始从数百公里外的地方朝巴格达进军，为时两个月。他们三路并进：北路、东路、旭烈兀自统中路。旭烈兀军沿艾勒旺德河从伊朗高地而下，途中他命令炮队搜集一车车巨石作为弹药，因为众所周知，巴格达周围没有石头。这里也没有对手。驻扎在巴古拜——在巴格达东北六十公里处——附近低洼地的一支穆斯林军队就遭受了惨败，当时，蒙古人挖开灌溉渠，水淹敌军，然后逼近在水中挣扎的穆斯林步兵；这些士兵拼命从泥浆水中逃生，但仍有一万二千人被杀。为合围巴格达城，各路蒙古军会师于泰西封，该城是一座废弃多年的古都，位于巴格达以南三十公里处的底格里斯河滨。蒙古军的目标是夺取巴格达的城东新区，那里坐落着阿拔斯皇宫、法律学校和一百五十年的城墙，还有两座桥梁——横跨在河上的浮桥。

双方互通信使，哈里发依然信心十足。阿拔斯家族已经掌权五百年，哈里发在信中说，她"根基坚固，每次都是迎风挺拔，岿然不动"。眼下旭烈兀要回到军中，哈里发可能并未在意自己的冒犯行为，旭烈兀听到信中这段话时，哈哈大笑："如果长生天以我为友，那我何惧这个哈里发呢？"

到了1月22日，巴格达被团团围住。底格里斯河上游被浮桥堵塞，下游驻守着一支蒙古骑兵部队，所以逃跑是不可能的。一周后总攻开始。蒙古军使用的弹射器是一种巨型机械，叫配重式抛石机——将在以后的战争中发挥重大作用，它们发射的岩石把城墙轰成数块，底下尽是碎石破砖。为了占据更有利的地形，蒙古人堆砌碎石破砖建成塔楼，把弹射器拉到塔楼上，更精确地瞄准城内建筑物。蒙古人的箭矢连绵如雨、铺天盖地，迫使城内居民不敢抬头，随后，一颗颗巨石砸碎了屋顶，一罐罐燃烧的石脑油点燃了房子。至2月3日，蒙古军占领东面城墙。

哈里发顿时吓瘫在地，马上遣使求和。使者中有一位城市大主教、基督徒首领，希望通过旭烈兀的妻子脱古思求情。脱古思是信奉聂斯脱利派的克烈部公主、脱里的孙女、旭烈兀母亲唆鲁禾帖尼的亲人（实际上，脱古思嫁给了旭烈兀的父亲拖雷，但这段婚姻没有走到底，拖雷当时只有十岁。因此，脱古思告别了他，最终却嫁给了一位更年轻的丈夫——拖雷的儿子、事实上也是她的继子旭烈兀。他们没有生育子嗣，但旭烈兀非常尊重脱古思的意见）。大主教的部分请求得到应允。蒙古人向城内飞箭传书，旭烈兀许诺，卡迪（法官）、学者、宗教首领，包括聂斯脱利派教徒在内，只要停止抵抗即可全部免死。哈里发接二连三地求和，未果，他的大臣建议投降。

哈里发动摇了，城内军心涣散，数千人喷涌而出，希望得到宽恕，但是，因为不允许投降，所以他们全部被杀，此时很多人仍然躲在各个角落里。当另外一群高官显贵正在恳求特赦时，一支箭突然射中了一位蒙古统兵官的眼睛，旭烈兀勃然大怒，处死了这批高官显贵，并命令立刻攻下城市。

2月10日，哈里发带领随行的三百名官员和亲属到旭烈兀大营中投降。旭烈兀客气地迎接哈里发，让他宣谕城中居民放下武器、走出城市——城民们照办了；不料，他们发现自己身陷囹圄，就要像羊群一样被宰杀，理由是他们一直在抵抗蒙古人。文献记载说有八十万人被杀。所有数字还是一如既往地颇受怀疑，但是，蒙古人习惯于集体处决，所以他们完全有能力进行这样的屠杀。难怪今天穆斯林重提往事时，把巴格达沦陷看成是蒙古人反对其宗教和人民的滔天大罪之一。

三天后，蒙古人侵入城市，几乎将它全部焚毁。然而，聂斯脱利派教徒得以幸存，甚至获利不少，这都要归功于旭烈兀的妻子脱古思。她的崇高声望源于自己的聪明睿智和对信仰的坚决捍卫，最明显的表现是，她无论走到哪里，都运载着一个帐篷教堂。因此，当脱古思为巴格达基督徒说情时，旭烈兀言听计从。巴格达在基督徒面前燃起大火，而他们却跟随主教安身于一个基督教堂内。

为给自己的胜利锦上添花，旭烈兀打算举行一次辱人仪式。他占用哈里发的八角宫，筹办宴会，并邀请了那位阶下囚。

"你是主人，我们是客人，"旭烈兀奚落道，"把你那些对我们有用的东西拿出来吧。"

哈里发害怕得浑身发抖，自愿打开藏宝室，侍者拿出了二千件衣服、一万第纳尔（Dinar, 伊拉克等国的货币单位——译者注）现金、镶嵌珠宝的碗、大量宝石，旭烈兀把所有东西都分给了将官们。

然后，转向哈里发，现在，他说："告诉我的仆人，你'埋藏'的财宝在哪里？"

确实有一批埋藏的财宝，或许旭烈兀已经知道：有一个藏满金锭的水池——被掘开分掉；还有后宫的七百佳丽和一千奴婢。

翌日，从宫殿其余地方查出来的所有财产——五百二十五年间搜集起来的皇家艺术珍品——在大门前积成数堆。一部分战利品运回蒙古交给蒙哥。据拉施都丁所述，余下的战利品，加上从阿剌模式、其他阿撒辛派堡垒、格鲁吉亚、亚美尼亚和伊朗掠来的财物，全部运往乌鲁米耶湖——伊朗西北角的盐水湖——夏希岛上的一座堡垒。据推测，1265年，这些东西随同旭烈兀本人一起埋于岛上（现在，由于湖泊不断缩水，它已经不是一个岛了。陵墓和财宝——如果存在——从未被发现）。

最后，城市里尸臭难闻，旭烈兀遂下令停止杀戮和抢劫。

当然，还要执行一次死刑：哈里发本人及其剩下的随从在附近村庄被杀，唯有他的幼子被豁免。这位幼子入赘给一个蒙古女人，生下两个儿子。这就是阿拔斯皇室的结局，整个伊斯兰世界没有了宗教领袖，这在历史上还是第一次。

如今，和平来临，尸体被埋，市场恢复，官员赴任，重建开始；剩余地区仍有战事。多数城镇开门投诚，有些地方没这么做，结果一如既往：离巴格达东南十五公里的瓦西特，据文献记载，四万人死亡。整个地区都是旭烈兀的了。

作为一个新王朝的缔造者和领袖，旭烈兀依然遵从居于蒙古的兄长蒙哥，他自称伊利汗，意为"从属的"或"顺从的"汗。这就是伊利汗国，代表了蒙古在伊斯兰世界的统治，直到七十七年后灭亡为止。

巴格达沦陷后，旭烈兀统治着从阿富汗到波斯湾的地域。

叙利亚、埃及，蒙古人所知的某些地方，却未入彀中。

此时叙利亚国土分裂，海岸地带混布着十字军国家，一个阿拉伯王朝统治着内陆的阿勒颇和大马士革。基督徒迅速与旭烈兀结盟，他们把旭烈兀的反穆斯林战争看成他们自己十字军的扩张。旭烈兀总是横眉冷对穆斯林，而为了他年长的基督徒妻子，却宽待基督教盟友。一个统治迪亚巴克尔——今土耳其东南部城市——的埃米尔，心胸狭窄，钉死了一位持蒙古通行证旅行的基督教牧师，这就惹下了大祸。当西征序幕拉开之时，蒙古人攻占这个埃米尔的大本营，俘获了他，并处以"杀千刀"之刑，切下他的肉，塞满他的嘴巴，然后砍去他的头颅，这种酷刑成为加速战争进程的一大法宝。蒙古军渡过幼发拉底河，1260年1月，占领阿勒颇，屠城六日，并把这些土地授予十字军国王博希蒙六世。霍姆斯和哈马二城投降了。大马士革的苏丹弃城逃往埃及，蒙古大将怯的花——不是蒙古人而是乃蛮人——亲自斩获该城长官的首级。基督徒欢呼雀跃，钟声响起，美酒流淌，清真寺重新成为基督教礼拜堂。穆斯林长达六个世纪的独尊地位似乎到头了。随后，蒙古人向南转进至纳布卢斯（位于巴勒斯坦地区，现被以色列占领——译者注），守军因抵抗而全部被歼，他们一直在使用叙利亚边陲的优良牧场。

现在，最后剩下埃及了。埃及的穆斯林领导层是突厥化的马穆鲁克人（意为服从的），奴隶出身的统治者，九年前他们才通过谋杀夺取政权，因此他们不会投降。

就在这个节骨眼上，从蒙古传来的事件消息改变了一切。1259年8月，蒙哥去世，详情请见第十四章。诸王大会待定，旭烈兀班师新故乡波斯，他带走了三分之二的西征兵力，留下怯的不花指挥剩下的二万蒙古军。

现任埃及苏丹忽秃思正在做一件看似愚蠢的事情，不过，他曾经是蒙古人的俘虏，知道自己在做什么，而事实证明他聪明至极。当旭烈兀派人要求他投降时，忽秃思砍掉了使者的脑袋。对蒙古人来说，除了坚决进攻已无更好的打算。

忽秃思的行为可能是故意挑衅，因为他非常清楚，旭烈兀的离去削弱了蒙古兵力，他们快撑不下去了，现在是打击蒙古军的最佳时机。5月的叙利亚，主要河流水位下降，牧场枯萎，蒙古战马之所以还有吃有喝，只是因为三分之二的马匹离开此地回家了。蒙古人很快就明白了在这些地区作战的一个基本道理，正如约翰·马森·史密斯所说："任何一支军队，如果很少花心思去获得充足的牧场和水源，那么，他们就没有太多的机会去战胜马穆鲁克人。"一位明智的将领可能会三思而行，但是，面对自己的使臣被害，蒙古人除了战斗别无选择，这（也许）正中忽秃思下怀。

1260年7月，一支由一万五千至二万人组成的马穆鲁克军队——兵力等于或稍少于蒙古军（没人知道确切数字）——从埃及出发前往巴勒斯坦。这支军队与蒙古军完全是不同类型的。由于埃及有限的牧场资源，平均每位马穆鲁克士兵仅有一匹马，但它们被养得很好，比瘦小的蒙古战马更大更强壮。马穆鲁克人仰仗的是武器优势而不是机动性：优质的良弓、无数的箭矢、长矛、标枪、利剑、战斧、钉头锤和匕首。另外，马穆鲁克人被赋予身体优势，而蒙古人是普通的平民士兵，只要能以自己的方式选择参战就很不错了。

这一回，他们却没得选。双方的战斗地点叫阿音札鲁德（Ain Jalut，歌利亚之源）（Goliath，《旧约圣经》里的巨人——译者注），此地是耶斯列峡谷的尽头，背靠弯曲荒凉的基利波山，据称，大卫就是在此向歌利亚投去致命的石头。没有关于这场战斗的详实记录，但根据一份可能是最靠谱的资料所述（来自Sarim al-Din的口述，Peter Thorau对此有评论，参阅《阿音札鲁德之战再探》，收入Peter Edbury编：《十字军和殖民》），1260年9月3日清晨，忽秃思从阿卡（以色列北部城市——译者注）出发行进五十公里后到达阿音札鲁德，之所以选择该地是因为这里有长满树木的山脊和充足的水源供应。忽秃思身后是基利波山和初升的旭日，他把一些部队分散到附近山脊，埋伏于树林底下，剩余兵力部署在山脚。蒙古人从约旦来到山脊周围，就在他们缓慢行进时，马穆鲁克人突然出现了，蒙古兵擂起战鼓，发出骇人的响声。太迟了，蒙古人被阳光逼得睁不开眼，并发现敌人比他们智胜一筹。在基利波山的侧谷中，马穆鲁克人伏兵四起，士气高昂、装备精良的马穆鲁克骑兵队把精疲力竭、元气大伤的蒙古人团团围住。两位在蒙古军中服役的马穆鲁克将领叛逃，进一步削弱了蒙古人的战斗力。

蒙古人几乎全军覆没。据一段文献记载，怯的不花悲壮地战斗到最后一刻，他激励手下死战，直到自己的战马倒下为止，他本人被抓后押到忽秃思面前。怯的不花拒绝向忽秃思低头，高调宣称，身为大汗的臣仆，他深感自豪："我不像你，弑主篡位的乱臣贼子！"说完即被枭首。

向西推进的蒙古战争机器最终在此失去动力，而这里就是今天的约旦河西岸地区。蒙古人毕竟不是天下无敌。后来，他们数次攻打叙利亚，但都没有控制它，因为，一旦离开了优良牧场，他们就丧失了天然优势。成吉思汗征服世界的梦想屡屡受挫，第一次在北印度，然后在匈牙利，如今在中东。

然而，在中国，仍有一些地域需要蒙古人去征服。

The Taking of Yunnan

略取云南

在欧亚大陆的另一端，忽必烈成为他兄长蒙哥的名誉代表。在汉人谋士的辅佐下，忽必烈是当之无愧的。1252年，他请求兄长扩大他在北中国的职权。提出这样的要求是基于一个充分的战略原因——确保各地蒙古占领军的后勤补给。他看中了黄河及其支流沿岸的富饶农田，它们分布在今天的陕西与河南两省，大概位于古都西安和最近征服的新都开封之间。蒙哥赐给忽必烈两块区域：一块在渭河，是一片形状不规则的土地，面积相当于半个英格兰，从渭河流域向南延伸到宋朝边界；另一块在河南。忽必烈沿用耶律楚材的政策，参照母亲的用心经营，推进蒙哥的帝国战略，他允许农民从事耕作，合理征税，同时实行军屯，以供军粮。这些措施奏效了，奠定了忽必烈的权力基础，如今，他放眼南方，环视南中国的宋帝国，这是一个比伊斯兰世界更为艰巨的挑战。

自立国近三百年以来，宋朝中国成为世界上最繁华的国家。1126年，兴起于东北的女真人夺取北方，宋朝国土差不多减半，尽管如此，南宋仍然拥有蒙古所不具备的优势。数百座城市容纳了七百万人口，其中，居民在十万以上的城市就有五十八座，它们密布于中国悠久的核心区——肥沃的大江平原，中国人称这条江为长江，欧洲人叫它扬子江。江水既可灌溉也可淹没稻田，可谓福祸两面。它也是区域性交通要道，通航里程达二千七百公里，把十几个最大的城市联系起来。与之形成天壤之别的是，蒙古没有一条通航的河流，人口不及宋朝的百分之一，仅有两个小城镇。

单凭数字无法显示宋朝的真正实力：文化深度、经济驱动和政治统一。宋朝影响着所有邻邦——西边的西夏和吐蕃诸部、南边的南诏（后来的云南）（此处作者有误，南诏已灭，此时应是大理——编者注）和两越（此时的越南南北分裂，各自建国，恰如1954—1975年间的情况）。事实上，华北已经沦于女真征服者之手，但是，南宋在新都城杭州（当时称为临安）重建统治，保存了古老的文化。仰赖于新的稻作方法，宋朝经历了一次复兴。粮食更多更优，人口增长，贸易发达，产业新兴（如制棉），人民流动以求改善生活，教育普及，文职队伍扩大——所有这些变化互相影响，共同促成繁荣局面。财富的激增为美术、园艺、时装、制陶和建筑的发展提供资金支持。采煤、冶金、造纸等手工业兴旺。宋代瓷器成为中国的诸多荣耀之一。无论是从艺术性、财富、创造性、受崇敬的程度来衡量，还是从实际数量和质量来观察文化—社会特征，南宋都是不可匹敌的。伊斯兰世界的混乱令人惊诧，欧洲犹如一潭死水，那么，印度呢？东南亚呢？日本呢？非洲呢？南宋无与伦比。

由于内陆边疆被"蛮族"王国所阻，宋朝转向了海洋。长江及其支流与运河构成长达五万公里的河道，商船沿着它们行驶到海岸线，那里的港口星罗棋布，然后，商船采用精准的航行方法——旨在利用定向季风——从这些港口基地扬帆启航。最大的港口是泉州，外国商人熟知它的阿拉伯名称——刺桐（Zaytun），阿拉伯语意为"橄榄树"，但实际上源于城内的刺桐（珊瑚树）大道。登载一千人的六桅远航帆船设有水密舱，非常安全，欧洲直至19世纪才见到这种船型。宋代的船长用指南针确定航线，这种仪器是从风水师手中借用过来的一项发明，两个世纪后传入欧洲。对外贸易使宋朝铸币从日本传播到了印度，中国陶器出口至菲律宾、婆罗洲以及更远的地方。

招录文职人员的科举制度已经扎根，及至宋朝，它的规模扩大了，使二万官僚和二三十万吏员获得新权力。法律抑富济贫。政府对官员实行高薪养廉。国家财政收入因赋税和盐业矿业专卖而得到保障，并前所未见地用来为民谋福，建立孤儿院、医院、沟渠、公墓、储备粮仓，甚至资助乡村办学。赋税政策经过改革，赢得了与自耕农的合作，对国家来说，赋税总收入巨大，需要仔细地记录在册。12世纪后期，宋朝仅海关税收总额就达六百五十亿文钱，以每千文穿成沉甸甸的一串，所有钱就这样处理。公元1000年之后不久，宋朝开始印发纸币，这一尝试因导致通货膨胀而被放弃。

印刷术是中国社会的普遍显著特征，在宋代尤其突出。货币和书籍采用反面刻出字模的木版印刷。印刷术始于8世纪的中国、日本和朝鲜半岛，为后来各种档案和读物的爆炸性增长埋下伏笔[1]。纸质书籍的产量是显而易见的。宋政权建立后不久，就用双面印版——共需二十六万面——印刷出版了《大藏经》。各种官方文本集和各类百科全书汗牛充栋，多达一千个章节。文本结集成为一种风尚，刺激了对各地所有书籍的清查编目工作。科学论著涌现，某些著述的印量达数百万。很多对知识兴趣盎然的杰出人物脱颖而出，其中至少有一位是天才，他叫沈括，生活在11世纪，是达·芬奇和达尔文的前辈，他认

---

[1] 每面轮替刻字要投入大量劳动，于是迈向了合乎常理的下一步——活字印刷，四百年后，德国的约翰·古登堡独立构思并实现了这一想法。在中国和朝鲜半岛（实际上在1234年采用了活字印刷），活字印刷走向末路，原因是：第一，木版印刷的低廉和高效；第二，每位排字工需要从数千个字中挑字。刻字比排字更快。

识到化石的性质，提出海床山体理论，改进天文仪器，开拓推进数学新领域，描述指南针工作原理，撰写药物学著作，他对政治、历史、文学都有浓厚兴趣。

南宋的都城，今天的杭州，是当时世界上人口密度最大的城市，共有一百五十万人，超过蒙古的总人口。一个世纪里，帝国的消费活动促使杭州成为繁华之都和世界上最优良的港口。西湖镶嵌在城市脸上，恰似天堂之眼，与那些宫殿一样美丽。

蒙古人怎敢梦想战胜这座城市，更不用说居民在十万以上的其他五十七座城市，也更不必说那七千万农民和长江流域的沃土呢？

好吧，他们必须这么做。在他们看来，这是他们的命，天授之命。

很明显，如果正面进攻南宋，跨过繁忙宽阔、固若金汤的长江，将冒失败的风险。蒙古人不做亏本的买卖。蒙哥需要胜算一筹。恰好，南宋的西南边界之外有一个小国，如果略取它，那么，蒙古人便能以此为基地开辟第二战线。

忽必烈将负责这件事——早该如此了。他已经三十六岁了，但除了自己的私人领地之外，从未被授予过任何职权。这是一位没有实战经验的领导人所面临的第一场战争：蒙哥谨慎地给予忽必烈最大帮助，他为忽必烈派去最富经验的将领之一、五十岁的兀良合台，即传奇名将速不台——征服了半个亚洲和俄罗斯大部——的儿子。

蒙古人的目标距离遥远，难以到达。那里曾是南诏的核心区，这个大王国存在了二百五十年，直至公元900年后结束，后来又有政权在此定都，号称大理，该名始兴。如今，大理国走向衰弱，退缩至以都城为中心的区域，但它控制着印度（经过缅甸）到越南之间的道路和贸易。那里都是连绵成片的深山老林，诸多部落明争暗斗，众所周知，要进到那里都很困难，更别说略取了。

听说过这个地区及其文化的西方人寥寥无几，这是一个相当不错的地方。大理的白族是一个藏缅部落，937年一跃成为统治集团，在段姓王室的领导下坚定地保持了三个世纪的独立，其统治区域的面积相当于得克萨斯州。大理国北部是四川省，环境潮湿，人所共知，因此，汉人将大理及其周边区域称为云南，意为"彩云之南"。大理在内亚的地位类似于阿富汗和瑞士，靠贸易致富的统治者们抑制着部落对立，与汉族王朝和平相处。今天，大理仍然凭借自身的古老底蕴不断发展：白族人身穿鲜亮的对襟衬衣，头戴上重下轻的冠巾；用木刻品装饰起来的石屋排列在鹅卵石街道旁；艺术家在当地大理石上从事创作。

大理本身算不上大的挑战，三个世纪的和平已经让她洋洋自得，她没有军队可言。主要的问题是蒙古人必须穿越南宋国土才能到达那里，这就意味着，要从新近征服的西夏境内集结出发，然后紧贴南宋西部边界向南楔入一千公里。

自1252年夏末开始，忽必烈在鄂尔多斯半沙漠地区点视兵马，军队花了一年时间集结完毕。忽必烈军应该全部是骑兵部队，因为要经过许多河流和山谷。1253年秋，大军沿黄河向西南前进了三百五十公里，行至临洮，然后向南穿过青藏高原山麓，进入今四川北部。即便对蒙古人来说，这也是一片相当偏远的区域，不过，1239年的时候，窝阔台的次子阔端曾经侵入（"征服"这个字眼太言过其实）该地。这年秋天，忽必烈在高冷的阿坝自治州草原上扎营，当地人——背负恶名的、野蛮的果洛部落民——似乎没有给他制造麻烦。

假如大理愿意投降，蒙古军就无须破坏，这是理想的结局。《元史》——有关元朝的正史——讲述了忽必烈的汉人谋士是如何设法向这位具有蛮族精神的领导人传经布道的。一天晚上，姚枢陈述宋将曹彬夺取南京城时"甚至不杀一人，市不易肆，如同贤主再世"。第二天早晨，忽必烈据鞍弯身对姚枢说："你昨日对我言曹彬不杀人之事，我能为之。"

事情可不那么简单。按往常惯例，忽必烈率先派遣三名使臣招降大理，段氏大理的实际掌权者高氏处死了蒙古使臣，这种不屈服的行为必然刺激了蒙古人，他们决定全力进攻。

忽必烈兵分三翼。一翼离开高地草原向东骑行进入今成都一带的四川盆地，从新近收割的都江堰田地里补充给养，这些可以追溯到一千五百年前的水坝和人造小岛控制着岷江的水流。忽必烈亲率一翼向南越过草原，大约三天后与第一翼会合。与此同时，兀良合台领军朝更远的西边艰难行进一百五十公里，深入四川西部群山，径直穿过众多溪谷山脊，走上大理和西藏之间的主干道，到时，两天的快速行程即可至大理城。高氏把兵力集中在长江上游流域，从这里经过一天行军翻越山脊可达大理城以东。长江无法阻挡蒙古人，他们在南下过程中已经渡过了数十条河流。蒙古军在夜深人静之时开始渡江，拂晓时分，一位叫伯颜的将军——后面还会多次提及——率领他们出现在高氏的侧面，攻而重创之，迫使其快速败退回大理。

兀良合台从北面沿湖疾驰而下，现在，大理城任由忽必烈摆布了。城市投降，城民庆幸自己大难不死，这样一来也就节约了时间，省去了麻烦。在这里，没有其他城市需要征服，忽必烈从他祖父和曹彬那里学到了东西，下达止杀令。

1254年1月，随着城市的投降，所有事情都变得有条不紊，进展顺利。处死蒙古使节的大理权臣及其党羽被斩，杀戮到此为止。大理国王以前是傀儡，现在依然是傀儡，养尊处优、俯首帖耳。蒙古军队留驻下来，逐渐与当地人通婚。

兀良合台继续向南、东两个方向进军，"安抚"那些远方的部落，他深入到今天越南北部，1257年，夺取河内，随后，因为面临热带高温、疟疾和某些地方的顽强抵抗而火速撤退。这次进军说起来容易，实则是一次重大行动。云南到河内长达一千公里，四年中，蒙古人踏遍了南宋西部边疆周围的所有道路，几乎未遇宋军抵抗。现在，忽必烈得到了充分的情报，他需要筹划下一阶段针对南宋的战争。

虽然云南因太过遥远而不能作为侵宋的基地，但是，忽必烈的战争改变了这个地区的历史进程。不到二十年，1273年，云南首位高级行政长官来此赴任，他就是土库曼人赛典赤。1220年，成吉思汗进攻布哈拉，赛典赤的祖父率数千骑迎降，故赛典赤得以幸存。这个九岁的男孩在蒙古和汉地不断成长，接着，他担任各种政府官职，其卓越生涯止于云南之任。在儿子们的帮助下，赛典赤把云南完全纳入帝国版图，最终使之重新成为中国的一部分。

In Xanadu

上都岁月

随着云南的平定,忽必烈开始考虑如何夺取中国其余的地区,他泰然自若地身处两个世界——蒙古和汉地、牧场和农田、草原和城市、自然崇拜和祖先崇拜——他同时需要这两个世界。蒙古上层集团给予他传统支持和铁骑,汉族精英分子提供他官僚机构、史官、税吏、步兵。在帐篷和车子构成的移动大本营内,忽必烈不能倚重汉人;在汉地城市里,忽必烈不能轻信蒙古人。他需要一个新的基地,以此来统治兄长蒙哥帝国的拓展之地;他需要一个属于自己的首府城市,兼具汉—蒙风格。

蒙哥对此表示理解,并鼓励忽必烈往前走。1256年,忽必烈的汉人谋士们开始寻找合适的地点。既要靠近北京,又要在草原上,在蒙古传统势力范围内,并没有太大的选择余地。

从地图上看,内蒙古草原离北京出奇的近,只有二百五十公里,但实际上又是一个遥远的世界,至今依然如此。从北京驾车出发,沿着陡峭道路缓慢地盘旋而上,越过长城所在的群山,七个小时后到达张家口。这座城市曾经是边疆的界标,所以蒙古人(和外国探险家)称之为喀拉干,蒙古语意为"门口"。此时张家口完全是汉式城市,是华北地区进入边疆省份内蒙古的口子,所以,牧人们不会冒险选择该地作为首府。

再往前走上蒙古高原,到达今多伦县(县城位于多伦淖尔镇,蒙古语意为"七湖")附近,仍然是波动的草原和平缓的小山,尽管如此,这里会让忽必烈心旷神怡。这片土地与众多事件存在关联,它是成吉思汗南征北京及回军途中的营地。忽必烈智囊团"金莲川幕府"中的资深谋臣刘秉忠,认定了这个地点。因为这里原来叫"龙冈",所以刘和他的团队首先必须施法把龙赶走,并树起一面魔力铁幡防止它回来;然后,在建城工作开始之前,把平地中间的湖泊排干填平。周围可利用的建材很少——几乎没有一棵树,没有采石场。一切必须从头开始,动用大批畜群、车队、载木河船,把石子和大理石从几十甚至几百公里远的地方运来。

忽必烈谨小慎微,没有称他的新大本营为都城,可能是不愿意挑战"真正的"帝都哈剌和林。忽必烈的城市三年建成,其后四年中,它被称为开平,只是在1263年改名上都,与大都（北京）相对。

以英语为母语的人称上都为"Xanadu"（世外桃源）,那是因为塞缪尔·泰勒·柯尔律治（Samuel Taylor Coleridge,1772—1834,英国诗人、评论家）在麻药作用下写出梦幻般的诗文,开篇就使用了这个词:

> 曾经,忽必烈汗在上都（Xanadu）
> 下令建造一座富丽堂皇的欢乐殿堂,
> 圣河阿尔夫流经此地
> 穿过深不可测的洞穴
> 汇入无光之海。

这首诗如此有名,其意象如此超乎寻常,上都之名如此广为流传,以至于很多人推测,那个地方和卡米洛一样不真实。然而,它不仅过去是真实的,而且现在依然是真实的（用谷歌地图检索,它位于北纬42°21′37″、东经116°11′06″）。

历经多年，上都改变了不少。1996年，我第一次造访，那时它是一片壮丽的原野：不设栅栏，没有大门，无须付钱。天空是蒙古的纯蓝，微风习习，唯有一声布谷鸟叫。青草摇摆，草间花儿怒放，它们在高低不平的残垣断壁上轻轻起伏。地上散落着碎石瓦砾，我收集了几块，触碰到了令人敬畏的东西——哦，天哪，上都的尘土！忽必烈的主殿大安阁的地基仍然存在：一个五十米长的土墩矗立于此，高出草地约六米。闲逛的游客踩出了一条小路，绕到它的顶部。土墩正面几乎垂直于地，一排洞眼点缀其间，那是过去用木材加固夯土时留下的印迹。一个土台历经七百个大雨倾盆的夏季和寒冻裂石的冬天，存留至今，上面没有一丝痕迹。至于其余各处，都是山脊和青草混在一起，我已经没有什么印象了。

数年之后的2004年，这里出现了新的蒙古包游客营地、一排栅栏、一扇摇晃的大门、一点便宜的门票费、一座小型博物馆，旁边是一个玻璃陈列柜，放着一块两米高的巨型白色大理石。它是一根柱子的一部分，四面清晰地刻有牡丹缠龙的浅浮雕，象征着战争与和平。我试图打开柜门，不成想，它开了。我用手指轻抚大理石，王公般的特权感和学童般的内疚感顿时油然而生，这可能是马可·波罗和忽必烈本人触摸过的石头啊！它见证了这个地方的宏伟壮丽，见证了忽必烈的汉人艺术家们的精湛技艺；且不说耗费的劳力，最近的大理石资源位于著名的河北曲阳大理石矿，距离此地四百公里远（对于那些怀疑《马可·波罗行纪》真实性的人来说，这一发现却证实了他的话："此地有一座极美的大理石宫殿。"尽管事实上我们仍然不清楚他所指的是哪座宫殿）。

2008年，我再次来到这里，与我同行的是最有名的上都考古专家、中国人民大学教授魏坚，就是他发掘了那根大理石圆柱，现在，它被收藏起来不公开展览了。那扇大门被由大理石柱子支撑的雄伟巨石牌坊所取代，柱子的侧面是一幅大型石雕：军队和朝臣簇拥着魁梧的忽必烈，他两手搭膝端坐在宝座上。一块匾上刻着忽必烈的小传，使用的是蒙古文、汉文，为了期待大众旅游还用了英文。但是，对许多游客来说，上都离北京太远，多伦也不够大，没有吸引力。游客营地孤零零地被遗弃在那里。在魏坚教授的帮助下，这个地方终于成为人们关注的焦点。

上都城最初分为三个正方形区块，每一区块内都按其他汉式皇城的风格建成嵌套结构。外墙构成边长超二公里、周长九公里的最大正方形，约六米高的砖墙向后倾斜，与铺平的顶部成十五度角，便于巡查。每隔四百米就有一个外凸的U形棱堡，但这里没有哨塔，建造城墙的目的在于宣扬地位，而不是抵御攻击，因为这里根本没有敌人。外城布局呈品字状，北部是一处微波轻摇的草地御苑，鹿儿在苑中细嚼牧草，游走于林间空地，啜饮溪水涌泉。那是忽必烈的阿卡狄亚（古希腊的一处山区，其居民们过着田园牧歌式的淳朴生活——译者注），人造版的蒙古草原，他在那里引弓射鹿，放出猎鹰抄掠鸣禽。大方城的东南角是皇城，要小一些，包括为能工巧匠和官员提供膳宿的泥砖房，还有几座寺观，全都排列在一张街道网中。皇城内有一条护城壕，长度占方城边长的三分之一，里面就是内城（禁城、宫城，各种名称），包括皇家住所和议政厅共四十三处，均为汉式风格——卷翘的屋檐以及琉璃瓦。在皇宫正殿大安阁面前，水晶殿、鸿禧殿、大明殿、穆清阁、连香阁、仪天殿等各处殿阁显得黯然失色。

元代诗人、马可·波罗、现代考古学家（主要是魏坚教授本人），他们能让来自南方的人去想象上都的情景，例如，1275年来到中国的马可·波罗就是那样做的。

在你右边有一座小山，当你经过时，可以看到山顶有个敖包（神龛）。远方一片白茫茫，地平线就是缓缓起伏的群山，更多的敖包让它们变成尖峰。正前方是一片空旷的平地，地上竖起一堵八米高的直墙，遮挡了墙内的一切，只能看见大量屋顶，铺盖着蓝、绿、红各色瓦片，光彩夺目，其中一处屋顶高高在上、傲视其余。墙上建有棱堡和角楼，墙面装着一扇正门。诗人袁桷有诗云：

天阙虚无里，

城低纳远山。（两句诗文引自《上京杂咏》，感谢Richard John Lynn的翻译）

多条小径穿过草原，上面挤满了牛车、骆驼和牦牛，它们满载而来，空身而去。每天需要运送约五百车的物品来供应为日渐扩大的忽必烈朝廷服役的十二万居民。往远处瞥去，你会见到一片白色，那不是绵羊，而是皇帝的白马，数量上千。这些小径合在一起，便形成了诗人杨允孚笔下的"宽阔御道"，它通往上都城，一路上尽是毡帐、马群、买卖人和小吃摊。

> 云护中街日,
>
> 风开北户天。
>
> 千沟凝白雪,
>
> 万灶起青烟。

远处是呈拱形的主入口,与城墙齐高,边缘紧贴墙壁,顶上有旌旗微扬的岗哨,拱形入口装着一扇巨大的木门。街道小贩出售织品、食物和饮料。你和你的骑师咔嗒咔嗒地穿过护城壕,然后踏上铺路石经过入口,那是一段二十四米的通道(今天你仍然可以步测之,就像我所做的那样)。一条路的旁边是一排泥砖房,长六百米,直达第二道城墙及城门,那便是皇城。皇帝及其家人、侍臣居于城中木屋,上面铺盖着传统的蓝、绿、黄等亮色瓦片——就是你站在平地所见的;屋檐止于翘瓦处,瓦形制成龙、飞禽或兽首。然后,一个砖面平台伸展开来,上面屹立着一座华丽的二层建筑物,你从远处看其屋顶便知:忽必烈的宫殿——御殿大安阁。

宫殿建在五十米长的夯土平台之上,旁边两翼绕成一个庭院,从下方的木制楼梯上来可以入宫。是的,木制的,因为附近找不到石头,这意味着,就像寺观一样,除了铺瓦的屋顶之外,整个宫殿都是木造的。魏坚教授的话让我们回忆起它的辉煌:"我们认为它拥有二百二十个以上的房间,这里是举办庆典的地方。比如,我们知道,当时人们在宫殿四周进行比赛,获胜者由皇帝颁奖。月圆之夜,他们就要在此聚会,因为月亮犹如忽必烈王朝那样圆满、完美、和谐、明亮。"

魏的工作揭示出很多东西,但是还有很多东西依然不明确,例如,魏在御殿不远处发现的那根大理石圆柱。它可能是水晶殿(因为有玻璃窗,故名)的一部分;可能是"大理石墙"一部分,拉施都丁提到过此墙,但是,即便此墙曾经存在过,那也已经连同上都大多数石造物一起消失了。魏甚至提出,对御殿大安阁配属建筑的考证是错误的。只有更深入的探究才能揭开这些秘密。

上都城北御苑某处存在的气派非凡的建筑物,只有在柯尔律治梦幻般的诗文中才会出现。那里没有一条叫阿尔夫的圣河(虽然有条叫闪电河的河流),没有深不可测的洞穴(毕竟是起伏波动的草原),没有香木,太平洋(在四百五十公里之外)和其他大洋一样光照充分。

但是,那里有一座富丽堂皇的欢乐殿堂,我们可以从柯尔律治诗中所说的殿堂顺藤摸瓜。当柯尔律治在鸦片作用下陷入昏睡时,他正在阅读一本书——那首诗的资料来源;该书是17世纪的一本旅行纪,作者叫塞缪尔·珀切斯(Samuel Purchas),他在书中引用了目击者马可·波罗的叙述,这段叙述自1579年起就出现了英文版。马可·波罗详细描绘了他称之为"竹宫"(Cane Palace)的情况:

> 在筑起围墙的御苑之中,有一片最美的小树林,大汗在此建造了一处大宫或称长廊,作为自己的下榻之所。这处宫殿纯以竹茎结成,内有镀金涂漆的柱子,每根柱子上

端盘着一条鎏金巨龙，龙尾绕柱，龙头抬顶……宫殿里外全部镶成金色，装饰着上漆的飞禽走兽的模型，做工十分精巧。宫顶也全用竹茎制成，镀金鲜艳，涂色厚密，雨水不能腐之。

到了夏季，它就搭建起来，忽必烈便驻跸于此宫，在这里度过暑日时光。

马可·波罗所说的"cane"，意为竹子，这个单词在欧洲语言中已经消失。竹子并不长在华北，而是产于云南，就在兴建上都的前三年，1253年，忽必烈亲率大军征服了云南。竹子是极好的建筑材料——轻巧，比橡木强韧好几倍，容易伐削，耐用。竹宫能够彻底彰显忽必烈对定居草原的北方人的全新统治。

这个"大宫或称长廊"是什么样的？有多大呢？虽然马可·波罗没提到圆屋顶，但它肯定是那样的。竹子是一种树木，就像所有树木一样呈圆锥形，它们并排放置，细梢齐聚，竹茎自然地弯成圆形。马可·波罗提及竹竿的尺寸——长十五步，宽三四"掌尺"，他说，这些竹子被纵向劈成两半，然后接在一起，制成半圆形的长瓦管。电脑复原图显示有八百四十根管子。仅凭这种单一、均质的材料，忽必烈就具备了建造一个直径约三十米的圆形屋顶的所有要件。雕饰龙形图案的圆柱支撑着圆屋顶。这样的结构起到了翼面的作用，就像飞机的机翼一样，马可·波罗说，要用二百条丝绳和某种钉子（可能是木钉）维系竹瓦管，以抵御狂风引起的巨大升力——可达二十四吨。

整体结构呈汉式风格，涂漆甚密，可防雨水。

以上是一种有根据的推测，所以会留下很多问题，只有把竹宫真正建起来时，这些问题才能得到解决。但是，假设虚拟重建是准确的，那么这座宫殿的用途就很清楚了，它象征着皇室统治的中点。上都是用来沟通蒙古和汉地两个世界的，但城市本身的汉地因素超过了蒙古因素，因为蒙古人没有建城的传统。我相信，忽必烈想要一个表明他委身于两种文化的象征物：一方面，建筑材料和技术全部来自汉地，另一方面，宫殿外形却是蒙古式帐篷——毡房。它是带有类似烟孔的圆形建筑物，关键在于，它是临时的，只有到了夏季才搭建起来；它像汉式建筑一样固定，又如蒙古帐篷那样可移动。

忽必烈的竹宫，"欢乐殿堂"的原型，似乎具有一种独特功能，从而使它成为那个时代最具独创性的事物。

新兴的首府城市，在构思上半蒙半汉，但对传统蒙古人来说，它还是过于汉化了。视线拉回哈剌和林，不少人对忽必烈的成功心怀嫉妒，他们私下嘀咕，说忽必烈正变得自高自大，野心勃勃，企图攀比真正的帝都，梦想建立自己的帝国。忽必烈太富有了，他会不会把理应送往哈剌和林的部分征税收入据为己有呢？蒙哥听到了这样的传言，他想知道其中的真相到底如何。1257年，他派遣两名税务稽查官审计忽必烈的官员。稽查官发现了问题，列举出一百四十二项违规行为，指控汉族官员，甚至处死了某些人，并奉蒙哥之命，接管忽必烈领地内征集的所有税收。忽必烈该怎么办？他可能会拒绝、回击、反叛，但他并没有这么做，而是明智地服从，以兄弟之情诉诸蒙哥。这样做很有效。两人相拥而泣，忽必烈彻底悔悟，表明自己的直率和忠诚，蒙哥则宽恕了忽必烈，重申对他的信任。

事实上，两兄弟都需要对方。忽必烈依仗蒙哥的支持，而蒙哥想让忽必烈解决一个问题，这个问题是三十年前成吉思汗本人造成的。当年，成吉思汗传唤高龄道士长春子从中国一路西行至阿富汗，对他印象深刻，所以，成吉思汗同意长春子的教派免税，于是，原为小宗教教徒的道士们醉心于新获得的财富和地位。免税政策刺激财源滚滚而来，道教各派成倍增长，据一份资料所述，如今道教已有八十一派，无论是禁欲的苦行者还是形同泼皮的算命者，都乐于毁坏佛寺中的绘画和雕像。

佛教徒的反击同样充满暴力，一批西藏僧侣的拥入加强了他们的力量，原因详见第十六章。到了1258年，佛教徒急于报复道士。必须制止双方的争吵，否则，华北将永无宁日，而大本营不稳定就无法进行更为重要的事业——对宋战争。所以忽必烈是关键人物。

1258年初，忽必烈召集道、佛两家首领举行一次碰头会。三百佛教徒和二百道士来到上都，出席者还有朝廷官员和儒家学者共二百人，他们把佛、道两家隔开。会议由忽必烈主持。

道士的论据基于两条文献，宣称道教圣人老子经历了八十一次转世化身，其中一次就是以佛陀为名，所以，道士们断言，佛教实际上是道教的分支。这是一个侮辱性的观点，在道教的实践发展中不断强化，最后概括为"化胡"（使蛮族皈依！）之说。道士们没有意识到的是，忽必烈正在成为一个佛教徒，而感召他的是一位良师益友——年轻的西藏僧侣八思巴，我们将在后文中详说此人。

其实，忽必烈不需要向人们施加自己的成见。道士不习惯辩论，他们就像江湖郎中一样顺便露个脸而已。八思巴就"化胡"文本的可靠性问题反复盘问资深道士，因为此说声称道教的创立者老子死于印度而非中国。为什么公元前1世纪的伟大历史学家司马迁没有提到这种有趣的说法及相关文献？很明显，（八思巴断定）因为老子实际上死在中国，而那篇文献是伪造的。如此一来，道士们既无文献又无论据，落得个傻样。忽必烈给道士们最后一个机会，也是一次挑战，让他们呼鬼唤神，通过展示超自然技艺来证明他们的法力。当然，结果表明，道士们根本没有法力。

忽必烈做出了裁决，佛胜道败。十七名道教首领被挑出来接受蒙羞仪式——削发；所有道教伪经文本销毁；二百三十七处道观复为佛寺。但是，忽必烈非常明智，并未报复惩罚道教，因为他知道自己不能疏远人数众多的道教信徒。没有发生清洗，道教只是回到了世纪初的状态，即三十一年前长春子地位飙升前的状态。

这次辩论会使忽必烈重获青睐。他用坚决的行政手段强制实现和平，表现出自己的睿智和稳健。所有人都支持忽必烈全力以赴准备执行下一个重大任务：营建北京作为自己政府的所在地，然后进攻南方。

Kublai Emerges

忽必烈的崛起

和许多独裁者一样，蒙哥通过对外征服，先声夺人地摆平国内异议，源源不绝地带来战利品，为精英阶层提供职位。但并不是所有人都热衷于那些做法，因为他们的动机已被无情的事实淹没，现在，蒙古人明白了，他们没有完成征服全世界的事业。唆鲁禾帖尼的三个儿子——蒙哥、忽必烈和旭烈兀——如今皆为一方霸主，都渴望进一步扩张势力。波斯和南俄已经平定；因此，当下的目标就是中国的剩余之地；然后是世界的剩余之地。

未来的任务十分艰巨，但比征服北中国前的任务要好些。在上都和云南、北中国和前西夏地区，蒙古人拥有数支经过战争锤炼的军队；而宋军都是受士大夫领导的不情愿的雇佣兵。蒙古人知道自己必须做什么，因为他们在征服北中国之前就已经这么做了：攻占一两座城池，掠取汉族步兵和攻城器械，把自己变成一辆巨型战车。然而真实的情况是，夏天的亚热带气候，地形迂回曲折，距离遥远，疾病流行。谁能打赌确保成功呢？

蒙哥至少已经据有一个合适的大本营——开城三十年前由成吉思汗亲自所建，位于黄河以南二百公里处，清水河源附近，森林覆盖的六盘山山麓中，成吉思汗在那里度过了1227年的夏天，后被致命的疾病压垮。开城是个合适的地方，因为它虽然暴露在外，但策马疾驰一天就可到达六盘山的秘密峡谷，那里有陡峭的森林、肥沃的土壤以及药用植物；而且距离南宋边界仅七十公里。

蒙哥对任务的艰巨性了然于胸。他计划实施大战略，一开始就要把对手拦腰截断，三路蒙古军齐聚长江上的武昌（今属武汉市），它是通往长江下游、宋都杭州的关键。一路由忽必烈率领，从上都出发向南进军一千四百公里。事实上，由于忽必烈患有使他一生备受煎熬的痛风病，所以他暂时身处窘境，行期不定，当蒙哥建议由成吉思汗的一名侄子代替他时，忽必烈有些愤愤不平。"我的痛风已经好了，"他抗议道，"我兄长御驾亲征，而我却赋闲家中，岂有此理？"在武昌，忽必烈将与其他两路蒙古军会合：第二路是来自云南（距武昌约一千五百公里）的兀良合台军；第三路来自开城，蒙哥本人将亲率大军直插宋地区的中心，向西南进击六百五十公里，拿下四川的心脏成都，最后转攻东南方向（二百五十公里外）的河港重庆——长江下游贸易线和进藏陆路的连接点。

蒙哥举行正规仪式祈求天助——在祖父陵地尊崇其精神，将一群纯白母马所产的奶泼撒开去，随后，蒙哥向南而行，跨过戈壁，穿越已是帝国疆土的前西夏地区，来到开城。1257年夏，蒙哥驻于六盘山，召集各军，第二年春，他的军队攻下成都，并在四川的雾气中继续前行，据说，那里浓雾弥漫，以至于狗儿一见太阳就要狂吠。

行军速度缓慢，已经是1259年初了，而蒙哥还未到达重庆。为了攻克重庆，他首先必须夺取北面六十公里外一处令人生畏的要塞，它建在四百米高的陡峭山岭上，控制着三条汇流后注入长江的河流。这次军事行动导致蒙哥的生命终止于此。

战斗从数周持续到数月，从春天打到夏天，天气越来越热，疾病暴发，数千蒙古兵死亡。

8月，蒙哥在附近小山避暑，终日狂喝滥饮，他染上了一种非常严重的疾病——可能是霍乱，大便稀薄，抽搐难忍，十天后病故。

一切行动都将停止，因为蒙古首领们重新将注意力集中于继承人问题。首先要举行葬礼，这至少要花一两个月时间：准备把遗体送回一千八百公里外的哈剌和林，行程长达一个月；连续四天的哀悼；然后向东走上五百公里，越过草原，沿克鲁伦河而上，进入蒙古原始腹地；最后到达圣山不儿罕·合勒敦——成吉思汗及其儿子拖雷的下葬之处。当然，葬地本身是个秘密，马匹踏平了陵墓和树苗，粗草逐渐掩盖了现场。关于葬地有很多推测，但是，正如我们所知，成吉思汗、拖雷、窝阔台、蒙哥以及后继诸帝的长眠之地至今仍然是个谜（相关论述见第二十四章）。

接下去的议程就是召开由王公和家族首脑们参加的忽里台大会，选举下一任大汗。但是，冬天悄然而至，选举将在明年春天进行，这就为那些觊觎汗位者留出时间，让他们去寻求所需的支持。

那么，在此期间，忽必烈在干什么呢？当蒙哥的死讯传来时，他正打算行进二百五十公里后渡过今天的淮河进入宋境。数周以来，忽必烈人在征途，已经走了一千公里，还有四百公里——大概十天行军——就能到达会师地点。一支宋军就在前面,他们的探子必定听说并传播了忽必烈兄长的死讯,这肯定为蒙古之敌南宋注入了强心剂。因此,忽必烈要做出决定:无所事事地呆坐一旁,让南宋趁机发起反击;引军撤退,放弃已经征服的南宋国土;继续行动。他凭经验就知道怎样做才是对的,他找来自己的二号人物霸突鲁商量大事。霸突鲁与忽必烈同年,出身于一个显赫的军人家庭,是成吉思汗大将木华黎之孙。两人协商后决定:佯称蒙哥死讯只不过是企图制造恐慌、动摇军心的谣言,蒙古军将继续攻宋。据拉施都丁记述,忽必烈说道:"我等率多如蚁蝗之师南来到此","岂可无功而还?"

忽必烈继续挥军进至长江水域,那里曲折的江流徐徐穿过盛产水稻的平原,内陆湖多于河流,还有一道十多公里宽的障碍。忽必烈渡江围攻武昌,三周后,兀良合台的二万精兵从云南赶来。两人度过了一段艰难的日子,苦战夺取各处山口要塞,有五千人马死于疾病。毫无疑问,武昌城应该会投降,但是,至10月初,与蒙哥作战的南宋部队因蒙哥之死而得到喘息,前来与忽必烈对抗。

忽必烈面临一个棘手的局面:要么继续围攻武昌,要么返回蒙古处理汗位继承之事。渐渐地,帝国战略让位于返乡事务。到了12月,忽必烈决定不再犹豫,但究竟何去何从:完成攻城之役还是撤出战斗?

宋军指挥官贾似道是个诡计多端的滑头,他肯定知道对手的困境，于是竭力促使忽必烈退兵。贾是那个年代最有名望且最有争议的人物之一，他在忽必烈的故事中扮演重要角色。贾的祖父和父亲曾经拥有中级军衔，尽管没有特殊待遇，但也足以使他成为口含银匙的公子哥儿。在贾的家乡宋都杭州，他是一个有名的纨绔子弟——好色、酗酒、嗜赌。贾很幸运，他的姐姐被选为皇妃，深受皇帝宠爱，为皇帝生下一个女儿，是这位皇帝唯一存活的孩子，她被赐予后宫高级封号——贵妃。1236年，皇帝病倒，一位高官打算建议皇帝退位，贾听说了这个阴谋，向姐姐告发，其姐转告皇帝，并采取行动保住他的皇位。随后，贾官运亨通，到了四十岁的时候，他已是富贵利达，并涉足艺术、把玩古董；他在山间建起豪宅以便俯瞰西湖，在宅中频繁设宴款待数以千计的宾客。随着时间的推移和财富的充裕，贾沉溺于一种非常古怪的嗜好：酷爱斗蟋蟀。他确实对蟋蟀及其斗法颇有钻研，写了一本有关饲养和训练优胜蟋蟀的参考书。他也有文学抱负。他的政敌（当然）指责他的傲慢与轻佻，抱怨他挪用国库购买艺术珍品装点自己的宅邸集芳园。1259年，四十六岁的贾被任命为帝国丞相，负责改善南宋的脆弱财政和武装力量，于是，他发现自己要主持武昌的防务。

贾似道选择外交途径，提议支付岁币来换取蒙古人同意两国划江为界。忽必烈本不愿意如此，毕竟，他已经进入宋境，然而，他无法继续进攻，不仅是因为贾的抵抗，而且还因为家乡正发生着对他极为不利的事件。

当时，忽必烈接到忧心忡忡的妻子的传信，说他的幼弟阿里不哥——阿里"强人"，帝国游牧腹地的主人——正在调兵遣将，大概想夺取汗位。忽必烈可能北还吗？如果忽必烈需要一个更充分的理由，那么，两天后他就得到了，因为阿里不哥亲自派来信使，只是无关痛痒地向忽必烈致意并询问他的健康状况。忽必烈问信使，他们的主人调兵遣将意欲何为；信使们惶恐不安、躲闪其辞："我们做奴仆的对此一无所知。那肯定是谣言。"忽必烈闻出了叛乱的味道。现在，政治问题压倒了帝国扩张问题，忽必烈放弃围攻武昌，调头返回蒙古。

对宋战争暂时告一段落。不久，贾似道收复了那些被蒙古军夺去的土地，南宋也将苟延残喘二十年。忽必烈则集中精力应对一次迅速升级为内战的汗位之争。

从1259年到1260年之际，各种消息在大草原和戈壁之间急速地来回穿梭，双方勾心斗角不断，两位想要当皇帝的人孤注一掷，他们本人及其支持者似乎都是大棋盘中的一颗颗棋子。春天，阿里不哥刚刚到达蒙古西部阿尔泰山脉的夏宫，就宣布称汗。忽必烈愤怒了，这是彻底的叛乱——不是反对忽必烈，而是反对诸王选汗的传统。旭烈兀以及术赤之子别儿哥——南俄金帐汗国（"金"是因为成吉思汗家族被称为"黄金家族"，"帐"是因为蒙古语"斡耳朵"的意思是宫殿，而当时用帐篷作为宫殿。最初，"金帐"是指别儿哥的兄长拔都营地中心的饰金宫帐）的统治者——这两位领导人甚至都不在蒙古，况且，无论是在领土问题还是在宗教信仰上，他俩都是死对头。别儿哥皈依伊斯兰教以便更好地统治他的穆斯林臣民，旭烈兀则压迫成千的穆斯林。

阿里不哥的鲁莽行为导致适得其反的结果，没有响应他召唤的王公将领们却共推忽必烈。为了挽救帝国，忽必烈必须要做一件事：尽可能合法地宣布自己为汗。但眼下还无法做到"完全"合法，因为要在哈剌和林举行全员大会，而忽必烈尚未准备好。于是，1260年5月初，支持忽必烈的那些人被召集到上都参加即位大典。

忽必烈一如既往地站在两个世界中。他的根基在草原，却拥有中原领地，如今，他住在建于草原的汉式城市中，打算称帝，这究竟是个什么性质的国家呢？蒙古帝国？中原帝国？忽必烈很快就明白，为了自身的统治，中原传统必须先于蒙古传统。他模仿中原帝王的风格盛赞自己的美德：施政仁爱，减轻赋税，存恤饥馑，尊崇祖训。他没有叫蒙古萨满巫师检视焦裂的羊肩胛骨，相反，他请一位汉人专家解读"变化之书"《易经》——二千年前的神谕，在中国文化中占有独一无二的地位。《易经》中写有乾卦，代表了初始力量，即天的力量。"乾"字的特性之一就是一个字包含着众多积极意义，字典列举了它的释义：第一的、首要的、主要的、根本的、基本的物质。乾卦是同爻相叠，表示崇高、最初、伟大等诸如此类的意思，暗示宇宙起源背后的力量（Stephen Karcher：《全本易经：变化之谜》）。顺便提一下，有一个字最能表达中国人的这种情感，这就是为什么它仍然是今天中国货币单位名称的原因；等时机一到，这个字将成为忽必烈王朝的完美名称：元。

1260年5月5日，忽必烈决定一试。集会的王公们三次恳请忽必烈登上汗位，按口传的惯例，他婉拒了两次，第三次才谦和地接受了。诸王宣誓效忠，宣布忽必烈为新皇帝——还不是元朝的，而是他祖父创立的大蒙古国的皇帝。

现在，帝国有了两位大汗——一位大汗和一位反对派大汗，未知鹿死谁手？

整个夏天，双方都在频繁调动人马，针锋相对地增加赌注。阿里不哥返回哈剌和林，坚称自己拥有统治权。忽必烈试图派亲信去掌管他伯父察合台的封地，不料听说一百人的强大使团全被阿里不哥扣留，阿里不哥委派身边人为察合台封地的汗位候选人，然后把忽必烈的使者全部处死。

忽必烈封锁边境，使直到此时仍靠汉地供应补给的哈剌和林面临饥荒。忽必烈能做到这一点，是因为他的堂兄合丹控制了西夏和更西面的畏兀儿地区。当冬季来临时，忽必烈招募更多的军队，另买一万匹战马，订购六千吨大米——一年的供应量，然后率领粮饷充足的军队北进。第二年秋天，双方在蒙古东部草原一决雌雄，两次战斗并未决定胜负，但双方人马损失惨重。阿里不哥的资源所剩无几，他退入西伯利亚的山林之中，被盟友抛弃后逃往察合台王国，孤立无援的首府阿力麻里变成了一个"缺粮饥荒"之地。忽必烈于冬天攻占哈剌和林。到了春季，阿里不哥发现自己众叛亲离，厄运当头，颇具象征意义的是，当时，一股旋风把他部众的帐篷从一千个木桩上连根拔起，吹断了支柱，压伤了帐内许多人。在阿里不哥的臣下们看来，这是他即将失败的征兆。

就在那个时候——1262年初，一场迫使忽必烈分兵的叛乱拯救了阿里不哥。麻烦来自山东，它是北中国的心脏，靠近黄河入海口的富饶沿海区。地方军阀李璮，是忽必烈一位高级官员的女婿，曾帮助蒙哥攻打南宋。忽必烈认为李璮是一个坚定的盟友，所以输送金银资助他。这似乎是一笔好买卖，因为李的儿子身处朝廷，实为人质。但是，李控制着当地盐业和铜业，他更大的志趣在于营私自肥而不是讨好忽必烈。李觉得，自己身为汉人，与南宋的关系前景要比与蒙古的更好。他策划让儿子从忽必烈朝廷中悄悄溜走，然后放纵军队攻击当地蒙古人，劫掠库房，清楚表明建立自己的独立王国的决心。忽必烈用数月时间镇压了李璮之乱。据文献记载，对李璮的惩罚是，把他缝进袋中任由马匹践踏而死，这是蒙古人为那些王公贵戚保留的传统宿命。之后，忽必烈抽身回去处理阿里不哥的事情。

对于一支被困中亚的军队来说，1263年的冬天是一个艰难时刻。阿里不哥缺少粮饷、武器和朋友，人马饥饿，盟友——甚至是他的家人——变节投敌。第二年，他接受了不可避免的结局，前来乞和，弟弟屈服于哥哥。拉施都丁描述道，两兄弟会面时满腹情感。阿里不哥以传统方式走近忽必烈的大宫帐，提起罩盖帐门的帘子，把它搭在肩膀上，等候召见。传唤入帐后，阿里不哥站在众臣之中，就像一个没规矩的学童。

两兄弟都凝视着对方，忽必烈心头一软，两人的眼泪夺眶而出。忽必烈示意阿里不哥："好兄弟，"他说，"在这场冲突纷争中，名正言顺的是我们还是你们？"

阿里不哥并不乐意承认自己全错："过去是我们，现在是你们。"对忽必烈而言，这就足够了。他让阿里不哥身居王公之位。

但阿里不哥没有自由。翌日，一场审讯开始，旨在证实事态是如何走到今天这一步的。阿里不哥诸将互相指责，他们争论谁对阿里不哥的影响最大。审讯过程困难重重，因为忽必烈希望给阿里不哥定罪，可他发现没有理由处死亲弟弟。

最后，阿里不哥的十个同伙被判死刑，阿里不哥及其高级将领得到赦免，尽管他们仍被拘捕。怎样处理阿里不哥？谁能废除这位制造麻烦的弟弟的汗位？似乎不是长生天，由于阿里不哥不到五十岁，身强体壮，这就时常提醒忽必烈，他称汗并非不受挑战。

紧接着，突然之间，出乎意外，在未经说明的情况下，拉施都丁直截了当地说道,阿里不哥"患病而死"。他是被谋杀的吗?当时有些人就如此猜测,而另一些人从此就这么认为了。当然,阿里不哥之死是解决一个棘手问题的完美简便的方法。

随后,天意,或者至少是命运,再次发生作用。波斯的旭烈兀、南俄的金帐汗别儿哥、重登察合台王国汗位的阿鲁忽,在阿里不哥死后数月中全都离世。阿里不哥反叛的后果在于,浪费了持续五年的时间:进攻汉地的重任被搁置,蒙古对欧亚大陆的稳定统治受到威胁,蒙古腹地和汉地分裂内讧,西面三大汗国的统治者们自相残杀。如今,所有问题一下子都迎刃而解了。严格说来,忽必烈的加冕仪式并不合法,但这一点已无关紧要:他现在成为家族事业的舵手,直接统驭蒙古、北中国、中亚大部和南宋部分国土,他也是波斯和南俄两个附属汗的最高宗主。

不过,还有更多地方有待征服。是该重新放眼南方的时候了,不征服中国剩余之地,就不可能统治全世界。

A New Capital

一座新都城

没有人首选北京作为都城——太靠北、无畅通河道，直到蒙古人之前的金朝于1122年从东北攻入该城为止。就在南宋以杭州统治南中国的同时，来自中原腹地之外的北方人以北京为都城，这引起了成吉思汗的注意。

1215年，蒙古人夺取并蹂躏了北京城，按现代标准来看，当时北京很小，边长三点五公里的方城位于今日天安门广场的西南面。1260年，它仍然没有从成吉思汗军队造成的破坏中恢复过来。毫无疑问，中世纪北京的景象和声音回到了胡同中：游走的理发师拨动音叉表明自己的到来，卖饮料的人把铜碗敲得叮当响，值日者和值夜者倾听换班钟声，街头小贩到处吆喝。但是，城墙和烧毁的宫殿依旧是废墟一片。

忽必烈面临多种选择。他可以忽视北京而在上都进行统治，但如果他那么做，就等于宣布自己永远是一个外人。忽必烈看到了从中原基地进行统治的好处，他可以选择振兴一个古都，如开封或西安，但北京的优势主要是：在有可能成为中原都城的众多北方城市中，北京最靠近上都和蒙古。1264年，营建上都后才过了八年，忽必烈就决定将北京作为他的首都。他舍弃了哈剌和林，往返于两个基地之间，在上都驻夏，在北京过冬，这就是他驾驭两个世界的方式，也是北京成为今日中国首都的原因。蒙古传统主义者从未原谅忽必烈，直到今天仍有一些人把他视为背叛者。

怎样才能最好地建设这片荒废的不动产呢？新来的王朝经常通过推倒重建的方式来标新立异（就像后来明朝对元朝北京所做的那样）。但是，忽必烈的谋士们指出，古老的胡同正恨意翻涌，忽必烈遂决定营建一个全新的都城。

金代都城正北面和正东面的位置极佳，那里从滋养北海（北湖）的西山延伸而来，在蒙古人到来的三十年前，已是一处富饶之地。湖泊面积达三十五公顷，其开发始于三百年前的宋代（原文有误，此处应为"辽代"——译者注），至12世纪，金朝皇帝把夏宫选址于此，又建静养之所于今天琼华岛——城市最高点（现在居顶的是17世纪所建的白塔，相当于北京的"埃菲尔铁塔"）。成吉思汗进攻北京时，皇家建筑被洗劫一空，但此湖仍是荒园废苑的中心。这里将成为新城的心脏。

新都城是彻底的汉式城市，事实上，一切都要从头开始。经过五十年的荒废，可以想象，湖泊淤塞、杂草丛生，湖边一圈都是朽烂的避暑别墅，四处布满小块农田，胆大的农夫已经在开垦曾经的皇家场地。随着小树和灌木的清除，一片御用营地迅速拓展为皇室区域：几个大毡房，少量为王公官员而设的机构，还有数百处营房，供上千的卫队、马夫、车夫、兵器师、金属工、木匠和其他工人（当然包括建筑师）使用。

设计工作由规划上都的刘秉忠全权负责，但是，在他的建筑师团队中有一位特别重要的人物，官方汉文文献没有提到这个人物，因为此人是一个阿拉伯人，名字大概叫也黑迭儿丁（Ikhtiyar或Igder al-Din，从名字汉音粗略地再转译）。我们对他的全部了解源于中国学者陈垣。1930年代，陈垣无意中发现了一篇碑文的复本，而这篇碑文正是献给也黑迭儿丁之子马合马沙的。在蒙古征服波斯后不到一代人的时间里，也黑迭儿丁可能已经在波斯证明了自己的价值，因此他受诏统领工部的一个局，成为一名城镇规划专家。晚年，也黑迭儿丁被选中，为忽必烈策划新的宏大方案。据碑文所述："也黑迭儿丁之功劳受到高度赞赏，但他开始感到年事已高的压力。"

为了奠基新都城，忽必烈修建了一座庙宇，按儒家传统尊崇他的列祖列宗，以显示自己既是一个正宗的蒙古人又是一个标准的中原王朝统治者。庙内有八个厅堂，供奉成吉思汗的三代祖先、成吉思汗本人、成吉思汗诸子。成吉思汗也获得了一个汉式"庙号"：太祖（伟大的、最高的、最早的祖先），即王朝创立者的称号。所以说，正是忽必烈给了成吉思汗中国人的身份，于是，在今天中国人的心目中树立了一种普遍信念——成吉思汗是"真正的"中国人。

所有这些都解释了一个问题：曾是老城外围帝王贵戚游乐场的北海公园，为何变成了今天城市正中心每个人的旅游地。所以，当北京人在北海岸边郊游野餐、在湖中轻舟荡桨的时候，他们应该感激忽必烈，是他把北海变成了一处"阿卡狄亚"——如今的游客乐园，是他第一次建桥横跨琼华岛，并用珍稀树种、螺旋楼梯、寺庙亭阁美化坡上景观。

新都城呈现三位一体的布局，这是前代汉式都城的基本形式，7至10世纪的唐都长安（今西安）尤为显著——宫城、内城、外城互为表里，那时，长安/西安是世界上最大的城市。新都城是忽必烈眼下所声称的权力和荣耀的标志，这座城市建成后称为大都，蒙古—突厥语俗称汗八里（Khan-balikh）——汗之城（马可·波罗写成Cambaluc）。

1267年8月，数千工人开始沿着三条蜿蜒的河流在山上筑墙，他们用挖护城壕时所得泥土——不是石头——作为原材料。过去移居于此的三百八十二个小农被有偿迁出。一年后，墙基厚度为十米的夯土墙已高达十米，自下而上逐渐变窄，至墙顶成一条三米宽的走道，所有走道构成一个周长二十八公里的长方形，点缀着十一扇城门。往里，第二道城墙筑起掩盖住皇城，再往里是第三道城墙，墙内顺次矗立着宫殿及其附属建筑物。

从1271年3月起，二万八千名工人开始建造皇城的基础设施，道路两两成直角，呈现一个曼哈顿式的网状结构，每块街区连同大厦属于一家豪门的财产。在偏离正中心的北海右边刚好是皇宫，1274年时已经足可投入使用，忽必烈在大殿第一次接见众臣，尽管工程在他余下的统治时间里一直持续着。连接八个岗楼的十米厚墙将皇宫及其庭园包围在内。走道略微倾斜，所以雨水在漫过达官显贵的脚面之前就流掉了，站在上面远眺，只见那些珍稀树木——由大象从远方运来——之下，鹿儿和瞪羚在低头吃草。皇宫屋顶上盖着红黄绿蓝各色瓦片，它是一栋单层建筑，有一个中央大厅，厅墙上是用金银饰品衬托的动物壁画，下面可容纳六千座上宾用餐。

最终，这座城市将成为整个大一统国家的都城，因此它被保存下来。今天北京的核心地带紫禁城，就是在忽必烈都城基础上所建，它的入口朝南，与任何中国宫城一样。八百处宫殿大厅、九千个房间、朝向天安门广场的入口，所有这些建筑之所以各就各位，都是因为忽必烈曾把他的皇宫选址于此。

忽必烈极为敏锐地看到礼制的优势，但对礼制的形式没有经验，他需要谋士团队的指点。礼制的先例非常丰富，一部内容浩繁的三卷本帝国礼制集成尤其显著，它记载了唐朝（618—906）——统一、富裕、稳定的中国——以前五百年间的礼仪[1]。唐代学者相信，这些礼仪起源于公元前2000年的远古时代，后来，儒士、佛教徒和道士在实际采用时作了修改。一百五十条礼仪，象征着政府的本质，把祭祀规则的宇宙论及伦理观，和天地、五行、社稷、日月、星辰、五岳、江海等诸神联系起来，和祖先、孔子联系起来。礼制为种种事务而设：君主接待宴请使节、重大胜利、达官贵人的婚礼、授职仪式、成年礼、庄稼歉收、患病和服丧，所有事务的变化都取决于皇帝及其代理人能否掌控。另外，礼制也涉及上自皇帝下到第九等官员的每一官品（中书省文官列九品，每一品分为正、从两级，共十八级，以此确立官员的地位，决定他的待遇、尊重程度、俸禄和其他特权）。祭祀规则详细规定住所、乐器、人员位置以及每个场合的祷词。诸项礼仪由各自庞大复杂的官僚机构负责，分为掌管祭祀、御宴、皇室和外交礼节等四个部门，还有隶属于尚书省的礼部。这些机构需要数百位专家；而且，其他所有部门共一万七千位士大夫也要去熟知各自专门领域中的特定礼仪。这套庞大、昂贵、臃肿的机构被认为对于国家的运行绝对重要。如果忽必烈真想被人看成是一位中原统治者，那么，他必须采纳这套机构。

因此，在即将步入晚年时，忽必烈展示并总结了他的全部

---

[1] 麦大维（David McMullen）：《官僚和宇宙论：唐代中国的礼制》，收入大卫·康纳汀（David Cannadine）、西蒙·普赖斯（Simon Price）编：《皇家礼仪》，剑桥：剑桥大学出版社，1992年。

功绩——超越当时世上任何一位统治者;靠天相助,他知道怎样用财富使自己从人臣登位至帝王,再从帝王升格到类神者。

忽必烈通过朝廷,将自己的影响力遍布中国、传及远方,而他的权力基础就是怯薛——由皇亲、行政官员和军官组成的强大班子,人数达一万二千人。每位怯薛至少拥有三套不同的服饰,每套服饰都比忽必烈本人的装束要逊色,分别适用于三个主要的国事场合:9月底大汗诞辰日、元旦、年度春猎〔随着时间的推移,这些场合的数量在文献记载中不断增加,通常是四个,有时是十二或十三个。trois(三)和treize/tres(十三)在各种版本的《马可·波罗行纪》中很容易被弄混〕。

就拿元旦来说,这是一个旨在强调大汗兼具中原统治者和蒙古人身份的节日。忽必烈的宫廷礼节把简单古老的私人礼仪和中原宫廷欢庆活动融合起来,创造出一个规模巨大的庆典。马可·波罗描述道,成千上万的人身穿白色服饰,全部依次跟在皇族后面,从大殿鱼贯而入周围地区,他们有四万人——我们必须牢记马可·波罗抛出令人怀疑的大整数的习惯。某位高官——高级萨满巫师、佛教僧侣或资深御前侍臣,马可·波罗没有明说——大声喊"躬身跪拜!",全体在场人员前额触地,磕头四次。接着歌声响起,然后一位教士祈祷:"上天无所不及!大地在上天引领之下!我们祈求你们、恳请你们,一起赐福皇上和皇后!保佑他们万岁,万万岁!"随后,每位教士走向圣坛,在一块题有忽必烈名字的匾额上晃动香炉。官员们献上金银珠宝等各种礼物,多数礼物是八十一份——吉祥数字"九"的九倍。财宝都被展示在装饰华丽的大象和骆驼背上的箱子里。

接下来是宴飨。忽必烈与左首的长妻察必端坐高桌——放在一个平台上，确实很高。一边是一张饰有动物雕像的大餐桌，桌子中央是一个金酒钵，大小如桶，装有四个分液器，仆人们从这里把酒灌入金壶。大殿下方排列着数百张小桌子，两侧地毯上站立着卫兵和军官。平台另一边是一支乐队，指挥者密切注视着皇帝。

马可·波罗提到了这一场景中的一个奇特之处，它令人回想起忽必烈的游牧根源。即便是在今天，当你进入一个毡房时，你必须小心一步跨过门框底部的门槛，不能碰到它。如果你无意中踢到了门槛，那么这是一个坏兆头；如果是有意为之，那么这是一种侮辱。所以，每个门口都站立着手持棍棒的魁梧卫兵，防止冒犯行为，受命羞辱那些冒犯者，扒掉他们的衣服或者用棍棒象征性地打几下。一旦所有人入座，宴会开始，司膳人员为进餐者提供服务。大汗的仆人们"用高档金丝餐巾蒙住口鼻，不让他们的呼吸和气味污染呈给主人的菜肴或酒杯"。

主人和蔼地从一位仆人手中接过酒杯，乐队宣告了这一时刻的重要意义。司酒者和侍食者下跪，主人啜饮，当他屈身进食时，情形同样如此。这些仪式不时打断宴飨进程，直到最后，菜肴撤走，娱乐时间到来，演员、变戏法者、杂技人、魔术师将献上一台歌舞表演。

忽必烈的新北京是具有一定规模的狩猎业中心，方圆五百公里的乡村都是其范围，马可·波罗说有四十天的路程；四面八方都在从事供应朝廷的业务，一万四千人的狩猎大军控制着这些地盘。野猪、鹿、熊、麋鹿、野驴、各种野猫，所有大型猎物都是皇帝的。为了供自己狩猎，忽必烈建立了一个猎猫动物园，而经过专门训练的豹子和老虎则用来捕杀更大的猎物。由哈萨克人驯养和调教的老鹰，猎食的不仅是野兔和狐狸，还有鹿、野山羊、野猪，甚至狼。

马可·波罗告诉了我们春猎的详细情况，宏大的场面、丰富的内容，令人震惊，以至于很容易忘记其潜在的目的。汉地财富之下隐藏着蒙古根源，即由一位领袖统一相异氏族的旧观念。宫殿和北京大部被搬到了几百辆车子上和数千匹马身上。四只大象被挽具套在一起，驮着一个巨大的象轿——一间木房，里面镶着金箔，外面包着狮皮，这是为忽必烈本人准备的住处。十二名高级侍从在他旁边骑行，听候差遣。还有二千名训犬员和一万名养鹰人，马可·波罗说他们每人都手持猎鹰（这些数字让人印象深刻，但言过其实）。

皇帝坐在大象身上威武前行，据说一天走二十公里，每晚到达一个毡城营地。一路上，各类飞禽从新巢散开翱翔。"陛下！快看，有仙鹤！"一位高级官员喊道，于是皇帝放出一只矛隼。有时候也用狗类，这是一种形大如獒的生物，由被称作"狼人"的训犬员驯养。用马可·波罗的话来说："当主人在平原上骑马射鸟时，你会看到这些大猎犬也在狂奔中撕扯猎物，一群猎犬在攻击一头熊，另一群在咬噬一只雄鹿或某种其他走兽。"

一周之后，忽必烈的大象载着他进入营地，在接下来的三个月中，这里将成为朝廷的大本营，这个传统地点之所以被选中,是因为它场地开阔、猎物种类丰富。养鹰人让戴头罩的猎鹰落在手腕上,准备吹响鸟哨,然后猎鹰在方圆数公里内散开。忽必烈的三个帐篷也准备就绪——大的能容纳一千人的整个朝廷,还有卧室和小的谒见厅。所有帐篷都用虎皮来防风挡雨,两边饰以黑白貂皮——最珍贵的西伯利亚毛皮。铺在大汗帐篷周围的全是皇室帐篷,忽必烈的长妻察必、三位妃子、诸位皇子、来自弘吉剌部(与成吉思汗家族保持传统联姻并提供支持的蒙古氏族)的后宫佳丽,其他帐篷住着资深大臣、侍从、养鹰人、马夫、厨师、训犬员、家庭佣人、书记官以及这些人员的家人,当然,所有人都有军队的保护。

与此同时,朝廷事务通过会议、拜谒、信使往来和外国使臣觐见等方式继续着。一直到5月中旬,这支不停运转的庞大队伍返程,把皇帝及随行人员带回都城,而当夏季即将来临之时,这里又要开始准备前往上都的三周行程。

这是另一支同等规模的庞大队伍,包括数十辆车子、服侍象轿中皇帝的上百家臣,就像某个拱卫母蜂的移动蜂巢。此次行程四百公里,途经二十个筑有城墙城门的城镇,每个城镇整年配备工作人员,在皇家队伍路过的春秋之季则要二十四小时全天准备。多数城镇站点已经消失,还有四个仍然可见,但都变成了低矮的垄地和模糊的广场。其中之一便是桓州,在谷歌地图上非常清晰(北纬42.15°、东经115.58°),它是二十公里外上都的缩小版,这段距离见证了忽必烈随行人员一天的路程及花费。这二十个小城一年中才使用两天,一切都是因为皇帝需要来回往返于两个世界:蒙古和汉地——传统和全新。

Embracing Tibet, and Buddhism

怀纳西藏,扶持佛教

1239年，窝阔台次子阔端在四川作战后，驻于离今天武威不远的西藏边地。第二年，他发起攻击，损坏了一座寺院，造成五百人死亡。一位蒙古将领，名叫道尔达的党项人，希望带走寺院住持，以表明蒙古的权威，但是住持却把道尔达引见给上司——六十二岁的萨斯迦寺（位于今萨迦，拉萨的另一边，离尼泊尔边界不远）首领。窝阔台之死使事情暂时耽搁了，但在1244年，阔端向萨斯迦班智达（Pandita，这是他的称号，通常以此号为人所知。他的名字叫公哥监藏，至今仍被尊为地位最高的佛教学者之一）发出了极为恳切的邀请："我需要一位大师来告知，我该走哪条路。我已经决定邀请您，请您务必不辞路途艰辛来一趟。"如果他托词不来，那么，阔端将派兵去接。在这个问题上已没有选择余地，所以，这位喇嘛只好携九岁和七岁的两位侄子，从萨斯迦启程，跋涉一千七百公里，到达武威，途经许多地表上最为险峻的地形。1246年，他到达阔端的营地，结果发现这位蒙古人并不在，而去参加选举贵由为新帝的大会了。阔端回来后，两人商定，喇嘛将成为蒙古在西藏的代理人。喇嘛致书西藏各地首领，建议他们合作："只有一条出路，就是归附蒙古人。"为了确认这份合约，喇嘛七岁的侄子与阔端的女儿结婚。正如伯戴克所说，通过这项协议，"阔端奠定了蒙古对西藏影响力的基础"，而后世的中国历代政府将继承这种影响力。

不久，接踵而至的是三个人的死亡：新皇帝贵由、阔端和那位高级喇嘛。下任皇帝蒙哥急于维护在这个区域的权力，于是派军进入西藏,随之带来了破坏。蒙哥和诸王各自获取了许多西藏宗派的支持,诸王之一就是忽必烈,他发现自己正和其他兄弟——蒙哥、旭烈兀和阿里不哥——逐鹿西藏。

现在,忽必烈做出了一个具有重大意义的小姿态。他仍然是一个王,仍然受制于兄长蒙哥,但他有野心,想扩大自己在北中国的统治。忽必烈已经意识到,他需要任用一位强势的佛教徒,来平衡汉人儒士和道教谋士的势力,幸好,已故萨斯迦喇嘛的一个侄子在阔端的大本营里无所事事。在西方人看来,这位侄子的名字总是不能准确发音——罗古罗思监藏(Blo-grosrGyal-mtshan),但他很快就会获得一个称号——八思巴(Phags-pa,圣者。"s"现在不发音了,当时是发音的。2012年,在中国的一次会议上,一位藏学家指责我发了音。藏文的转译是个"雷区"),这是他至今为人熟知的名字。这位男孩是个天才,还在十几岁的时候就成了有巨大影响力的人物。忽必烈邀请十八岁的八思巴来到朝廷。两人各得其所:男孩感激乱世之中遇伯乐;对忽必烈而言,这位年轻僧侣是西藏的关键人物,是带来许多政治利益的宗教的关键人物。

1258年,打算称帝的忽必烈从新的信仰中,发现了一个为征服战争辩护的理由,这比从祖父那里继承的理由更好。成吉思汗的继承者们相信,天已经把世界授予他们。成吉思汗本人超越了征服,转向用文字、法律和官僚机构进行治理。忽必烈继承了一个他计划无限扩张的帝国,所以他需要更多东西:必须使自身的统治合法化,不仅是对蒙古人和汉人,而且也是对其他任何文化——未来几年将成为帝国的一部分。八思巴指出，佛教能够给忽必烈想要的，它提供了汉地宗教、伊斯兰教或基督教中所没有的东西，即"普遍帝王"——转轮圣王——的观念：转轮圣王统治了一切，并"转动着法轮"。这是一种思想体系，证明了征服世界、统治世界的合法性。

1258年，八思巴的地位得到正式承认。当年，八思巴参加忽必烈在上都举行的佛道辩论会，结果，道士败下阵来，佛教徒稳操胜券。1260年，忽必烈称汗，使八思巴处于强势地位。1261年，忽必烈赐予年仅二十六岁的八思巴"国师"称号，任命他为中国境内佛教僧侣的最高首领。

忽必烈在一份被称为"珍珠诏书"的敕令中阐述了新政策。"虽然成吉思汗之法体现出今世所有的最好品质，必须依其法度行事"，但是，忽必烈已经"认识到佛祖释迦牟尼之道是正见"，所以，他委派八思巴统领"全体僧众"，而他们则免除兵役、赋税和站役（指为驿站，时称站赤系统，是供养交通工具、提供过往人员饮食分例等的一种徭役——编者注）。

这是一场革命，它规定了宗教体制和国家体制并行、世俗法规和宗教法律并行，从此以后，蒙古统治将建立在所谓的二元论基础上，表现在帝师（八思巴及其接任者）和大汗（忽必烈及其继承者）的关系上。这种新的思想体系在一本叫《白史》的文献中得到重申："如果没有神权，那么生灵将落入地狱；如果没有皇权，那么国家会灭亡。"忽必烈在"睿智朋友"的支持下，将成为宗教（当然是佛教）和国家的共同首领，成为世间福乐和精神救赎的发源者。

这样（忽必烈）就打开了通向神界之路，特别是认识了一个黑脸六臂、头戴骷髅冠的恐怖护法神摩诃迦罗，在亚洲，他被数百万人尊称为"大黑神"。他有时是毁灭之神湿婆的化身，有时又是湿婆的侍者，就像多数佛教神灵一样，他在不同文化中表现各异。无论如何，最好给他一个恰当的地位。用著名的蒙古历史学家沙克达恩·比拉的话来说，忽必烈把该神看作"守护神"，忽必烈"自称已经获得了统治帝国所需的全部神秘力量。这样，蒙古大汗不仅备受腾格里的宠爱，而且还受到强大密宗神的护佑"。今天，在北京仅存的元代建筑白塔寺（尼泊尔建筑师阿尼哥在1270年代为庆祝忽必烈皈依佛教而建）神龛中，你可以看到这个守护神的雕像。

忽必烈真的相信他所推崇的宗教吗？我不这么认为，这种情况太取巧、太权宜、太政治化了。忽必烈没有表现出一位新皈依者的热情，没有原教旨主义者的狂热，没有把他的信仰强加给臣民或外国人。在这个事情上，忽必烈极大地传承了他母亲的精明和灵活。他所需要的是增强佛教徒势力，以平衡道士、聂斯脱利基督徒和儒士的诉求。后来，当两个欧洲商人——波罗兄弟——来到上都时，同样的动机促使忽必烈建议两兄弟回国联络教皇，为他带些天主教牧师过来。然而，两兄弟为忽必烈带来的是年轻的马可·波罗，他们完全无法预见随后出现的结果。

就在"皈依"后不久,忽必烈遣送八思巴回乡担任萨斯迦寺的住持,八思巴的弟弟同行。西藏多数地区远离蒙古势力范围,要让他们承认忽必烈对全国的统治——"没有征服的控制",罗依果在八思巴传记中如是说(罗依果:《为大汗服务》)。

这不是件容易的事情。当地人表示反对,显然,他们并没有将八思巴看作杰出的青年才俊,而是把他当成接受了蒙古衣冠礼仪的叛徒。1267年,八思巴二十九岁的弟弟去世,整个计划几近失败。忽必烈从青海遣军威慑西藏反对派,并建立一个行使地方世俗权力的宣慰司。八思巴在政治上出局了,接下来的数年里,他要从事一项我们立刻会提到的工作。到了1269年,西藏成为忽必烈帝国不可分割的一部分。

同时,忽必烈拥有一种惊人的文化洞察力。他已经认识到一个问题,它从蒙古成就的性质和忽必烈的野心中产生;他想让八思巴提供解决办法。

正如我们所见,忽必烈在两个世界——蒙古和汉地——中成长,他说着蒙古语,却要和汉人斗争,他的问题就是:如何创制一套书写体系,通行于这两个世界以及尚待征服的其他地区呢?

蒙古语有一套完美的竖写体文字,是成吉思汗下令从新附庸畏兀儿引进的。这是一种字母文字,意味着它能相当好地表达多数语言的多数发音。汉字虽然造型漂亮、表意丰富，但是极其复杂，经过三千多年的使用后，蕴含了博大的文化要素。对忽必烈来说，试图把畏兀儿文字强制推行到汉地是不可能的；同样地，用汉字书写蒙古语也是不可能的。忽必烈的官员们不得不依赖翻译。这是一项既枯燥又繁琐的事业。

随着忽必烈统治的持续，问题变得越发棘手。成吉思汗已经征服党项人，他们拥有自己的类似汉字的文字。然后有契丹文字，契丹人生活在东北，先于蒙古人在北中国建立王朝。还有梵文，忽必烈的西藏新臣民把它视作他们宗教的源头和开端。当然，藏文本身已经存在了约六百年之久。不要忘记高丽，蒙古人曾于1216年进攻过它，忽必烈很快会再来。而他兄弟旭烈兀治下居民——主要是波斯人——的那些语言文字又该如何应对？如果事情如忽必烈所希望的那样发展，如果中国南方全部落入蒙古人之手，那么，蒙古人还将接触到缅甸语、越南语、日本语以及他们所知的其他文化——都有自己的语言文字。官僚政治的噩梦来临。

忽必烈一旦发现问题，也就看到了解决办法。从某种意义上讲，中国是由她的文字统一起来的，它把不同方言联系在一起；忽必烈想要一种统一世界的文字。在上都建成、阿里不哥叛乱被粉碎的时候，他就有这种想法了；他已经考虑在今北京修筑一座新都城，并计划对中国南方实施延宕已久的进攻。他需要尽可能加强并确保最有效的行政管理，作为其扩张的基础。正在此时，年轻的八思巴来到了忽必烈的身边。1267年，忽必烈要求八思巴创制一套新文字，可以用来书写天下任何一种语言。

八思巴精通藏语、蒙古语和汉语，也可能熟悉畏兀儿语和梵语，他分析它们的语音特点，把藏文改成一套约有六十个符号的国际音标，多数符号代表单个元音和辅音，但也包括一些通用音节。藏文的读法是从左到右，但是，八思巴借鉴由伟大的成吉思汗引进的畏兀儿文系统，把他的文字设计成竖读。大多数字母由直线和直角组成，因此其蒙古语名称是：方块字母。在书写蒙古语和其他语言方面，它当然要比汉字有大的进步：Genghis用汉字译写为成吉思，而在八思巴字中为jing gis。

经过两年的努力，这项工作完成了。忽必烈感到高兴，八思巴由国师升任帝师，领取相应的俸禄。忽必烈下令，所有官方文件都用新"国字"来记录，并建立学校教习它。它也用于印玺和牌子——授予高级官员要求百姓提供物资和差役的权力，其中的一句是："长生天气力里，大福荫护助里"，"无论是谁，若对此不心存敬畏，都将获罪而死"。

八思巴的国际影响力臻于顶点。不久之后，他再次返回西藏，担任萨斯迦寺及其教派的首领，该教派对其他佛教教派施加不稳定的影响。1280年，八思巴突然离世，只活了四十五岁，被怀疑中毒而死。西藏民政官成为嫌疑人，尽管没有证据，但忽必烈还是处死了这名官员。

这种文字刻在印玺、石板、钱币甚至瓷器上，看起来非常美观。今天，你仍然能够在蒙古纸币和特殊雕像上看见它。如果你参观中国最重要的游览胜地居庸关长城（八达岭段），你将看到一座古代拱门——云台，它作为一个通关门道建于1342年。石板地面（现已铺上玻璃）布满无数平行车轮的印痕，看似一处废弃的铁路隧道。仰头看拱门下方有五个平面，刻着相互交织的浅浮雕：武士之王、佛、象、龙、蛇和植物；六种文字谱写出一篇佛教文献：梵文、藏文、蒙古文、西夏文、汉文，还有八思巴字蒙古文和梵文——忽必烈应对"通天塔"（Babel）（《圣经》中的城市，诺亚的子孙拟在此建通天塔，上帝为责罚其狂妄，使建塔者突操不同语言而四散，致使该塔未能建成。文中用来比喻语言混杂的现象——译者注）局面的措施。

然而，八思巴字没有在日常书写中真正扎下根来。尽管建立专门学校来教习这种文字，但是，忽必烈的官员们也是官僚主义者，对他们不喜欢的旨令总是敷衍塞责、阳奉阴违。官僚的抵制与八思巴字的质量无关，问题在于人类的本性。学习一种无论多么简单的文字，都是一件吃力费劲的事情，而传统文字有着难以置信的顽强。试图克服官员们的文化惰性，就好比试图用桨划动一座冰山。这是绝对不会发生的事情。

从某种意义上讲，这无关紧要。为了帝国的利益，忽必烈涉足西藏，已经做了很多事情，而不仅是想永远普及一套新文字。通过扶持八思巴，忽必烈为自己的版图扩增了一片新的广阔领土，也为以后的汉藏关系开创了先例。

The Conquest of the South

征服南方

有些事情是没得商量的，对忽必烈来说，征服南宋就是其中之一。他已经试过一次，但失败了。忽必烈和他祖父一样，不会因失败而气馁，在平定李璮之乱后的1268年，他重新回到对宋战争上来了。这是一个艰难的挑战。南宋境内河流纵横、城市棋布，而蒙古和北中国大部分却不是这样的。城市就是目标，因为那里富人聚居、官僚当权，又不像欧洲、日本贵族那样拥有城堡，所以，城市储备了足够的炸药，况且，为了更好地进行贸易以供养自己，多数城市建在河边。于是，城市成了难啃的硬骨头。蒙古人不仅需要更好的夺城方法，而且还要新东西——河船水师，这不得不白手起家。

关键是长江天险，其下游坐落着宋都杭州，所以，任何一次进军都必须沿江而下。长江由西向东流淌，忽必烈军则从北面攻来，但蒙—宋边界中段正好有条重要支流汉江，它向南奔流，形成一条河路，直通长江下游和杭州。

现在只剩下一个问题了。汉江的关键所在是襄阳城（襄阳有各种不同的拼写方式：马可·波罗写成Saianfu，拉施都丁写成Sayan-fu，在离拼音时代更近的时候写成Hsiang-yang），它位于汉江和其他两条河流的交汇处，北距长江二百五十公里。今天，襄阳与对岸的姊妹城市樊城构成大城市襄樊（2010年底，襄樊地级市改名为襄阳地级市——译者注）。在忽必烈时代，襄阳是筑有护城壕的要塞城市，处于十字路口的重要贸易中心，人口二十万，通过浮桥连接樊城。任何一支沿江南下的军队都必须拔掉襄阳。

这一点对南北双方来说都是常识，因为襄阳此前两度成为首要目标，一次是1206—1207年的金宋战争，一次是1235—1241

年的窝阔台对宋战争。尽管它两次都没有失守，但在1236年却投降蒙古人，蒙古人经过短期占领后就北撤了。所以，襄阳习惯了遭受攻击，并一直忙于重建防务。它有数段约六七米高的坚固石墙，全长六公里，建在约一公里宽的险峻方地上；六扇城门中有三扇直面河流，在洪水期，河流就是一条半公里宽的高速交通补给线，且因水太深而无法涉过；当冬天水位降低时，它就变成了一座结冰河道与沙堤构成的迷宫；由河流灌注的护城壕达九十米宽；所有这一切都意味着，攻击者不可能足够靠近城市，并用云梯和塔楼袭击城墙或暗中破坏。

本章主要讲述这个问题的解决过程——以至忽必烈取得了最伟大的功绩：缔造一个统一的中国，奠定今日中国的大部分边界。讲述的证据虽不完整，但仍足以断定，现代中国的存在应归结于一件打破襄阳围城战僵局的装置，一件连中国都前所未见的装置。

故事开始于1268年初，因家族军功而闻名的年轻人阿术率领蒙古人迫近襄阳城。他是十年前为忽必烈略取云南的兀良合台的儿子，主导成吉思汗和蒙哥时代西征的传奇将领速不台的孙子。几乎一开始进军，阿术就发现自己需要帮助：一是步兵，二是蒙古人眼里的新奇玩意儿——船只，由一位名叫刘整的宋军叛将建造。忽必烈答应，给阿术所需要的水陆两栖作战部队。

阿术和他的军队发现，一路上掠夺不到太多东西来维持军需，因为准备守城的统治者通常实行焦土政策，清除周围乡村任何可能帮助敌人的东西：高层建筑物、树木、石头、金属、瓦片、蔬菜、稻草、牲口、粮食。其中很多东西储备在城里（细节参阅一本军事手册《武备辑要》，该书约著于1830年，但它引用的实例都是古代的），还有一些工作要做：囤积必需品，训练民兵，组织女伙夫班，驱逐充当潜伏间谍的江湖艺人，消防队配备水缸，准备好双重或三重十字弩，检查抛石机。

抛石机是本章的一个主题。中国攻城技术的核心是"牵引抛石机"，高约四米的框架上装着一根十一二米的旋转长杆，一头是投石器，另一头是绳索。一块小岩石或燃烧装置填塞到投石器里，一队人用力牵拉另一头，投石器猛地一转，抛出飞物。整个操作过程至多十五秒钟。把石块抛过城墙，就是牵引抛石机的技术标准。任何一支军队都会组建几十人有时是上百人的团队，轮流操作抛石机，他们需要配有食物、盔甲和马匹。在攻城战之前，守城者从周边收集大量石头，一是为了自己使用，二是为了夺走敌方的弹药。负责防御的抛石机团队隐蔽在城墙内相对安全的地方，上面有个炮兵观测员指挥着他们。

尽管如此，抛石机还是有个很大的缺点，尤其是对于守城者来说。如果他们使用最容易得到的岩石，那么相当于他们直接为敌方供应弹药。同样的石块在墙头上呈弧形抛来抛去，砸碎脑袋、打断手臂、压塌屋顶，有时大量飞石在半空相撞。无论是防守还是进攻，一百台装置每小时要发射一万二千块岩石，就这样一小时又一小时、日复一日地进行着。所有弹药从哪里来？要用多少人马去发现、开采、运送它们呢？这些问题刺激了更有效抛射体的开发。

中国军队历来雇佣爆炸装置与化学战的行家。这项技术是在七百年间炼丹师做实验的基础上发展起来的，在10世纪初的战争中首次使用火药，很快，基于火药的完整系列武器出现了：爆破箭、地雷、抛石机投射的炸弹。其中一种炸弹由塞进竹管的火药构成并包上破瓷片，这是已知的榴霰弹的第一次使用。另外一种是更加致命的"震天雷"——从内部引爆一个金属壳，把约四百平方米范围内的任何东西炸成碎片。毒药爆炸装置是化学细菌战第一步，包括原始的肮脏武器——装满粪便和毒虫的炸弹。

1268年初，襄阳攻城战开始，这些武器阻止了阿术的进军，战争演变成一部为期五年的史诗，一场中国的特洛伊战争。遗憾的是，当地没有荷马这样的人把攻城战编写成史诗篇章，因此，战役高潮前的细节很少。

要完全封锁襄阳仍需更多的船只，于是，在忽必烈的水军统领刘整的监督下，用数月时间造出了五百艘战船。经过一个夏天，蒙古人在汉江下游两岸筑起堡垒，轰击运送补给的宋船。当冬天再次来临时，阿术渡江将攻城战扩展至樊城。宋人的一次突围行动以灾难告终：数百人被俘后斩首。之后，足以活命的给养送到，所以汉人固守不动。1269年春，忽必烈另派二万军队增强攻城大军的力量。8月，在经历十八个月的突击和观望之后，三千宋船沿汉江而上攻击蒙古人的新堡垒，但被击退，损失了二千人和五十艘战船。忽必烈的将领们另需七万军队和更多船只。同样地，宋朝情报员把命令和密封在蜡丸里的银两、家书偷偷带入城内，安定了守城宋人的军心，使他们决心抵抗到底。

怎样才能打破这种僵局呢？有位蒙古将军告诉忽必烈，军队需要更好的大炮。在1215年北京攻城战后，蒙古人获得了相关技术和专门部队，已经拥有投石车、抛石机、火弩炮等多种大炮。问题在于面对襄阳的护城壕和石墙，蒙古—汉式大炮完全没有足够的射程和威力。

忽必烈听说了问题所在，也找到了解决方法：一件连中国都前所未见的攻城器械。他知道，帝国最棒的攻城器械设计师在六千公里外的波斯，因为他曾经见过兄弟旭烈兀在1258年写的巴格达攻城战报告。旭烈兀拥有破墙弹射器，牵引抛石机做不到那一点，他拥有的是一种不同类型的机器。

它们叫配重式抛石机，是那个时代的重型炮，装满镇重物（通常是岩石）的箱子取代了牵拉绳索的人力，优点在于镇重物重量巨大，臂杆加长，飞物更重，投射器变大，射程更远，准确性提高。

配重式抛石机出现在12世纪的中东，大概1200年的时候，十字军遭遇过它们，不久以后传到欧洲。信息交流是双向的，这些机器在欧洲和伊斯兰世界都发展成专门装置，不仅破坏城墙，而且粉碎阴谋、影响战略，并让它们的工程师出名（所以，这些人有充分理由从不记载他们的秘密）。到了15世纪末，配重式抛石机过时了，被火药炸飞了，毕竟，它们是木制的。

今天，"抛石机"爱好者形成了一种国际亚文化，他们已经破解这些巨型机器的秘密。他们都热情地——很多人着迷、有些人偏执——把理论科学、历史和实践结合起来，献身于一项事业：不使用炸药而将大型重物尽可能抛远。在1990年代，一个三十吨位的抛石机抛射了半打汽车、六十架钢琴和许多死猪，以致恶名远扬。网上提到过"托尔"(Thor)（北欧神话中的雷神——译者注）计划：一个装有一百英寸臂杆的二十五吨位配重装置，可能像战神投掷霹雳一样投掷别克车。至笔者撰写本书之时，"托尔"依然是个梦。

我能理解他们焕发的激情。在走访南威尔士的卡菲利城堡时，我也使用过这种抛石机。被压制的能量一旦释放，就会产生一种美感，因为它只包含经过精心安排的自然元素——木头、铁、岩石、绳索、重力。猛拉触发器，放开臂杆，配重物落下，臂杆升起，投射器连带飞物紧随其后。只有响声是柔和的，像一次巨大的呼气声：来自油轴的飒飒声和臂杆的嗖嗖声。整个过程都是慢动作，非常唯美。飞物抛出，就这样完好无损地着陆了。然后，这个"大怪兽"带着一丝满意的声音重新安静下来——配重物来回摇摆的叹息声、里面重石重新排列的沉闷声、空投射器碰到活动臂杆的撞击声。

因此，我们知道忽必烈寻求的东西是什么，而他明白弄到那个东西是可能的。这不过是个"连点成线"的问题。由一个家族全面经营一个帝国，而帝国又靠洲际交通网络连在一起，没有什么能更好地显示这种优势了。忽必烈的信件通过驿马快递发了出去，五周之后，信件出现在波斯北部的大不里士，这是忽必烈侄子阿八哈的汗廷所在，1265年旭烈兀去世后，其子阿八哈成为波斯统治者。阿八哈手上有几位工程师制造了配重式抛石机，运用于多场攻城战：巴格达、阿勒颇、大马士革、叙利亚的十字军城堡。他可以抽调两人，亦思马因和阿老瓦丁。1271年末，两人携家人到达上都，得到一套过冬的官舍。第二年春，在向皇帝演示了这种装置的原理后，两人——加上亦思马因正试图培养成自己接班人的儿子——发现已身处战场，他们凝望着襄阳的坚固城墙、护城壕、宽阔的河流和对岸的姊妹城市樊城。

亦思马因的机器可能是当场制造，应该有四十吨重、近二十米高。这里还有很多变量，比如，配重物在干湿气候中的准确重量、木轴之间润滑油温度的影响、制作臂杆的合适木材、一百公斤从当地石场开采的飞物的形状。

蒙古将领阿里海牙决定采取攻打樊城的间接战术。在破坏浮桥、阻碍宋军跨江运送补给后，亦思马因像炮手那样通过试射来精确调整他的装置。然后，正如《元史》阿里海牙本传所说，亦思马因的回回炮（穆斯林弩炮）"击破城墙……（从此）襄阳之援军再也无法到达，樊城要塞乃拔"。

这就造成了一种蒙古人经常面对的情况：为了迫使襄阳投降，必须毁灭樊城，大张旗鼓地毁灭，约三千宋兵和七千名其他人像牲畜一样被割喉，积尸成堆，确保让襄阳看到这场大屠杀。

但襄阳仍不投降，所以，亦思马因拆卸了攻城器械，漂浮过河，在有效射程内重新组装，据《元史》记载，他把它"置于襄阳城的东南方"。亦思马因作为这项工艺品的主人，现在非常清楚地了解到这种机器的威力。我们得知，飞物重一百五十斤，不到一百公斤，但结果让人震惊。用阿里海牙本传的话来说，"一炮击中其谯楼，响声如雷霆，撼动全城，城中陷入一片混乱"。

紧接着是一场关于是否要进攻到底的争论，如果这么做，其结果当然又是一堆尸体，但这样几乎没有战略意义。阿里海牙有自己的主意。他亲自来到襄阳城下，招呼守将吕文焕："你以孤军防守此城多年，"他喊道（可能通过一位译员），"可如今连天空的鸟儿也飞不进去。我家主上非常钦佩你的忠诚，若降，则赐尊官厚禄。你可信之，我等绝不杀你。"

"满腹狐疑"的吕暂时犹豫不决，但最后相信了上述保证，于1273年3月17日开城投降。阿里海牙信守承诺，吕立刻成为宋人眼中的叛徒，接受了忽必烈给的要职，在随后的战斗中，吕将证明自己是个有价值的人才。

对这次胜利的重要意义无论怎样估计都不会过分[1]，它不仅在军事上打开了通向南宋心脏地带的道路，而且开始破坏南宋政府的运作。在杭州，丞相贾似道——忽必烈的宿敌、酷爱斗蟋蟀的富豪政客——先前对宋帝隐瞒真相，因此，襄阳陷落的消息就像一颗穆林斯弩炮的炮弹一样给宋廷以重创。

忽必烈充满感激地赏赐了两位抛石机专家，阿老瓦丁成为总管——地方高级官员，此后在元朝当差三十年。亦思马因获赐约九公斤白银，相当于一名工匠十年的收入，但他没时间享用，因为一年后他就病故了。尽管如此，亦思马因的工作还要继续，他的儿子布伯承袭了父亲的职位和专长，由此开始世代

---

[1] 这是中国历史上最著名的攻城战之一，正因为著名，所以马可·波罗听到了故事经过并乐意讲述它。麻烦的是，等到他口述自己的冒险活动时，他显然已经多次讲述这个故事，他把自己、父亲和叔叔写成主角，他说，他们察看了这种抛石机的制造过程。如果你希望宽宏大量，那么，我说这是有点难以容忍的自抬身价的行为。说白了，这是谎言，因为直到这场攻城大战结束两年后的1275年，马可·波罗才到达忽必烈汗的朝廷。

连任，几乎延续到元朝结束为止。

恐慌占据了杭州。上层人士突然之间惊醒，他们安逸文明的生活方式、儒雅的高谈阔论、在西湖边的野餐、悠久可敬的礼仪、辉煌的艺术作品受到了威胁。这是不可思议的，此前，中国历史上从未有蛮族威胁到南方心脏地带。

此后灾祸连连。宋度宗在毫无征兆的情况下死去，年仅三十四岁。接着，美丽的火山岩山脉天目山——杭州以西一天马程可达——发生震动，引发毁灭性的山崩和洪水。这是一个凶兆，因为在汉语中，同样的"崩"字表示两种不同含义：山崩和帝王驾崩。各种灾祸接踵而至，就像旧丝绸上的裂缝一样不断扩大，没人能修补南宋这块破布。天正在收回它授予宋朝的统治权。一个时代行将落幕。

面对这场大规模的重要战争，忽必烈不想留下失误的余地。他任用襄阳攻城战的胜利者阿术，但把阿术置于精力充沛且见多识广的政治家将领伯颜的帐下。伯颜出身于一个传奇家庭，六十多年前，他的曾祖父、祖父和叔祖父三人饶了成吉思汗的敌人塔儿忽台一命，成吉思汗赞赏他们的忠诚。伯颜的父亲在1256年跟随旭烈兀作战，后战死。伯颜效力于忽必烈，成为高级民政官之一，他因临危不乱、才华横溢（学会了汉语）而闻名。年仅三十四岁的伯颜发现自己肩负重任——朝征服世界的目标迈出了更大一步。

向长江下游进军是一次重大行动。1274年夏，伯颜和阿术在襄阳周围集结大军，步兵约二十万，其中半数以上是北方人；水师由八百艘新造战船组成，另有小型运输船五千只，配备水手七万人，每船十四人。这是一支灵活机动、水陆两栖、多民族的军队，它非常必要，因为南宋仍握有七十万重兵和长江上的一千艘战船。

胜利终将到来，但是，就像忽必烈在云南之战中看到的那样，军事胜利必须与另一种胜利——赢得民心民意——相结合。如果要维持对宋朝的征服，那么就得进行良好的治理；这意味着应减少民众的苦难。

1274年秋，伯颜的首要任务是让军队沿汉江而下入长江，要走约二百五十公里的水路。但是，驻有十万宋军的两座要塞——由跨江索链相连——阻挡了汉江。为了避免另一场攻城战，伯颜命令军队绕开这一江段，并用竹杠抬船走陆路。到1275年春，伯颜和阿术率军出汉江流域入长江冲积平原，迫近今天的武汉三镇和下游的阳逻堡要塞。

为避免正面进攻，伯颜派阿术建立跨江桥头堡，它莫名其妙地——细节不得而知——成为突破宋军水师的关键。阳逻堡守将逃跑，一盘散沙的宋军水师向下游扬帆而遁，要塞投降。前襄阳守将吕文焕加快了战争的进程，因为他也曾是许多下游守军的上司，他一发话，宋将们就投诚，让蒙古军稳步向前。

在杭州，每场胜仗都让伯颜威名日隆，宋人称他为"百眼"，因为他的名字听起来像汉语中的这个词。与之相比，贾似道的名声却一天不如一天，朝廷官员和民众斥责他沉溺奢华、搜刮财宝、聚会无度。贾企图挽回自己的权威，于是决定亲自挂帅出征。同年2月，他率十几万精兵出城应战，绵延四十公里的庞大人群向西去拦截伯颜朝长江下游的进军。都城的兵力忽然之间空虚了,它需要更多军队守卫。

就在这个时刻,令人敬畏的宋帝遗孀谢太后开始鼓动她的民众。相貌古怪、皮肤黑黝且一目患白内障的谢太后多年以来都是安定人心的力量,她宽厚大度、内敛克制,深居宫中而无干政之野心。现在,她发话了,强烈希望民众奋力参战,她的话奏效了,到1275年3月,南宋全国踊跃入伍的民众多达二十万人。

贾似道在一个月内走了二百五十公里,来到今天的安徽省,将军队部署在铜陵附近,目的是封锁江面。说起来容易做起来难:这里的江面有二点六公里宽。铜陵还有一处江心岛可以起到楔石的作用。贾聚集了二千五百艘战船——多数是阳逻堡之战惨败后逃来的,其他出自杭州,他等待伯颜的到来。

可是,伯颜水师运送的是久经考验的各兵种分队——蒙古骑兵(也负责两侧和前方的侦察工作)、汉人步兵、大量叛降宋将、训练有素的炮兵,还包括由驳船运输的亦思马因"襄阳炮"。战斗详情没有记载,流传下来的只有结果。炮兵搭起巨型抛石机,石头如雨点般落在宋船上,骑兵进攻江岸,步兵登陆江心岛,贾似道的军队士气低落、全线溃散,把二千只战船丢给了蒙古人。贾逃离战场,受到羞辱,死期将至。谢太后罢免贾的官职,将他流放到南方八百公里沿海处的漳州(据史料记载,贾似道的流放地应是循州,今在广东龙川附近,而被杀于漳州——译者注),那里无路可逃。快接近目的地时,监押人员杀死了他。

与此同时,伯颜继续向下游胜利进军。无为、和县、南京纷纷投降，促使其他六位南宋地方官举城加入蒙古阵营，其中两人自杀（正如我们即将看到的，这是诸多此类行为的首例）。在南京，伯颜想起了忽必烈的长远目标：长治久安。他暂缓攻势四个月，为已征服的三十座城市及二百万新臣民建立起一个地方政府。由此，他打开了与宋廷的谈判大门，不料，他的三名使节在进入杭州之前就被当地人谋杀。

此时正值夏天，蒙古人和北方汉人在闷热天气里虚弱不堪。伯颜正急于向前推进，但却被迫耽搁，因为忽必烈面临着故地另一场叛乱（第十九章的主题），他想从伯颜的建议中受益。在战事耽搁期间，阿术击退了宋军的反扑，扫荡了其他城市，尤其是扬州及附近的河港城市镇江。这里又是一场大战，宋军把笨重的航海战船全部用铁索连接，阻塞河道，而蒙古人点燃很多小船，让它们变成一根巨大的导火线，焚毁了大量宋船：又是一场军事灾难，一万人死亡，一万人被俘。如今，蒙古军距离长江口不到二百二十五公里，杭州就位于鼻状上海半岛的附近。走陆路也是二百二十五公里。最后一击就要开始。

9月，伯颜返回战场，计划从海陆两地分三路发起最后攻势，他领中路沿大运河进发。水陆两军主力进展迅速，但伯颜军团遇阻，由于五千宋兵及时增援繁华古城常州，蒙古军在此出乎意料地遭到顽强抵抗。伯颜给了宋军一个投降的机会，飞箭射书于城内，警告对方，抵抗只会带来严重后果："你们应该立即重新考虑你们的处境，免得到时追悔莫及。"宋军不应，蒙古人再次实施城市毁灭，约一万人死亡，很多尸体覆土成墩。

宋都已是人心惶惶、风声鹤唳。军队哗变，逃兵不断。皇太后通过自贬以乞求众人的支持，试图延缓这不可避免的败局：大祸临头，"我痛心疾首，皆因我们德行不实"。人们应该回想三百多年的德仁之政，然后奋起杀敌。有数万人确实这么做了，但缺乏领导，乌合之众徒增混乱与恐慌而已。

六周以来，谢太后派出一个又一个使臣，寻求一些解决办法，如进贡和割地。驻军杭州外围的伯颜要求宋廷彻底投降，他保证，投降将换得民众的太平与皇室的安全。宋廷中有人主张战斗至最后一人，有人想完全放弃都城，谢太后觉得已经别无选择。杭州几乎全被包围了，士兵和平民纷纷南逃，都城日益困弱。

至少在杭州地区，结局很快来到了。丞相陈宜中遁走避难。1276年1月26日，皇太后派人携书赴杭城以北二十公里处伯颜大本营，承认忽必烈的最高君主地位："我谨百拜于大元仁明神武皇帝陛下。"一周之后，杭州地方长官代表朝廷交纳宋朝玉玺和降表，声明，宋朝幼帝心甘情愿放弃帝号，把国土全部交给忽必烈。伯颜率领诸将和部分军队以胜利者的姿态齐列进城。数百名漂亮的青楼女子想着接下来会在她们身上发生什么，因此瑟瑟发抖，其中一百人为避免被发现而自沉。最终，2月21日，举行正式的投降仪式，五岁的皇帝㬎（宋朝所有皇帝都姓赵，他们也有庙号，这让非专业人士感到困惑。是他的名字）亲率百官拜见伯颜，向忽必烈居住的北方鞠躬敬礼。

伯颜兑现自己的诺言，也是忽必烈的诺言。1215年，在北京，蒙古人曾经肆意毁坏和杀戮；这次，是和平交接，严禁未授权的军队入城,保证宋朝皇室的安全,保护宋室陵墓,不得企图扰乱货币流通或者改换服饰风格。财货宝藏移送北方之前,由蒙古的汉官登记造册。解散民兵,正规军收编入伯颜部。当然,官员全部替换成蒙古人、北方汉人和一些宋朝叛臣,但在其他方面,正如伯颜自豪地向忽必烈奏报的那样:"九衢之市肆不移,一代之繁华如故。"忽必烈下诏说,每个人继续照常生活,官员不受惩罚,名胜之地得到保护,寡妇、孤儿和穷人由公帑资助。

2月26日,两大批随从人员中的第一批离开杭州前往北京——三百名官员和三千车战利品。一个月后,伯颜把杭州交给属下,带领第二批随从人员北行,他们都是宋朝皇室成员:前幼帝、他的母亲、公主、妃子、亲属,体弱多病的谢太后痊愈后也随行。

三个月后的6月,庞大的人群到达上都,受到忽必烈的欢迎,他欣喜万分,不知如何高度嘉奖伯颜。他授予伯颜二十套"单色服"——得到一套已经是殊荣了——并复拜同知枢密院。"百眼"成为帝国的英雄。

谢太后和她的孙儿、前皇帝㬎随后住在北京,被赐免税房宅。忽必烈的妻子察必亲自关心他们的健康状况。这位宋朝老贵妇得到一份微薄的官方养老金,由侍者伺候着,以此度过余生,六年后去世。她的孙儿被送往西藏,成为一名佛教僧侣,1323年,元朝第九位皇帝令他自杀,或许——据传——是一例被强加的"文字狱",因为这位皇帝见到㬎的某首诗后很生气。

所以,确切地说,宋王朝并不是在一声毁灭的巨响中突然消亡，而是在一片遍野的哀鸣中宣告结束。

然而，还有另外一种结局：绝望、苦难、心碎；用戴仁柱的话来说，这是"一部难以想象的紧张戏剧"[1]。就在最终投降前夕，它的序幕拉开了，当时宋廷把两位年幼的皇子送往南方，他们是前幼帝㬎的兄弟：四岁的昰和三岁的昺。随着他们的出走，与投降仪式截然不同的一种精神——义愤填膺地反抗异族统治——迅速蔓延。

皇子出逃，蒙古人追击，死亡弥漫空中，不仅是强加给反抗军的死亡，而且是自选的死亡——无论战死还是自杀。戴仁柱在追忆这段恐怖时期的时候，列举了一百一十位著名男性的自杀行为，当然，他们很有名，但不属于最高层。其他数百人则任职基层政府，还有上千来自各个阶层的普通男女。举个极端的例子：1276年1月，阿里海牙在长沙（时称潭州，位于内陆湖南省）遭遇顽强抵抗，当然，抵抗是徒劳的，守城长官李芾认真安排了家人和亲族的集体自杀：把人全部灌醉，令手下用剑刺死他们，然后他杀了妻子，割喉自刎。其他人也以同样方式死去。官修的宋朝历史说，全城百姓"多举家自尽，城中水井填满人尸，树林里上吊者的遗体比比皆是"。湘江漂尸变浑。这是夸大之词吗？也许吧，但是，当阿里海牙攻陷城池时，他看到，无须进一步实施"惩罚"了，因为该城实际上已经自毁。

同时，两位小皇子和随从被带到南部，一路上为忠义事

---

1 戴仁柱（Richard Davis）：《撼山之风：13世纪中国政治与文化危机》，马萨诸塞的坎布里奇：哈佛大学出版社，1996年。

业招募新兵，这并非难事，因为他们身上有巨额现金。随后，他们乘上船，沿着海岸线跃向一个又一个港口，朝越南驶去：一千艘战船组成的水师承载着二十万人马。他们遭遇了可怕的风暴。其中一位皇子毙死于离越南不远的一个岛上。此时，蒙古人已从陆路赶上了他们。搭载着仅存的皇子昺，宋军舰队顺海岸线慢慢地返回港湾——香港西侧变宽的珠江口，这里，密集的岛屿可提供掩护。

不能到更南面的地方了，但也并非大势已去。他们发现一个优良的海岛基地，可以在那里东山再起。海岛北面多为浅滩，似乎能把敌军战船挡在外面；岛屿南端众山陡降入海，故而此岛名曰崖山。1278年夏，六岁的皇子昺及忠诚的追随者——包括他的继母太妃、生母、重臣陆秀夫——就驻足于此岛，而许多追随者住在战船上，也有其他人登岸，他们在仓促之间搭起简陋的房屋和工事。

蒙古军在八十公里外的珠江上游城市今日的广州（旧称Canton）驻扎。1279年2月底，拥有千艘战船的宋军水师准备一战；舰船两侧覆盖着铺泥的席子，以抵御火箭和燃烧弹；还有狭板保护船体，可以挡开火攻船；船上储存了足够的食物和淡水。据文献记载，年幼的皇子乘坐在旗舰上，整支舰队用铁索相连，准备应对迫在眉睫的猛攻。

蒙古人只有约三百艘战船，从下游和周边海岸靠近目标，因为在数量上处于劣势，所以他们并不急于进攻。蒙古军指挥官致书劝降宋军，遭拒。现在，蒙古人发现，与被铁索束缚和固定的敌军相比，他们在机动性上占有优势。蒙古人在宋船和海岸之间布下一道封锁线，切断对方的供水，静心等待发起冲锋的时刻。蒙古军坐等了两周，其间，宋军的淡水用尽。

然后，3月19日早晨，下着雨，一半蒙古舰队趁着退潮驶入士气萎靡、虚弱不堪的宋军侧翼；六小时后，另一半蒙古舰队随着涨潮从另外方向发起总攻。

结局对宋军来说是一场大灾难。史书说，海水被血染红，十万人丧生。学者指出，真实数字也足以让人毛骨悚然——可能是三至四万。唯一的目击者是记录详情的忠臣文天祥，当时他是蒙古战船上的一名人质，后来，他在诗文中描述了亲眼所见的惨状：

人死乱如麻。
腥浪拍心碎。

当人们看到正在发生的一切时，很多人——数百，可能是上千——身绑重物跳海自杀，其中之一就是幼帝的谋士陆秀夫。陆秀夫纵身投海时背负着那位小皇子，是其世系的最后一位也是宋朝的第十三代统治者；当时，他仍然身着皇家黄袍、腰系帝国金玺。

Burned by the Rising Sun

旭日燃烧

在追猎宋朝忠义人士的战争中，忽必烈及其将领学到了一样新东西：海上航行。1274年，看着自己的战船沿长江顺流而下并出海作战，忽必烈向外远望大洋的另一边——日本。

值得注意的是，就官方关系来说，日本已经有四百年几乎没和中国打交道了，尽管事实上很早以前日本就从中国移植了多种文化之根。双方不存在争端，也没有开战的理由；恰恰相反，双方建立了长期的私人贸易联系。日本输出黄金、漆器、宝剑和木材，换取丝绸、瓷器、香水和铜币。私人贸易没有体现官方政策，却在宋朝统治下不断发展着。上都的决策者们预见日本可能会援助宋朝，所以，最好除掉他们，越快越好。

这看上去是完全有可能的。日本天皇是名义上的元首，统治着互相争斗的大名武士，他们更关心勇士精神而不是国防。日本没有大规模的野战军，也根本没有海军。忽必烈有久经沙场的军队、身历百战的无敌将领、一支强大的新建海军，还有一块跳板——附庸国高丽，其南部海岸距日本仅二百公里。

1231年，蒙古人首次侵入高丽，那是窝阔台一心扩大蒙古统治的组成部分。当时已经证明高丽是块难啃的骨头，掌权的将军们主要依靠海军战术，把蒙古人挡在海湾，而自己躲藏于一个近海岛屿上，这实际上是对蒙古骑兵的藐视。蒙古人采用大规模的火攻、屠杀和盗窃等手段进行报复。在1254年的入侵中，蒙古人掳去约二十万战俘，毁坏了这个国家的大部分地区。1258年，高丽国王及其官员们挫败了一次政变，并向蒙古人求和，世子亲赴中国表示臣服——直接拜见忽必烈，因为碰巧蒙哥正在向西远征。一切都迎刃而解了：高丽国王和蒙哥去世，忽必烈得到了一位新仆臣。1259年，高丽—蒙古联军在旧都开城重立国王元宗，铲除残余的军方反对势力。忽必烈把一个女儿嫁给元宗的儿子，以便让他的外孙最终继承高丽王位；他并不受欢迎，但却是操纵王位的幕后权力。现在，忽必烈需要船只；船只从高丽造船场源源而来，首先用于征服南宋，然后运送一支蒙—汉军队跨海驶向日本。

忽必烈有开战的理由。他让高丽使节捎信给日本，要求这位"小国"国王立刻臣服，它引起了夹杂恐惧的愤怒。六个月后，日本政府不作答复，命令使节离开。接下来的三年中，没有来自忽必烈的任何消息，因为他的军队正在从事征服南宋的战争。直到1271年9月，另一位高丽使节来到日本，正式要求日本臣服，私下警告日本备战。日本官方还是不作回复，但现在，它下令诸侯们返回封地，治安官员及家臣着手加固三十处破旧的海岸堡垒。

所以，1272年，一位蒙古大使登陆日本，要求把他的书信立即转交给天皇，此时，日本人的尚武精神复苏了。

年轻气盛的幕府将军、二十二岁的北条时宗（北条时宗是镰仓幕府的执权而不是将军，但实际支配幕府权力——译者注）赶走了蒙古大使，这是对忽必烈的莫大侮辱，是赤裸裸的宣战行为。

忽必烈很快就准备好了。1273年，襄阳攻陷，这下可以腾出手来在别处采取行动了；高丽最终实现和平；高丽和南宋海港有足够的船只用于攻伐。据可靠史料记载，1274年秋，约三百艘战船和四五百只小艇，搭载一万五千船员和四万作战部队，从高丽南部海岸的马山启航，跨越五十公里海面，到达对马岛——历来就是从大陆到日本的踏脚石。

在岸上，当地人进行了壮烈但无望的防御战。它成为传奇故事的素材，充斥着日本人的武士精神和蒙古人的野蛮行为，孤胆武士庄严地发出挑战，蒙古毒箭如同春雨般倾泻，鲜血染红了海水，长官有尊严地自杀。许多故事说有六千人死亡，蒙古人带着一千颗头颅回到船上，驶向五十公里外的下一块踏脚石壹岐岛，在那里日本人遭遇了同样的结局。

在九州沿海，三角旗迎风飘扬，大名们将兵力集中于堡垒内和防御墙后面。在进攻壹岐岛四天后，蒙古舰队停泊于由博多城（今福冈）控制的海湾内。两块向西延伸的陆岬，仿佛在欢迎来自全亚洲大陆的船只，使得这里成为天然的入侵点。忽必烈的军队在海上如入无人之境，轻而易举地在海滩登陆。日本人等在那里。正如一条日文资料所记,日军统帅的孙子发射响箭作为开始行动的信号,"但是蒙古人都笑了。他们不停地击鼓鸣锣,吓得日军马匹发疯乱窜。他们的坐骑随处驰突,没人想迎战蒙古人"。不久之后,武士传统要求日本武士不能像胆小鬼那样躲在防御墙后面,他们将迎面遭遇敌人。

那天,在日军中有一名年轻武士叫竹崎季长,来自肥后国（大致领域为现在的日本九州岛熊本县——译者注）的御家人（幕府将军的直属仆臣、军人统治者）,他后来获得足够财富托人制作一系列绘画,这些画随后被粘在一起,组成两幅卷轴画,描绘了这次战斗以及日后1281年蒙古人的入侵。两幅卷轴画大概是在蒙古人失败后十二年创作的,记录季长在那场战斗中的作用。"蒙古袭来绘词"几经转手,被拆散、重裱、增补,尽管如此,它还是提供了战争的生动写照［这个故事成为一本特别著述的部分内容,参阅托马斯·康兰（Thomas Conlan）译注:《无需神灵干预:日本的蒙古袭来绘词》,纽约伊萨卡:康奈尔大学出版社,2001年］。

描绘1274年入侵的那部分画卷显示,年轻的季长（二十九岁）翘着整齐的小胡须,留着山羊胡,带着五名手下穿过松树林。他们手持超长弓（按蒙古人的标准来说）,背负箭袋,以高超的技巧在疾驰中拉弓射箭;他们从头到脚都穿戴铠甲——用重叠的金属片制成——保护起来。

季长是个桀骜不驯的人,非常好战。一张图片显示,他从血流如注的受伤战马上跌落下来，而蒙古人的一颗炸弹就在附近爆炸了。这颗炸弹备受争议。虽然一些学者认为这幅图像是18世纪时为增强戏剧性的添加物，但另有学者相信其内容是真实可信的。有没有可能两种观点都是正确的呢？正如我们看到的，蒙古人早已熟知爆炸物，在1215年夺取北京后就得到了它们。因此，这很有可能是日本第一次遭受爆炸武器的袭击，也许，有六个人正在船头用牵引抛石机投射它们。

与任何一位优秀的武士一样，季长痴迷于个人荣誉，根本不在意集中指挥的缺失。其他人也同样如此。但是，光靠匹夫之勇是不够的。日军杂乱无章的防御让一些蒙古人突破自如，向内陆纵深渗透，烧毁了博多附近的城镇。

一天过去了，日本人逃离海滩避难，退向内陆十六公里，构筑工事，把自己关在当地首府太宰府内。蒙古人能驱逐他们吗？我们永远不会知道了，因为一场风暴正在酝酿之中。汉—蒙—高丽的船长们催促军队回到船内，躲过海上的恶劣天气。毫无疑问，第二天会再次登陆、再度突进、再获胜利。

但是，天气越来越坏，一支由三百艘日本敞舱船组成的小船队悄悄离开海岸驶向蒙古舰队，有些船里坐着一打配备弓剑的士兵，有些船装载干草作为燃料。这些小船潜入大目标的行列之间，接近那些拱形船体之下。起风了，忽必烈的许多船只已经着火,日本桨手朝他们熟悉的海湾滩涂使劲划船。

黎明揭开了恐怖(对于蒙古人)和振奋(对于日本人)的场景。舰船被风吹散,船体引燃,败军浮尸海上,幸存者蹒跚至高丽的安全之地。高丽的记载称有一万三千人溺亡。

忽必烈没有把失败放在心上,这一切都是天气之故,与日本人的锐气无关。下一次,蒙古人的天然优势必将得到体现。

无论是北条时宗将军还是京都的天皇,都毫不怀疑发生这一切的原因,正如一位日本朝臣在日记中写道,这场风暴"肯定是因为众神保佑我们而生成的。太好了!我们应该不停地歌颂众神"。

但是,未来会怎样?众神只会帮助那些自救的人。北条时宗命令九州沿海各国修建一堵防御墙，这个想法具有原创性，因为之前日本全国没有修建过多少军事设施。这项工程在某种程度上使互相争斗的日本各地统治者形成一个共同目标，产生一种强烈的民族国家意识。

抵抗精神变得坚强起来。1275年，忽必烈派出更多的使节，然而他们被带到镰仓（位于日本神奈川县——译者注），五个月后被处死（那位不幸的使团首领叫杜世忠，他的坟墓在靠近镰仓藤泽的一个寺庙里）。幕府将军等于打了忽必烈一个巴掌。朝廷和文官们节衣缩食，以至于国民财富源源不断地投入国防建设：防御墙和机动灵活的小船——比强大的高丽战船跑得快。因为敌人肯定会试图在不设防的地点登陆，所以必须构筑第二道防线，派兵守卫南北海岸。

下一次，毋庸置疑会有下一次，日本人将枕戈待旦。

Challenge from the Heartland

来自腹地的挑战

浏览一下地图，你就发现，今日中国延伸横跨了亚洲的一半。她西部界线的经度几乎与印度西部边缘的相同，这令人惊奇，因为她远远超过了长城——古老的北部界线——所限定的传统中国的核心范围。长城伸入并消失在中亚，但今日中国边界再次远超于它，为什么中国会变得这么大？

记住，中国疆域发展的原因得益于成吉思汗和忽必烈两人的作为。但是，这又引出了另一个问题：忽必烈帝国名义上延伸出了今日中国的边界；也就是说，这个问题应该完全倒过来问：为什么中国这么"小"？为什么她没有更远地伸入中亚？

答案是，忽必烈受到了限制，他所能动员起来的兵力——对付那些意欲独立的亲属——很有限；原因之一在于，忽必烈的亲属善于使用马匹，这些马匹使他们像水银一样难以抓住。对于帝国的极远部分——波斯的伊利汗国和南俄的金帐汗国——忽必烈无能为力，但中亚并非如此，它虽然远离中国核心地区，却是蒙古的门阶。从某种意义上讲，今天哈萨克斯坦全国以及南部很多其他"斯坦"国家的广大区域，都是成吉思汗遗产的一部分，当然也是忽必烈遗产的一部分，所以，它们很有可能留在中国势力范围内。但是，忽必烈在这个方向上却达到了极限。眼下，忽必烈正为距离遥远、军队无法弹压那些善变的亲属而发愁。

这让我们不得不蹚一回历史的浑水——忽必烈和一位远亲的斗争，不过这很重要，因为斗争结果可以很好地解释今日中国之形成。这次反叛考验了忽必烈到底能前进多远，当他无法向更远之地前进时，就出现了"中国"的观念。后来，清王朝重新控制该地，再次把边界拓展到忽必烈所限定的界线。

这个广阔而多变的地区，起自乌兹别克斯坦沙漠和哈萨克斯坦南部草原，进入高海拔的天山和中国西部荒地，从未实现政治统一，物产不多，问题不少。这个地区也不断伊斯兰化，即便在忽必烈时代也是如此；无论是当地统治者还是中原皇帝，都无法实现全面控制。

忽必烈的真正威胁就在中亚，这种威胁来自他自己的家族，来自于成吉思汗所选继承人窝阔台的后裔；强势的拖雷遗孀为了自己孩子的利益，把窝阔台系边缘化了。正在谈论的这位亲属叫海都，窝阔台之孙。这是他的故事，一个奇特的故事，它的情节超越了海都漫长的一生，也超越了忽必烈大部分的生命时间。在四十年的岁月中，这两个死对头进行着一场远距离的拳赛。轻量级的海都从内亚挥拳猛击，偶尔引起那位重量级对手的注意，后者总是有其他事务要关注。

实际上，海都从来没有获胜的希望，但他的成功在于突出了一个主题，即许多大国统治者的共识：尽管历经苦战，征服（如果能完全取胜的话）还是简单的；而治理却是复杂的。征服是在一场大冒险中把下属团结起来；而治理则允许自由发挥个性、施展抱负和形成竞争团体。各种事情纷至沓来，尤其是在边疆地区，这里涉及一块离汗廷约三千公里的区域。一位官员去海都之地所花的时间，和1780年代一位英国官员去美国所花的时间一样长。等他经过四个月的跋涉到达那里时，谁知道其间可能会发生什么呢？

海都，约1235年出生，1251年蒙哥发动对窝阔台系的清洗时，他因为太年幼而没有被抓，但在次年，蒙哥与幸存者们言归于好，海都也因年龄增长而得到了自己的领地。十六岁的海都是哈剌和林以西约二千公里处一片地域的主人，这块土地从天山绵延而下进入沙漠，被丰饶的伊犁河谷——连接中西的主要通道之一——分开。这个亚洲地理的正中心就是海都的基地，他在这里长大成人，远离日趋汉化的忽必烈世界；他开始为了自己的利益而创建帝国。

这个故事不容易讲清楚，因为它意味着要弄明白一些含糊的事件，从记载琐碎争吵的离奇晦涩的参考文献中梳理出重要意义。马可·波罗也面临同样问题，但正如他经常做的那样，最终他通过蛮横践踏史实、猎取诱人的奇谈来解决这种问题。在本故事里，这么做并非坏主意，因为他记述的小道传闻抓住了海都此人的某些本性以及反叛的实质。

马可·波罗记住海都是因为其女儿忽秃伦——另一位铭刻在蒙古历史上的可畏女人。忽秃伦之所以成名，不是因为她的政治技巧，而是因为她的作战能力和独立精神。"这位少女非常漂亮，"马可·波罗开始描述道，仿佛是一个童话的开篇（马可·波罗称她为阿吉牙鲁克，Aijaruc，而畏兀儿语是艾·尤尔克，Ay Yoruk，意为月光，或许这是她的昵称），"而且十分强悍和勇敢，在她父亲的王国境内，没有男人能在力量武艺上胜过她……她高大强健、粗壮匀称，活像一个女巨人。"海都宠爱那位亚马孙族（希腊神话中相传曾居住在黑海边的一族女战士，她们刚勇好战——译者注）般的女儿，想给她择配，但她总是拒绝求婚者，说自己只愿嫁给能在摔跤比赛中赢她的男人。她的规则是挑战者必须押注一百匹马，在一百回合的较量中，忽秃伦全胜，于是获得了一万匹马。现在，就像所有的美好童话一样，出现了一名高贵的王子，他是一位富裕强势国王的儿子，父子两人都姓名不详，令人疑惑。王子信心十足地押上一千匹马。海都期盼有位金龟婿，恳请女儿故意输掉比赛。"决不，"女儿说，"他必须光明正大地赢我。"所有人都赶来观赛。两人摔跤，势均力敌，直到忽秃伦突然用力把对手摔出。王子羞愧难当，留下一千匹马，离开了。眼看失去一段好姻缘，忽秃伦的父亲强忍怒火，自豪地把女儿带上战场。忽秃伦证明了自己是一名伟大的战士，有时，她冲入敌阵擒拿敌人，"就像老鹰抓鸟一样敏捷，把敌人献给父亲"。

我们该相信这些事情吗？是的，忽秃伦确有其人，拉施都丁简略地提到过她。令人信服的是，故事照亮了海都这个人，他仰慕游牧民的传统美德——自豪、勇敢、力量、斗志、独立；他不喜欢学者或艺术家。正如莫里斯·罗沙比所说，持有如此态度的一个人，自然要和忽必烈发生冲突。

至1260年代初，帝国不再统一，成了大家族后裔们互相争夺的家产。在中亚，三个蒙古政权扩大各自的势力而混战：今日南俄的金帐汗国、波斯的伊利汗国、位于咸海和中国西部之间的察合台后王（其实，这里涉及三个半政权：还有白帐汗国，它是金帐汗国的亲属，经常处于半独立状态。白帐汗国在俄罗斯被称为青帐汗国——这只会添乱）。眼下，海都自己正插足于这场混战中，试图在察合台领地、金帐汗国、忽必烈中国三者的边陲占据一块空间。当然，所有人都承认，他们是一家人，都是成吉思汗的血脉；每个人都声称自己最适合接过成吉思汗的衣钵。一切尽在剑拔弩张之中，多次要求继承汗位的人无法驾驭军队，加剧了这种紧张局势。在西方，伊斯兰教拉拢蒙古统治者；有些人抵制，有些人皈依，皈依者指望宿敌埃及的支持。在中间地带，一些人坚持游牧传统美德，鄙视城市及其文化，尽管他们的收益有赖于此。东方则由忽必烈统治，他是有些人名义上的最高宗主，也是另一些人眼中的叛徒，因为他选择了汉化。

据拉施都丁记述，海都是个聪明、能干、狡猾的人，他稳步推进反叛活动。在二十几岁的时候，海都支持阿里不哥对抗忽必烈；1264年，他拒绝参加忽必烈的加冕仪式。不久以后，中亚的三位蒙古领导人——波斯的旭烈兀、察合台领地的阿鲁忽、金帐汗别儿哥——全部去世，整个中亚出现权力真空。海都依靠与之结盟的金帐汗国新统治者，攫取了更多土地，疆域西至波斯，东抵今日中国。忽必烈决意安抚这个内讧四起的家族，为此他派出了一个代表八剌，他设法夺取了察合台领地的控制权。八剌和海都战于锡尔河畔，海都大胜，然后，他以成吉思汗的名义提出议和。

1269年，和平会议在塔剌思（今塔拉兹，位于哈萨克斯坦和吉尔吉斯斯坦边界）召开，三位现任内亚蒙古"国家"的新统治者都来赴会，海都是第四位。他们中的三位——金帐汗国领导人对该地事务不感兴趣——对八剌和海都之间的争端地区进行划分，这两位强势的参会者就分享来自撒马尔罕和布哈拉的贸易达成某种协议。两人订立协议的同时，发下宏誓结为"安答"——生死与共的结拜兄弟，还举行了常言所道的"饮金"之礼，即双方互换金杯祝酒。

这些事件暴露出一个问题。无论是原先听命于忽必烈的八刺，还是暴发户海都，都以独立君主的姿态行事，没人理会名义上的最高宗主忽必烈，据《元史》中一条不明出处的引文所记，他们只是极为不逊地致信忽必烈："我朝旧俗不类彼之汉法。"换言之，他们在宣布独立于忽必烈，因为他背离了成吉思汗。

形势的发展很快表明，和平会议是一面骗人的幌子。不能相信其他任何人，每个人都在积极备战。金帐汗国统治者忙哥帖木儿置身事外，旁观其他三人在攻击、结盟和欺诈的恶性循环中争斗。1271年夏末，海都称汗，占据今日哈萨克斯坦南部、乌兹别克斯坦大部、几乎全部的吉尔吉斯斯坦，这是一个横跨二千五百公里的国家。这块区域没有名字；马可·波罗叫它"大突厥"，其他人称之为突厥斯坦。粗略地说，它从西边的阿姆河延伸至东边的新疆，从北边的巴尔喀什湖铺展到天山，总共一百二十五万平方公里，相当于法国、德国和意大利的面积之和。

这是一个非凡的成就，海都利用对手们的弱点，趁着忽必烈进军中国内地之机，充分证明了自己的睿智。他是一位保持成吉思汗本人传统的领导人，坚韧不拔，严于律己——滴酒不沾，宽容除了萨满教以外的宗教，小心看护自己的经济。通过一位办事高效的大臣，海都发行自己的货币（在十几个城市发现了含银量很高的硬币）。他甚至因建设安集延（位于乌兹别克斯坦东部——译者注）而备受赞誉，在1280年代，这个地方成为富饶的费尔干纳谷地的贸易中转站。海都曾经可能是个传统主义者，但是，他也像成吉思汗一样意识到需要管理技巧。他采用蒙古军队传统的十进制指挥结构，创建了骑兵团，这样一来，他能够整合经常互斗的许多蒙古、突厥部落。骑手得到了步兵和"石脑油投掷者"——熟练使用抛石机和其他攻城器械的行家团队——的增援。海都的军队有多强大？文献反复提到他有十万人马，这可能有点夸大，无论如何，他们远不及波斯、金帐汗国和忽必烈中国的军队数量。但他们以质量弥补数量的不足，他们擅长突袭：进军迅速、打击猛烈、撤退快捷。

然而，经济复苏没有持续多久，开拓帝国的梦想很快破灭。海都加冕的同年，忽必烈试图迫其就范，他派遣四子那木罕率六位宗王到达阿力麻里——刚好位于海都领地之内，旨在劝说海都赶赴上都或北京的朝廷。海都置之不理，让军队远离危险境地，保卫西部边界，而那木罕没有足够的战马或兵力发动攻势。时光流逝。那木罕建立起朝廷，把自己变成了另一个独立的藩王，直到被一位堂兄抓住并送往金帐汗国为止，他在那里苦思了十年之后最终获释。忽必烈全力投入对宋战争，干脆放弃了控制遥远的海都王国的企图。

所有这一切对海都来说都是好消息。在重新占领阿力麻里之后，他游刃有余地应对来自波斯的经常性越界突袭，还有幡然醒悟的察合台家族成员的几次起义。海都端坐在古老的丝绸之路上，实现了一次不稳定的复兴，在帝国边缘全面建立起一个弧形同盟，南入西藏、东及今日的东三省。四十年来——直到最后决战（详见第二十二章），海都的雄心壮志就是要成为祖父窝阔台——成吉思汗钦点的继任者——的真正继承人。到头来，他失败了，但他的影响却持续存在：大致说来，他把忽必烈遏制在边界上，划定了今日中国的西北界线。

What Kublai Did for China

忽必烈在中国的统治

忽必烈已经继承了令人惊讶的管理技能。他没有智慧的天赋，却有使自己成为史上最伟大CEO（Chief Executive Officer的缩写，意为首席执行官——译者注）之一的才能。他善于识人（除了其中一人声名狼藉之外），有本事任用那些比他聪明的人。就像他的祖父一样，忽必烈乐意雇佣任何怀有一技之长的人，他手下的谋士们组成了一个国际团队。穆斯林商人被相中后变成了财政官员。忽必烈雇佣了六十六位畏兀儿突厥人，其中二十一人是属地专员或汉地地方官，另有几位是皇室诸子的导师。与祖父成吉思汗相似的地方还有，忽必烈能及时发现组织上的问题——全由不断演变的新奇事物引发的前所未有的问题，然后，突然找到实际有效的解决方法。成吉思汗吸纳各部落，打散其结构，融合成一个民族，随后开始铸就一个帝国。忽必烈进一步推动这个进程。他的首要任务是征服，其后是治理，他的人民在这两个方面显得准备不足：其一，他们在成吉思汗之前并没有政府管理，其二，此前还没有非汉族征服者夺取全中国——南北混一。以这么小的族群成功控制这么大的疆域和这么多的人口，真可谓史无前例。

忽必烈的主要失误在于他永不知足。如果他想真正实现祖父的遗命，那么，他怎样才能不断扩张帝国的势力范围，直到全世界都承认蒙古霸权呢？

相比之下，在故地，忽必烈是磐石，那也是他履行使命的结果。忽必烈看到中国是帝国统治的关键，他需要中国的稳定和繁荣，因为这是他奉天命统治世界的基础。这种惊人的雄心产生了如下值得注意的现象：不是残酷的独裁统治，而是一次复苏，在上个世纪的混乱中从中国社会消失的许多东西重现了。在大概二十年的短暂时光里，全中国经历着某种复兴。身为异族的忽必烈从未被真正接受；但他是无可置辩的"老板"。而争议在于，他带来的变化是否改善了众多新臣民的境遇。没有办法评估民意，但从起义稀少这一现象来看，我们可以推测当时很多人的感受：蒙古和平治下的统一体，要比金宋对峙时期的国家更好一些（因作者考察资料所限，对元史起义统计材料掌握不全。据《元史》载，仅至元十七年到至元二十七年，即1280—1290年，聚众十余万的起义多达四次，分别为：至元十七年陈吊眼等起义、至元二十年头陀军叛乱、至元二十六年杨镇龙起义、至元二十七年钟明亮起义——编者注）。

与这一判断发生尖锐对立的是，通常所持关于蒙古统治的观点——不仅仅是一连串弊政，蒙古统治简直一无是处。这种观点的思路如下。

几乎所有高级职位都由蒙古人把持。他们凌驾于民众之上，成为新兴的地主、精英、贵族。新的阶层体系导致新的羞辱：处于顶端的是蒙古人；第二层是来自穆斯林世界的人们，波斯人、阿拉伯人、畏兀儿人、突厥人，他们精于商业和贸易；然后是四千万中国北方人以及其他边缘少数民族，如塔塔儿人（塔塔儿人属于蒙古人，此处或应为"女真人"——译者注）、契丹人和高丽人；最后，在底端的是新臣民，七千万中国南方人，从世间最博大精深文化的继承者一下子沦落为臣民和仆人。很多人实际上被奴役，奴隶贸易兴起。汉人被禁止携带武器、狩猎、军训、养马、成群祷告、举办集市。如果一个蒙古人犯谋杀罪，被判流放；而一个汉人犯谋杀罪，则被判死刑。士大夫赖以当官的科举制度不再实行。蒙古人把汉族臣民分成十等,儒士位列第九等,在娼妓之下,仅比最低的乞丐高一等。

所有这一切都是真实的,但不是全部事实。学者、贵族和官员只代表了中国社会的微小部分,大多数人是自耕农和城市平民。人口如此众多,城市如此密集,高层蒙古人如此疏少,没有哪次改革能自上而下地不断深入。对普通百姓而言,日常生活几乎不变;或者实际上改善了。

稳定,依靠的不仅仅是权力的粗暴行使。忽必烈是那个时代最有权势的人,也是历史上最有权势的人之一,然而,正如其行为所示,他知道,他的权威只是部分地自上而下运作,从他本人那里经过朝廷和军队官员传到民众;权威也要自下而上运作。普通百姓必须感受到幸福和安全,否则,动乱将从底层滋生并扩散。北中国还是和过去一样衰败不堪,1211年成吉思汗发动的战争持续了半个世纪,这个地区正在恢复之中;南方正被忽必烈自己的征服战争搞得躁动不安;一切都百废待兴。

稳定的基础在于广大自耕农群众,所有人的吃饭问题都要依靠他们。为了照顾他们的利益,忽必烈成立一个新机构劝农司,设八名官员和专家团队扶持农事;建立五十八座粮仓,可储藏粮食近九千吨;实行税收减免;禁止蒙古人在农田放牧。以五十户为单位,基层政权帮助发展生产、组织灌溉甚至创办学校——这个想法太具革命性而不能实现,但它至少表明皇帝不只是个野蛮的游牧民。现在,税收不直接流向地主(在北方可能是个蒙古人),而是交给政府,然后,在政府自身和地主之间分配收益。(事实上这是作者的误解,这条规定并非针对所有地主,而是享有"食采分地"的贵族,规定

"其赋则五户出丝一斤,不得私征之,皆输诸有司之府,视所当得之数而给与之"——编辑注)自耕农仍需交税,但至少忽必烈尽力抑制滥收。他也强征劳役,这对诸如运河、邮传体系等大型公共事业至关重要,但比前代的负担要轻得多。

让我们更详细地看一下忽必烈如何进行统治。尽管受到一些顽固派的反对,成吉思汗的契丹谋士、伟大的耶律楚材还是成功建立起一套运行顺畅的官僚机构,这使得忽必烈有了一个良好的开端,但是,正如我们所见,他面临着一个更大的问题:怎样把草原与城镇农田、游牧生活与定居文化、少数与多数整合起来。忽必烈不想简单地弃此(他从中获取核心价值观)就彼。另外,他也必须顾及颇为关键的穆斯林团体,因为他的兄弟统治着一大块伊斯兰世界,穆斯林担任地方长官、税务员、财政顾问和商业伙伴,地位重要。忽必烈应对上述局面的态度就是在施政过程中融合彼此,他有时从前代王朝的实践中寻找方法,有时就自己想办法。在三十多年中,他创造出一种政府形式,这种政府更多地带有中国色彩,但也独具复杂的世界主义性质。

忽必烈有一个最大的优点:不受先例的束缚。前代的皇帝们通过几个执行机构进行统治,忽必烈看到,这是一剂不幸的药方,因此他只立一个中书省,自己就是最高长官,下设中书丞相(通常二三人,偶尔达到五人)、平章政事、左右丞、参政,约二百名官员和数百名办事人员,分为十八级,每级的地位在位次、头衔、俸禄和额外待遇方面作了详细规定(本段内容主要参考牟复礼:《帝制中国: 900—1800》)。

中书省领六部：吏、户、礼、兵、刑、工，每部都有数十个分支部门，以工部为例，下设五十三个分支。监察各部及其分支的是御史台，类似国家审计署，共有三个全国性的总部。

完全从民事机构分离出来的是枢密院，由忽必烈于1263年平定李璮之乱后建立，以保障自己的权力。这个机构是彻头彻尾的蒙古地盘，绝对机密，任用蒙古人，所有汉人都被排斥在外，防止他们获知军队的兵力、部署或装备情况。枢密院掌控所有武装力量、军官的任命、部队的训练、兵籍、自身的所有审计程序。

然后是宫廷。专业人员负责仪式、礼节、膳食、粮库、货仓、服饰和特殊食品。工匠组供应金银、瓷器、宝石、织物。有些部门照看狩猎设施和马场。这是一个聚集各色人物的世界：仆人、管理者、演艺家、历史学家、译员、口译者、占星家、医生、图书馆员、神殿守护者、乐师和建筑师。

还有其他一些机构，并不在上述任何机构的直接控制之下。三所学校致力于蒙古研究（说蒙古语对文职人员来说很有用）。叙利亚基督徒爱薛（Isa，与"耶稣"Jesus同名）主持西域星历司的回回司天台，为穆斯林提供研究设施。宣政院是八思巴的私人帝国，相当于远程的西藏政府，监管西藏的宣慰司和全中国日益增长的佛教权益：寺庙、僧侣、寺产。

枢密院的工作就是处理过渡时期——从征服到长久军事管理——中国的各种事宜，这是一场重大转变，给未来埋下祸根。在成吉思汗治下，蒙古体制把每个家庭纳入其军事机器，家庭必须得到供给，起初是用战利品，然后随着疆域的扩大，要用土地了。但是，极少蒙古人有经营农场的心思和能力，很多人变成外居地主。这种体制容易走向自我崩溃，留下荒废的土地和贫困的民众。蒙古地主变卖土地后，发现自己漂泊无居，他们没有技能，没有文化，返回故乡后也没有立足之地，然而他们还自认为是精英阶层的一部分。他们在帝国的状况等同于美国南部的穷苦白人。日后，这种现象将成为侵蚀忽必烈继承者灵魂的一种病态。

行省是忽必烈的另一项创造。随着蒙古征服的高潮向外奔流，新征服地区各自由缩小版的中书省管理，它们仍然是政府在中国十一个行省的分支机构，后来，其他所有部门也在行省设立分支机构。这些分支机构不是行省政府——忽必烈想让他的官员在中央进行管理，避免地方势力的坐大；但是，它们却构成了省级制度——相继由明朝、清朝以及共产党在1949年后推行——的实质要素。今天，云南、陕西、四川和甘肃诸省的存在都应归功于忽必烈。

事实上，作为"蒙古公司"的CEO，忽必烈致力于保持商业车轮的不停旋转。工匠获得定量的食物、服饰和盐，并免除劳役。商人以前被视为寄生虫，现在受到鼓励。贸易，主要是与穆斯林世界的贸易兴旺起来。

在某种程度上，忽必烈是理想的艺术赞助人。他没有成为艺术家的抱负，但他知道这非常重要，因为他希望艺术能吸引全体臣民，所以不分种族或信仰地支持艺术家。这样，忽必烈几乎是一股不在场的变革力量。尼泊尔金属工人、建筑师、白塔寺的设计者阿尼哥，成为全国所有工匠的首领，最终获赐一所豪宅，忽必烈的妻子察必还为他物色了一位有钱的太太。

拿陶瓷来说，中国以此物著称于世，北方有十座主要的窑场，南方有十四座。战争极大地破坏了北方的陶瓷生产，但南方窑场继续产瓷，并装车开进南方大港泉州——马可·波罗用阿拉伯名字称之为刺桐——然后装船前往东南亚、印度和伊斯兰世界。记住，蒙古人统治了伊斯兰世界的一半，他们迅速接受了臣民的高雅品味。大多数货物的出口地泉州，其实是由波斯商人操控着。在忽必烈的有力支持下，南方窑场集中出口产品，尝试给顾客想要的东西，即质量。结果，元代制陶工的人数增长，正如一位专家玛格丽特·麦德里（Margaret Medley）所说："精美的白瓷，质地坚硬，呈半透明的玻璃状，使我们立刻不由自主地联想起中国之名（China, 意为瓷器、中国——译者注）。"不仅如此。在中东，一种非常稀有的金属元素钴，长期被用作给小雕像和项链珠增添淡蓝色调。元朝制陶工得到了它，制造出著名的"钴蓝"陶瓷以及福建白陶、浙江灰绿青瓷，这些瓷器中任何一种都需要现代收藏家支付巨款才能买到。出口兴盛，对窑场、工匠、产品征收的税金流入忽必烈的腰包。

通过组团利用财富投资，商人们变成了银行家，以过高利息放债。他们和忽必烈政府是合伙人：法律迫使商人入境时把金属货币兑换成纸币，给政府积累金属储备，这些储备金用来支撑以百分之十左右的年利率回贷给商人组织，他们实际上成为政府许可的高利贷者。各方都从贸易中获利，甚至包括农民吗？毫无疑问，忽必烈和身边的财政顾问肯定认为，商人财富转化成政府财富，然后为公共工程提供资金，给穷人减免税收。如果农民们选择向高利贷者借债，那是他们的错。

忽必烈在经济上的重大成功是，推广了纸币的使用。纸币是一个伟大的发明，出于现实原因，中国人几乎在三百年前就发明了纸币，当时，宋朝统一了国家，并通过促进经济繁荣使之发生了革命性的变化。统一、富裕、稳定的局面，为发行基于铜钱的单一货币——以每千文穿成沉甸甸的一串——提供条件。因为富商不喜欢拿着这么重的现金，所以地方政府发行存款单——所谓的"飞钱"，能在其他城市兑换。基本材料已经存在了数个世纪，主要是纸张（传统上认为是在公元105年发明的），它是由搅烂的桑树内皮制成，用木制雕版印刷。1023年，国家印发第一批纸币，导致了两个前所未料的问题：通货膨胀、伪钞盛行。

忽必烈采纳正确的建议，营造一种经济环境，使两个难题处于可控状态，这是连现代财政部长都引以为傲的事情。经济的四根支柱——国家统一、内部稳定、高可信度、良性发展——造就了远比宋代更有效的纸币体系。忽必烈尝试了三套纸币体系，第一套以丝为本位，另外两套以不同纯度的银为本位，后者得到普及，令马可·波罗感到惊叹和羡慕。这是一种奇特的观念，全社会把价值系于桑树内皮制成的固态浆上。对马可·波罗来说，纸币体系运行的原因完全是一个谜。

它运行的原因：第一，稳定保证了货币的信用；第二，忽必烈允许用白银按需自由兑换；第三，他没有过量印刷钞票，因此避免了严重的通货膨胀。这是一个巧妙的花招，后来的王朝（和许多现代政府）都无法与之相匹。1368年元朝结束后不久，使用了四百年的纸币也被抛弃。(但忽必烈的执行官如阿合马等人及后继者未能严守忽必烈的制度,违背货币流通规律,致使元朝中后期货币政策崩溃。明初亦发行纸钞,但也因过度发行而不堪用,遂废止——编者注)

忽必烈革命的另一个要素是新的法律制度(本段内容参考陈恒昭:《蒙古人统治下的中国法律传统》,新泽西普林斯顿:普林斯顿大学出版社,1979年)。由于他来自蒙古,因此,先前的所有中国法典以及可回溯二千年的法律传统突然无效了。成吉思汗的法律制度是由他收养的亲人失吉忽秃忽记载的一系列法规条例,对广阔复杂的中国社会来说,它很不严密。谋士们迅速开始重新修订,把两种法律体系的元素结合起来。他们是怎样做到这一步的,其实并不为人熟知,因为保存下来的只有一些零散的法律文本。和七百多年来的历史一样,日常审判一直依据五刑:绞死或斩首的死刑;基于罪行轻重的三种距离的流刑——一千、一千二百五十或一千五百公里;可达三年的徒刑;用大竹板荆条拷打六十至一百下的杖刑;用小竹板荆条抽打十到五十下的笞刑。对于最严重的谋逆罪行,忽必烈恢复了罕用的先例:凌迟处死——"杀千刀"的施虐思维就来自于此,迪亚巴克尔那位不幸的埃米尔就被处以这种刑罚。事实上,不是一千刀,而是先切八刀——脸、手(2刀)、脚(2刀)、胸、腹、头,然后,根据受刑痛苦逐步增加到二十四、三十六、一百二十刀。

听起来残忍无比,但实际上元朝法典却因宽仁而闻名。宋朝法典列出了二百九十三条适用死刑的罪行,而元朝只有一百三十五条,正如一位学者指出,这一点"驳斥了一种普遍看法:蒙古统治者制定严刑峻法对付罪犯"。其实,后继的明朝又把这个数字往上推了，而且，元代实际执行死刑的人数显著偏低。1260—1307年间，有二千七百四十三名罪犯被处死（尽管其中九年不见于王朝档案），一亿人口中平均每年处死七十二人，相对来说这是很低的比例了。

  在其他方面，忽必烈也是尽量宽大。罪犯相当于被分级监控。初次暴力抢劫的罪犯，受罚后还要在右臂上刺字"抢劫或盗窃一次"；无论去何处都必须到当地官府登记；充任辅警当差五年——这是惩罚和社区劳役、歧视和监管的结合，有助于加强社会联系。

  这个世界上最有权势的人，以铁腕控制而著称的政权首领，怎么会相对如此宽厚地进行统治呢？因为民众按要求做事，而忽必烈知道苛政只会适得其反。1287年，忽必烈听说有一百九十人被判死刑，便下令减刑，"囚犯并非群羊……应该让他们以服劳役来替刑，派他们去持筛淘金"[1]。这表明忽必烈是一个知道如何从统治资本中获取最佳利益的人。

  这里有一件奇怪的事情。蒙古人喜欢戏剧，主要是因为戏剧是一种全新事物，他们痴迷于中原戏剧传统。数个世纪以来，中国人一直在观看舞蹈表演、音乐剧、吟诗诵词、说书、露天演出和各类杂耍，宋代则是戏剧的繁荣期。忽必烈确保人民拥有众多戏剧，但他不只是要旧东西，他还要新作品，目的在于吸引蒙古人和高度国际化的朝廷。那意味着作

---

1 陈恒昭：《蒙古人统治下的中国法律传统》，第46页；引自莫里斯·罗沙比：《忽必烈汗：他的一生及时代》，伯克利：加利福尼亚大学出版社，1988年，第130页。

品必须通俗易懂，因为忽必烈本人并不擅长说汉语，这就在某种程度上引起了原来宋代文学界的革命。传统上，他们对戏剧的态度是矛盾的。他们喜欢戏剧是因为它的娱乐价值，但是，剧本却用共通语（即"正音""雅音"——编者注）来写，男演员遭受鄙视，女演员等同娼妓。简言之，从任何一种不同于他们自身的观点来看，宋代文学界的势利眼心态令人震惊：没有人认为剧本是文学，没有人想到要保存它们。结果，元代以前的剧本很少留下来。

在忽必烈统治之下，所有这一切都发生了变化。朝廷中有两个掌管音乐和表演的机构，它们负责朝廷礼乐和大众演出。观众决定演出的调子，与忽必烈的臣僚们相比，观众的品味很简单。1936年，元代戏剧首批翻译者之一的亨利·哈特（Henry Hart）用稍显非专业的语句指出："在刮风的荒漠上成长，在战斗掠夺中狂欢……他们偏爱用民众日常语言编写和表演的戏剧。"

正是这样的需求振兴了中国戏剧。一批新型戏剧家不断涌现，其中很多人是因科举停罢而受挫的学者，他们渴望改善微薄的收入，赢得社会认可，为自己的文学才华找到用武之地。中国戏剧史学家时钟雯写道，他们创造了"大量作品，其质量和数量在中国戏剧史上是无与伦比、空前绝后的，使元代戏剧成为中国文学史上最灿烂的体裁之一"。对于历史学家来说，这片沃土有一个缺点：作者仍然羞于把他们的名字与作品联系起来，所以人们对他们知之甚少。幸运的是，一位戏剧家钟嗣成，搜集元代剧本作者传记材料，撰成《录鬼簿》，书名恰好就是对这些隐身对象的评论。该书列出一百五十二人，其中一百一十一人是剧作家。

当时肯定编写了上千部剧本，其中，知道剧名的约七百部，留存下来的仅有一百五十部。它们是一种"杂剧"或"综合娱乐"，我们可以称之为音乐剧，但由于优秀作家的参与，它们远远超过了音乐剧。这些剧本揭露当时的现实：压迫、不公、贪腐、同权势斗争。当然，它们是以自己的语言来表达的。自莎士比亚以来，西方戏剧普遍表现内在痛苦和破坏性激情，但元代剧本不是这样的。有些作品逃避现实世界，如《西厢记》，是一个在公元800年左右首次写下的故事：一名书生从叛乱者手中救下一位美丽的女孩；他向她求爱；她凶悍的母亲表示反对；机智的女仆出手相助；她母亲被争取过来；美满的结局。这个故事被重写了好几遍，此后就一直颇受欢迎。有些作品更为犀利，因为担心触怒帝国官员，所以它们不能设定现实内容；它们尽量去做戏剧该做的事，即让当下关怀变成永恒主题，如果可能的话，抢占文学高地。

关汉卿可以成为所有剧作家的代表，因为他是元代最高产的剧作家。实际上，他的生平经历是模糊不清的，他大概生于1240年，死于1320年代后期，也算是高寿。他写了六十三四部音乐剧本（其中一部的作者身份存在争议），保存下来的是十四或十八部（另一个有争议的问题）。他善于描写女主人公，就拿他最好的剧本《窦娥冤》为例。窦娥是一位单纯的乡村姑娘，十八岁的年轻寡妇。一个泼皮起诉人邪恶地控告她谋杀。她被拖进衙门，地方贪官下令拷打。她拒绝认罪，贪官就威胁拷打她的婆婆。为了救婆婆，窦娥只好做假供认罪，被判死刑。在行刑前夕，她许下三愿，其中一愿是，这个地方将遭受三年旱灾。她死之后，所有愿望都变成现实，表明天听到了她的祈祷。旱灾引起了已身为高级官员的窦娥父亲的关注，他重审此案。窦娥鬼魂出现，控诉她的原告。正义得到伸张，万物重归平衡。这是一个避开了忽必烈朝廷的好故事。窦娥是受难民族的象征，当她遭受折磨时——蒙古人压迫汉人——天法倾覆，腐败和愚昧支配一切。但是，永远不能轻视美德。她的死促使天采取行动，让正义回归不公的世道——这些重大主题确保该剧后来以若干版本流传，包括一个今天用京剧演出的版本。

Kamikaze

神风

在征服南方之后，忽必烈得以再次转向日本。如今，他已经六十五岁了，时间不等人，岁月催人老。但这不只是年龄迫使忽必烈尽快行动，他的举止就像一个痴迷者，必须实现祖父征服世界的壮志，必须惩罚这个胆敢抵抗他的"小国"。

直到最近，有关这次战争的资料才被日本人的观点所支配，因为他们是胜利者，历史更多地属于赢家而不是输家。这个故事常常被讲述成：强大的蒙—汉舰队打算击垮倒霉、过时的日本武士，就在此时，天亲自出马帮助日本人，刮起一阵台风，把忽必烈的舰队吹得灰飞烟灭。不久以后，日本人称这股风暴为"神风"（かみかぜ，"神"也有神灵、精神、优秀的意思），证明日本处在天的保佑之下。这适合统治精英的口味，他们的权力部分地依赖于一种信仰——他们有能力执行正确的宗教仪式。这唤醒了上天保佑的观念，第二次世界大战中的自杀式飞行员被称为"神风特攻队"：他们是一股新的神风，确保日本不受外国入侵。这是一个聊以自慰的观念。然而，2001年以来的一项研究揭示出风暴拯救的说法是一个神话。将近八百年之后，结果证明日本人远比他们自己料想的更有能力。拯救他们的不是神风，而是蒙古人的能力不足和日本人的战斗力。

这次行动从刚开始就有某种不好的迹象。忽必烈脱离了实际。他似乎相信，只要决心开战就必然获胜，仿佛单凭这样就可以决定军事事务。他提出了不可能做到的要求，还忽视后勤问题，而且关键在于，没有考虑到天气。

为了保证成功，忽必烈需要比以前更大的舰队来运送更多的陆军；为此，他需要那个不情愿的附庸——高丽——的协助。但是，高丽已经受到1274年溃败的冲击，粮食被强取，青壮年被征募为造船工和战士，只留下老幼种地。高丽已经没有物力和人力来重建舰队。五年中，忽必烈不得不提供粮食援助以维持高丽的生计，但这仍显不够。船只也必须从原宋帝国治下的南方征调，还要招募那里心有不甘的居民。

当然，只要日本承认忽必烈最高宗主的地位，事情就简单了。1279年，仍然有另外的使团来到日本，他们携带着极为礼貌的旨令，以避免前任的命运。不幸的是，他们到达的那一刻，刚好有散布恐慌的谣言在大地上四处传播：一位当地的美女在神秘环境中失踪，据说是被一群盘踞在无人岩石岛上的蒙古间谍绑架了。日军入岛营救。蒙古首领把美女拖到悬崖顶上，威胁要杀死她，但她自投入海，游到岸边，而所有的日军士兵却被蒙古间谍谋杀了。美女独自幸存并讲述这个戏剧性的情节，于是故事不胫而走。不管真实与否，镰仓幕府认为，忽必烈的三位使臣是同个阴谋的一部分，于是，将三人砍头，坚定抵抗的决心。步兵和骑兵聚集于九州，博多湾周边的障碍设施延长加高。日本振作起来，全面应对一场如今看来不可避免的攻击。

忽必烈命令舰队在差不多一年的时间里做好进攻准备。这将是有史以来最大的航海舰队，此记录保持了近七百年，直至1944年6月6日（D日）盟军登陆诺曼底为止。舰队司令是高丽人，陆军统帅是汉人叛将范文虎，总兵力约十四万人。计划是分为两路舰队，高丽出动九百艘，福建泉州出动三千五百艘，在离日本海岸三十公里处的壹岐岛会合，然后一起进攻日本本土。

那只是个计划，而且过于乐观：四千四百艘船组成的是一支庞大的舰队，如果像资料通常记载的那样都是战船的话，就尤其如此。事实上，稍做一个乘除法就可以看出，这次入侵规模完全不同于西班牙无敌舰队——一百三十艘大型战船运载二万七千人，平均每船约二百人；忽必烈舰队堪比D日的兵力：约五千艘舰船，十五万六千人，平均每船三十一人，大多数是登陆艇。因此，除了一些主要来自高丽的大型战船之外，我们这儿讨论的是一支小船组成的舰队。从朴茨茅斯到诺曼底只有一百七十公里，坐机动船跨越需要六个小时。而忽必烈将依靠风力和船桨，九百艘大船组成的高丽舰队要航行二百公里，南方的三千五百艘小型舰船需穿越望而生畏的一千四百公里。即便是风向正确、风力适度，也得花六天时间到达会合地点。

很明显，忽必烈和他的统兵官们打算在8月台风季节之前完成征服战争，但是，任何一个富有经验的水手都知道，依据一张日程紧凑的时间表采取行动是疯狂的。最高统帅忽必烈非常熟悉陆上开阔空间的大规模战争，但他从未了解海洋，更不用说见过台风的威力。欲望蒙眼，权力锢身，忽必烈正孤注一掷，却没有人告诉他实情。

事情一开始就不顺。5月底左右，高丽舰队按计划到达壹岐岛，然后等啊等。南方泉州舰队甚至无法准时启航，一位统兵官病了，必须替换；食物在高温中腐烂；疫病流行。起程之后，遇到逆风，很多船只被迫退回沿岸港口。

最终，6月10日，高丽舰队的指挥官不管怎样还是占领了壹岐岛，接下来，在一两周的等待后，横穿那片狭小的海域，来到博多湾中间的岛屿上。

与此同时，已经延期一个月的南方舰队直向日本本土，停泊于伊万里湾的低洼小岛鹰岛，此地在博多以南五十公里处，他们试图向北进军，在陆上与友军会合。

但是，攻势毫无进展。两支舰队都发现难以登陆，博多湾周围二十公里内每一个可能的登陆点都被新防御墙阻挡了。日本人也从海岸出击，夜幕降临时，他们划着轻快灵活的小艇出发，切断敌船的缆绳，偷偷潜入敌船，割破敌人的喉咙，点火烧船。其实，大船上的攻城弩可以起到大炮的作用，通过发射巨型箭矢击破日本人的小艇。但是，在近岸可以有效对付陆军的牵引抛石机，在力图从晃动甲板上打击移动目标时却显得无能为力。忽必烈的将领们争论不休——夹杂着三种语言；军队中大多数人——汉人和高丽人——无心为他们的蒙古新主人而战。日本人则统一指挥、多年准备、本土作战，占据防御坚固的地点，以此阻挡敌方攻势并发起反击。

在蒙古人看来，日本人遍布各处、人数众多、来回飞驰，无论在哪儿登陆都会受到威胁，后来有元代史料说，日本人有十万二千人。但是，因为蒙汉官员是在记录一场灾难性的惨败，所以他们有各种理由去夸大对方的实力。最近估计日军大概是二万人——足以遏制蒙古人、汉人和高丽人；远离故土发动海陆联合作战遭遇的困难、无望地被分割而不能集中兵力，都抵消了元军在人数上的巨大优势。在将近两个月的时间里，从6月23日至8月14日，双方发生了小规模战斗，难分胜负。

8月15日，大自然的力量开始干预了。这个季节的第一股台风迫近，比以往要早；难以预料这股特殊台风的猛烈程度，对于坐在小船中的水手来说，不会有太大差别。

战船在建造时应该考虑到了抗风暴的能力，但是，来自南方的三千五百艘登陆艇——每艘可载二三十人——没有做到这一点。高丽水手知道即将发生什么。为了避免撞上礁石，他们的海军司令命令舰队出海，那些能乘船的人都不想滞留在岸上。风暴袭来之时，许多人仍在船上攀爬或挣扎着通过浅滩。没有人记载细节——波浪、破碎的帆篷、断裂的船桨、撕裂的船体、抛出致死的披甲士兵——但约有一万五千北方军队和五万南方人葬身大海，还有数百人死于日本人之手，或者待在岩石海岸边的小船里不知所措。

这是一次海上大灾难，单日死伤规模空前绝后；就是置于陆上也是无可比拟的，直到1945年原子弹毁灭广岛、单击炸死七万五千人为止。

旗舰载着统帅范文虎和一位将领张禧，在众多近海岛屿之一的鹰岛撞坏了。两人召集其他幸存者，共数千之众，他们袭击当地夺取食物，并修好了一艘破船，统帅就乘坐此船漂泊回国。虽然被降级，但范文虎总算大难不死，其余幸存者被日本人消灭。有三人被放回，向忽必烈告知他那庞大舰队及所向无敌大军的命运。至于其他方面，数千人被杀于海滩，数千人淹死，数千人被俘为奴，而那些船只或变成漂木或消失于海中。高丽方面的相关资料记载了一处岩石海滩的情景，描写出灾难的一幕："人尸和船体碎木被叠在一起，形成一个厚实的大堆，以至于一个人能沿着它从一地走到另一地。"[1]

难怪日本人很快就将之看成众神干预的结果，甚至超过了1274年的那次，从此以后，神佑观念在日本人头脑中确立起来。朝廷和幕府当局诚心祈祷能抵御外敌于海湾。寺庙和神社香火日盛。祈祷不是唯一的防御方式，因为防御墙在接下来的三十年中经常得到维护和守备，因此，它的一部分至今保存完好。神灵干预的观念在日本文化中变得根深蒂固。很少有人质疑如下论断：神赐台风拯救日本。

然而，不断出现的证据表明事实并非如此，真正的获救原因在于日本人自身。答案蕴藏在竹崎季长的故事中，正如"蒙古袭来绘词"所记录的，他在两种场合作战。季长坐进小船去攻击敌人，他登上蒙古船只，取敌两首。他英勇无畏、敢于冒险，又善于控制自己。他只是众多优秀日本武士中的一个。他们有同仇敌忾的强烈意识，在战斗中起了作用。战斗场面一如既往的混乱，但所有这些互不协调的个人行动足以遏制并阻击敌人于海湾。关键问题是，这里根本没有提到台风。胜利完全归功于日本人自己。季长通过祈祷表示对众神的尊敬，但无论是文字还是图画，都没有暗示天在战时或战后进行了实际干预。正如托马斯·康兰在对这场战争的出色研究中指出的："日本武士有能力同蒙古人作战并阻止对方。"用康兰著述的标题来说，季长和他的战友们"无需神灵干预"。进一步支撑这个论点的是来自海洋考古学家的成果。激发他们灵感是一位

---

[1] 詹姆斯·德尔加多（James Delgado）：《消失的忽必烈汗舰队》，温哥华：道格拉斯—麦金太尔出版社，2008年；伦敦：鲍利海出版公司，2009年。

卓越人物茂在寅男，此人值得我们略转话题。他在1914年的某天出生后被取名寅男（意为雄虎），1939年参加海军，却感染肺结核，或许这反而救了他的命，因为战争期间他在疗养康复。后来，他获得工程学博士学位，任教于东京大学，直到1979年。在六十四岁退休之后，茂在"雄虎"开始了研究消失的忽必烈舰队的新生涯。在博多湾，渔民们发现了一些石锚杆，但它们可能来自于无数沉船中的一艘。1980年，他决定把注意力集中在鹰岛，当年的南方舰队曾停泊于这个长满松树的美丽岛屿上。茂在对海湾感兴趣。他改进声纳传感器用来找鱼，学习潜水（在六十五岁时！），组建一个潜水员团队，开始在海底寻找有意思的东西：矛头、钉子、锅罐，但没有发现能证明它们来自蒙古舰队的"铁证"。然后，1981年，一位叫向江国一的农夫给茂在带来了证据。七年前，向江正在挖寻蛤蜊，突然，他的铲子碰到了硬物——一个方形小铜块，上面刻写着由忽必烈的西藏师友八思巴设计的字。九州大学的考古学家冈崎敬告诉茂在这些文字的意思：千夫长。这是一枚忽必烈高级军官的官印。

受此鼓舞，茂在建立了一个研究机构——九州冲绳水下考古学会，继续深入工作。他和他的团队从泥砂层挖出了剑、矛头、碾米的手动石磨、更多锚杆，还有圆形炸弹，证明蒙古人船上装有弹射器，也间接证明竹崎季长及其伙伴在1274年确实遭到震天雷的轰击。1984年，老年茂在把这项工作转交给日本极少的海洋考古学家之一林田宪三，他于1994年在鹰岛的一处海湾发现了三个木石大锚。碳定年法显示，做锚的木材大概是在1224（±90）年砍伐的，完全涵盖了舰队成立和启航的时间。

其他发现引导他的团队出海一百五十米，潜入水下十五米，2001年10月，他们在积有一米厚黏稠物的海底摸索，找到了一百六十八件物品——陶瓷碎片、炉砖、一面铜镜、腰带佩饰，最后，2002年7月，发现了一艘大船残骸和散落的船只用材，所有东西就像被搅拌机全部捣烂在一起那样。罐子是汉式的，产于历时长久的江苏宜兴窑场——足以让林田坚信，这些东西就是忽必烈南方军队的遗物。

研究工作继续着，但是，正如2005年林田领我参观他的实验室时所解说的那样，有些结论很明确了。那艘船约七十米长，这让当时世界上其他船只相形见绌。欧洲帆船直至19世纪才接近这种船体规模。只是随着蒸汽时代的来临，西方帆船才最终超越了中国和高丽的军舰（15世纪初，明朝皇帝朱棣下令建造一百四十五米长的巨轮，用于世界航行，这又让忽必烈的船只无法企及了）。

但船体规模并非一切，远洋船舶的关键因素在于构造。这里，忽必烈的造船师们为了赶进度以致偷工减料。卡城得克萨斯农工大学的兰德尔·佐佐木（Randall Sasaki）对大约五百块船木碎片进行研究，他惊讶地发现，上面的钉眼紧密相连，很多聚集在一起，似乎是建造者们采用旧材料、遵循老款式。"这表明船木是重复利用的，"他说，"而且，有些木料质量差。"

林田则进一步指出："迄今为止，我们没有发现适于航海的"V"形龙骨。"

以上两条证据，结合巨型船舰——本应能够抗御台风——的灾难性损失，可以得出一个令人震惊但又合乎逻辑的结论：为了应付忽必烈快速建造大量船只的要求，他的造船匠们只好临时拼凑。他们挑选一切可利用船只，不管它是否适于航海；好一些的就交付使用，差一点的就用相同材料改造一下。除了高丽人建造的新船——尚未在鹰岛发现——以外，忽必烈舰队中绝大部分是缺少龙骨的河船，根本不适于远洋航行。忽必烈的野心无可避免地导致了质量监管上的重大失败。监工们或许已经宣称，旨令得到贯彻执行，船只全部准备就绪。没有人告诉忽必烈，如果海上形势变糟，这些船只将是死亡陷阱。忽必烈的疯狂野心、对海军知识的缺乏，实际上使自己的舰队在启航之前就已经被击沉了。

A Murder, and a Secret Grave

一次谋杀，一处密陵

没有什么比谋杀更能揭示隐藏的情感；没有什么比行刺更能暴露政府的失职。

这个故事表明忽必烈核心行政体制的渐衰。他已经创造出一个对人、物、钱有着惊人胃口的怪物，而且还必须喂饱它。一个人如果非要有秘密，那么忽必烈的秘密就是：给他一个充分的理由去无视像瘟疫一样蔓延开来的仇恨——针对他那位痴迷权力、惹起公愤的大臣。二十年中，忽必烈让灾祸不断酝酿，直到它快速发展成一幕比小说更轰动的情节剧，包括一个自杀的狂徒、一名妖僧、滑稽的阴谋以及对人物本身的谋杀。马可·波罗扑向这个故事，但他对此只是一知半解。

正如我们现在称呼他那样，故事中的坏人叫阿合马，乌兹别克人，来自塔什干附近的费纳客式。1220年成吉思汗夺取该城。阿合马的母亲好像曾经被俘过，因为当察必嫁给二十四岁的王子忽必烈时，未成年的阿合马就是她的侍从。他逐渐成为忽必烈的家人，帮助解决财政和军费问题，用阿合马传记的作者傅海波（Herbert Franke）的话来说：在这种背景下，他产生出一种"全面控制政府财政的冷酷欲望"。

1261年，忽必烈登基，阿合马负责为朝廷征调物资。他开始平步青云。第二年，阿合马一身二任，领中书省高职兼都转运使。他讨厌被监督——行政官员的永恒劣迹——要求直接对忽必烈本人负责。他的愿望落空了，因为忽必烈任命自己的儿子、继承人真金主管中书省。这是阿合马与真金长期结怨的开始。

阿合马的工作是增加政府收入，在征税问题上他从来不乏灵巧之计。1266年，他统领制国用使司，找到了财源所在。为了提高创收记录，他设法造册登记了约六十万新纳税户，使帝国的计税基数由一百四十万户增至二百万户。

忽必烈喜欢这一结果，阿合马的各项工作卓有成效。权力增长，傲慢日甚，人心尽失，但阿合马并不在乎。正如马可·波罗所述，多数外族官员不受欢迎，"所有契丹人（中国北方人）都憎恨大汗的统治，因为他指派鞑靼人、撒拉森人或基督徒担任地方长官，这些人依附于大汗的家庭，专心为他服务"。

有关阿合马的争论在继续，焦点主要是他企图另立一套超越中书省的班子，以及他反对新的监察机构御史台。"为何要设御史台？"他说，"只要钱财谷物进账，就无须查问原因！"1270年，阿合马有了自己的班子——尚书省，与中书省、枢密院、御史台并立，成为政府的第四根支柱。此外，他还主管政事部门。在忽必烈眼中，阿合马拥有魔力、行事不误。到了1272年，他升为忽必烈的最高财政官。所有的抱怨——有人试着弹劾他——都被忽必烈搁置一边，因为他不允许任何事情来妨碍调动资源对宋作战。

当胜利在望之时，忽必烈召集一批人，让他们就如何最好地管理新征服地出谋划策，阿合马便在其中。一个议题是元朝货币能否代替宋朝纸币。颇受重用的南征军总指挥伯颜，已经向新附忽必烈的南宋臣民承诺，一切照常。忽必烈的半数谋士赞同这么做，认为改弦更张会损害威信，但其他人不同意，这可能是阿合马暗中授意，因为他看到新旧货币兑换之事有利可图。忽必烈把决定性的一票投给了阿合马。不幸的南方人要接受低得可笑的兑换率：一张元朝钞票换五十张宋朝纸币。

此时此刻，阿合马几乎已是一人之下、万人之上，完全不受政府的监察和牵制，地位仿若中东的维齐尔（Vizier，伊斯兰国家历史上对高级大臣或宰相的称谓——译者注）。他宣布国家对盐、药材、铜具、铁的销售实行垄断，使他能够操纵这些物资的价格，中饱私囊。他让一个儿子当上了原宋都杭州的地方长官。他设立十一路转运司，提名穆斯林担任其中五路的转运使。他把政敌降职、流放或监禁，许多人或病死、或被处决、或干脆销声匿迹。高级军官崔斌，征宋战争的著名老将、现为行省高级官员，控诉阿合马滥设二百个不必要的政府机构，委派七百位亲友在帝国境内任职。阿合马决定报复，指责崔斌及两名同僚盗取谷物、擅制铜符。1280年，三人均被处死。

也许，阿合马可以为自己的无情甚至残忍开脱，但腐败则要另当别论了。他永远地贪、玩命地贪，他伙同党羽搜刮各处财产珠宝、骏美种马，以此来为谋取这个或那个官位铺平道路。他对女人独具慧眼。据波斯历史学家拉施都丁记载，阿合马共有四十位妻子、四百名姘头，马、骆驼、牛、羊、驴总计三千七百五十八只。

忽必烈依然倾心于阿合马的财政头脑、干劲、自信和善变。1282年春，皇帝提拔他为左丞相，在政府官员等级中仅次于右丞相。如果阿合马不受阻止，那么他和忽必烈将一起葬送帝国，这种骇人的可能性不断上升。

阿合马有一个不容易对付的敌人。忽必烈的儿子、继承人真金对阿合马深恶痛绝，一个原因是，皇子曾经仰慕崔斌并派官员去刑场救他，但被告知为时已晚。在阿合马面前，真金易于动怒。有一次，真金猛抽阿合马的嘴巴，事后忽必烈问怎么回事，阿合马咬牙切齿地咕哝道，自己从马上跌落下来。阿合马建议设立管理诸王的大宗正府，以图获得控制权。这对忽必烈来说太过分了，他温和地训斥阿合马说，他从未听说有人想刁难宗室。

现在，最后的时刻到了，阴谋开始策划。同谋者有两位，都是性格极端的人。主谋是一位嫉恶如仇的军人王著，他弄到了一个大铜锤作为凶器。王著的同伙是一个形迹可疑的佛教僧人，姓高，声称是个术士。两人在一次战斗中相遇，当时高正在逃亡中，因为他施展法术但不灵验，于是他杀死一人，以其尸假装自杀，随后逃走。

与往年春天时一样，忽必烈驻跸上都，把北京留给了阿合马。阴谋者伺机而动。官方历史多有记载，尽管存在四个不同且矛盾的版本，拉施都丁和马可·波罗的叙述也互相抵牾。下面我试着理清故事的来龙去脉。

两位阴谋者策划了一个疯狂的方案：纠集大约一百人，出现在城门下，自称是陪同皇太子真金的侍从，说太子突然决定回北京举行宗教仪式；正值夜间时分，漆黑一片，无法快速查验他们是谁。除了皇帝本人之外，阿合马还怕一个人，所以阴谋者的想法是，阿合马听到那个人回京时定会惊醒，将率先出城来迎接他们；到时便可下手。

4月26日，两人实施这个复杂的计划。他们派出两名西藏僧人来到城内官府，宣布那个"消息"，下令购买宗教仪式所用的适当器物。官府人员感到莫名其妙，与宿卫军核实情况：

没有，没有接到命令。皇太子到底在哪里？僧人一脸尴尬，不能回答。宿卫军指挥官怀疑有谋逆活动，于是逮捕僧人、派兵警戒。

下一步，王著将后备计划付诸行动，他发出一封伪信，似乎是皇太子写给枢密院副使孛罗的，让孛罗"去东宫进一步听令"。这一招奏效了。大部分宿卫军移步前往真金的东宫，王著急驰去见阿合马，敦促他率领中书省全体同僚一起去恭迎"太子"。这一招再次奏效，不过仅此而已。阿合马派遣小队宿卫军先锋去迎接伪太子和王著雇来的那群骑手，在城外约五公里处的地方，双方相遇了。当然，宿卫军一眼看出整件事情就是一个骗局；叛乱者别无选择：他们杀死了这些卫兵，继续前行。

到了晚上十点左右，他们获准进入城北一门，然后转向太子东宫的西门。

他们在这里遇到了麻烦。宿卫军高度戒备、满腹狐疑。太子往日的侍从们在哪里，宿卫军问道，"容我等先请见他们中二人，然后再开门"。

鸦雀无声。

叛乱者后退了，在黑暗中绕着宫殿摸索道路，然后再试一回，这次是在南门。已经没有时间穿越全城把情况飞报给各处宿卫军进行告诫了。宫门打开了。几分钟后宿卫们赶到，但被另一道假指令先发制人，"太子"要求宿卫军护驾，令人惊讶的是，这个要求得到了响应。

现在，阿合马和他的随从出现了。所有新来的陌生人都下了马，唯独伪太子的模糊身影留在马上。身影召唤阿合马，阿合马迈步向前。王著和几位追随者就在他后面，他们进一步推搡着他向前，然后牵至众人视线之外的昏暗处。王著从袖子里拿出铜锤，给阿合马致命一击。

下一位是阿合马的二号人物，以同样方式被杀。

眼下，阿合马的家臣们意识到事情不妙，大声呼救。局势突然失控，黑暗中宿卫军和叛乱者混杂在一起。冒牌太子高和尚在夜色中疾驰而去，箭矢乱发，众人逃散，唯有王著挺身请囚，可以肯定，他的高尚行为将得到公认。

没那么好的运气。两天后高和尚被找到。5月1日，王、高二人连同守城宿卫军指挥官一起被判死刑。

在斧子落下之前，王大呼："我，王著，如今为天下除害而死！他日必有人写下我的故事！"三人被斩首分尸，而阿合马被赐官方葬礼。

正是新任的北京宿卫军指挥官亲自把消息告诉了忽必烈，他不停地奔驰了约五百公里，沿着驿道更换马匹，花了两天时间才到达皇帝身边。忽必烈立刻命令枢密副使孛罗调查此事。

十天以后，孛罗带回了阿合马贪腐的事实。忽必烈对自己在阿合马发迹过程中所起的作用感到不寒而栗，他勃然大怒，把一切都翻过来了："王著杀之，完全正确！"他下令，在帝国全境逮捕阿合马家族的所有成员和同党。阿合马所做之事彻底废除，阿合马所据之财全部没收；遣散他的妻妾，归还他的赃产，释放他的奴隶，分掉他的牧群，罢免他任命的剩余官员——五百八十一人。那年秋天，阿合马的四个儿子被处死。

忽必烈命令，掘开阿合马的坟墓，在众目睽睽之下戮尸，然后，把尸骸扔于北京城北正门之外喂狗。

忽必烈老了，不中用了。帝国疆域已经达到极限，但他仍然极度渴望进一步扩张。他甚至计划再犯日本，直到其他对外军事冒险——缅甸、越南、爪哇——惨败为止，表明扩张已经不可能了。

在征服云南之后，缅甸成了邻国和目标。缅王那罗提诃波帝统治着一个曾经繁荣的佛教王国，都城蒲甘因建有五千座寺庙而备感荣耀。当忽必烈要求缅甸臣服时，专横残忍的国王——愤懑的人民骂之为"狗屎王"——处死了使节，这当然招致了入侵。马可·波罗记述了发生的事情。1273年，蒙古弓箭手把二百头缅甸战象变成了针插："它们闯进森林，四处狂奔，背上的塔楼撞向树木……毁掉了身上的所有物件。"蒙古人捕获了十二头大象，赶着它们回去进献给忽必烈。胜利并没有带来全面征服，还必须等待。1286年，蒙古人攻灭了这个因弑君事件而处于半分裂状态的王国，可是，征服所得到的不过是偶然的贡物而已，根本不足以偿付征战的开销。

今日越南在当时包括两个国家——北部的安南和南部的占城，在忽必烈看来，都应该向他效忠。针对占城的海上入侵以自取其辱而告终，因为事实证明越南人非常善于游击战。忽必烈的回应是组建陆海联军攻击北部，目的是夺取南部。这激起了义愤的抵抗，农民在手臂上刺着"让蒙古人去死！"几个字，魅力型领袖陈兴道率兵阻敌。他下令实行焦土策略，退入内地，并采用一种三百年前打击过中国人的战术。1288年3月，陈兴道的军队让蒙古船沿白藤江而上到达海防，然后，削尖的木桩刚好埋设在水面之下，或对准上游方向。朝下游撤退的蒙古船被刺穿、戳破、沉没。这对忽必烈来说是一场大灾难，于越南人而言却是最伟大的胜利之一，至今仍被记起，因为1988年发现了木桩遗迹，现在是个观光胜地——白藤江木桩阵地。

爪哇并非近邻，但是，爪哇——更准确地说是它东端的新柯沙里——的财富稳定之光吸引着忽必烈去飞蛾扑火。1289年，一位蒙古使节到来，要求爪哇臣服，他得到的回答是羞辱性的驱逐。天命所归的忽必烈准备了一支由一千艘战船组成的强大舰队，于1292年开始入侵。年轻的国王韦查耶答应纳贡，引诱蒙古人深入内地，然后攻击蒙古人，促使他们匆忙退兵；蒙古人损失惨重、一无所获，韦查耶的王国满者伯夷却逐渐统治印度尼西亚的大部分地区。

这位世界上最有权势的男人似乎并不甘心承认梦想破灭、壮志难酬、年老体衰，也不愿意承认自己的最大成就就是建立一个已经划定边界的帝国。他的心魔便使他忧郁沮丧、滥饮暴食。1281年，他的爱妻察必——四十一年来的首要伴侣和顾问——与世长辞了。接着，传来了阿合马被杀的丑闻，突然之间证明了忽必烈衰退的才能和拙劣的判断力。但至少忽必烈的继承人问题已经尘埃落定，现年三十八岁的皇太子真金正值生命的全盛时期。自从兄长夭亡之后，真金已经是储君的不二候选人。阿合马被杀后，真金得以自主其事；忽必烈打起精神再娶一妻南必，她是察必的远亲。忽必烈仍足以健康地面对生活：在将近七十岁之时，他设法使南必怀孕。生下一个儿子后，南必开始担当忽必烈的中间人，防止他操劳过度。然后，悲剧再次上演——1285年，真金因身患不知名疾病而死亡。

年迈的忽必烈还剩下一件事情，足以让他作最后一搏。长期以来，海都很活跃，忽必烈因身陷行政事务和对外冒险而几乎把他忘了，但是，海都一直忙于在帝国四周拉拢支持者，其势力南入西藏、东及辽东。

忽必烈面临的前景不容乐观，一块巨大的弧形草原地带笼罩在元帝国北方边疆，它起自新疆，跨越最初的蒙古故地，进入辽东；反叛者的野心就是把它从元帝国分离出去，另建一个游牧帝国。忽必烈派遣伯颜——大将、丞相、对宋战争的征服者——占领哈剌和林，他自己另率一军收复辽东。

马可·波罗描述道，忽必烈坐在由四头大象驮载的微型堡垒中，不可能指挥大军。定音鼓发出隆隆声，箭矢如雨般落下，战斗听起来像打雷，忽必烈赢了，叛军指挥官被俘处死。海都势力向西收缩，在三年多时间里成为内亚实际上的汗，直至他又身经数战——共计四十五年的征战——之后死去为止。

人员的损失、长期的叛乱、海外的挫败：所有事情发生得太多了。忽必烈开始暴饮暴食，在宴飨时，他狼吞虎咽地吃下白煮羊肉、羔羊胸肉、鸡蛋、用藏红花调味的蔬菜烤饼、甜茶，当然还有阿剌吉——必选的蒙古饮品。尤其是滥饮，渐渐毁掉了他的身体。随着活动量的下降、力气的亏损，忽必烈体重增加，体型逐年臃肿起来，变得极端肥胖。他肯定知道这会要了他的命，但他满不在乎。如今进入第八十个年头了，除了通过妻子南必以外，忽必烈几乎不能行使权力了。

他知道自己想葬于何处：回归出生地，回归蒙古民族的心脏地带，在那里，西伯利亚山系的末端肯特山开始让位于草原。那里是他祖父——促使这一切开始的人——的出生地和下葬地。

1294年1月28日，农历新年，忽必烈病重，不能参加例行的典礼了。他没有穿着白色服饰，没有举行隆重的招待会来接受附庸国的贡物和朝贺，没有检阅盛装打扮的大象和白马的游行队伍，没有在大厅主持宴会。每个人肯定都知道结局已不远。一位信使受命奔向那个唯一可能让皇帝提起精神的人：伯颜，他正在三百公里外的大同等待下一个任务。但是，除了承诺永远效忠以外，伯颜无能为力。忽必烈明白，自己大限将至，要求伯颜成为三位顾命大臣之一。他渐渐不支，于2月18日驾崩。

数天之后，送葬队伍准备就绪。就忽必烈的财富和在以往战争中的花费而论，葬礼似乎应该非常简朴，然而，送葬队伍仍有数百人之多：完全适于旅行的家族和政府成员，加上卫兵、赶牲口者、马夫、厨师、家仆、备用马匹、女眷车、帐篷车、装载皇家队伍所有随身用具的骆驼，他们的行程将为期三周、长达一千公里。在靠近队伍最前面的某处，一个卫兵的身后，应该是忽必烈的灵柩，一辆车子承载着一顶掩饰大棺木——完全密封、塞满香料和其他防腐品——的帐篷。队伍每天可能行走五十公里，越过蒙古高原上的山脊谷地，然后走出积满尘土的戈壁荒滩，最后，等到砾石逐渐变成长草的山丘时，就可到达林木丛生的肯特山山麓。

可以想象：一行穿着毛皮衣物的人，在一位头戴面具、持鼓念叨的萨满巫师的带领下，通过卫兵连成的警戒线。队伍中有些人肩负木杆，抬着一副用蓝黄丝绸覆盖的简单棺木。他们穿过细长的冷杉绕行而上，出现在一片开阔地里，向白雪皑皑的山谷投去一瞥，一条冰河与群山绵延伸向远方。过了一会儿，第二组人员也上来了，他们点火融化刚硬的泥土。其他人用铁锹挖出一个墓穴。人们虔诚地宣誓、祈祷，萨满巫师则喃喃念咒。泥土填埋原处；马儿来回踩踏、掩盖葬地；卫兵们站在一处，将除了忽必烈家族成员之外的所有人挡在外面。

没有人知道这幕场景——或类似场景——发生在哪儿，因为忽必烈的陵地与成吉思汗的同样机密。忽必烈就在父亲拖雷、兄长蒙哥、祖父成吉思汗的身旁，他们全都是自身及帝国崛兴这道风景的一部分。

Part IV
Aftermath

第四部分
余波未平

For almost two centuries, Eurasia became a sort of ethnic blender, mixing people and peoples as never before. Each campaign was like a slow-motion explosion, scattering, obliterating and transferring tribes,ethnicities and populations.

在差不多两个世纪里,欧亚大陆变成了一台族群搅拌机,前所未有地把各个人群、民族掺和在一起。每场战役就像是一次慢镜头的爆炸,伴随着部落、种族、人口的四散逃亡,湮灭于世,迁徙转移。党项人几乎被灭绝;汉地人西迁,穆斯林和藏人东移。

The Outer Reaches of Empire

帝国外延

成吉思汗去世时所统治帝国的疆域面积是亚历山大帝国的四倍、罗马帝国的两倍，比当今世界上除俄罗斯外的任何一个国家都大。这才只不过完成了一半。到了1300年，蒙古人把成吉思汗的征服成果扩大了一倍，增加了现在中国的其余部分、朝鲜半岛、巴基斯坦、伊朗、土耳其大部、高加索（格鲁吉亚、阿美利亚、阿塞拜疆）、俄罗斯适于居住的大部分地区、乌克兰和半个波兰。他们还曾试探过西欧，到过埃及、印度、越南、印度尼西亚和日本的边境。世界六分之一的土地属于他们，所有这些土地掌握在三代人手里。成吉思汗的孙子忽必烈成为这份庞大财产名义上的主人，这一点是历史上最令人诧异的事实之一。

但是，家族内部的争吵让这个统一体支离破碎。然后，随着代际传承，所有的地方统治者与过去的联系都变得越来越纤弱。他们适应了新的国民，说他们的语言，信他们的宗教，按他们的习惯行事，再也不回蒙古，很快，这些地方的蒙古人数量就减到了比1776年之后白种美国人里的英国人还要少。尽管从严格意义上讲，他们的历史是蒙古帝国的尾声，但事实上却是一部部地方史的集成：中国、波斯、中亚、俄罗斯全都回溯至成吉思汗来支撑各自的主权诉求，都存在边界不清的问题，都寻求相互间的联合，然而也都准备好了战斗。写一部详尽的关于他们所有人的历史，会像是在描述三维的国际象棋。这样庞大而多样化的实体永远也无法拥抱在一起。

在中国，忽必烈做了当初罗马人对北欧做的那些事：修路、挖运河、进行贸易、提高征税的效率、建立无与伦比的高效驿站系统。纸币的使用巩固了经济的发展。耶律楚材应该感到满意。

但是蒙古人从未真正地适应。尽管忽必烈的继承人中有些能说汉话，但没有一个人学会流利地书写。他们看不起自己的臣民，也害怕他们，禁止他们携带武器，把他们排斥在自己的政府之外，并雇用外国人来管理他们。蒙古统治者依赖权力，采取比以往任何时候都严格的法律和严苛的惩罚措施，这又激起了更多的反抗。将领之间相互对抗，低落的士气根本无法平定此起彼伏的叛乱。许多地位高的蒙古人追逐宫廷时尚，过上了奢侈的皇室生活，忘记了本民族缔造者一贯提倡的朴素和坚韧，但返回草原的另一部分人还记得这些传统，因而，相互之间的猜疑日渐滋长。

来自高层和底层的腐烂同时蔓延开来。忽必烈的继任者、热爱和平而又小心谨慎的铁穆耳无嗣而亡，为内讧埋下隐患。因为要形成自己的影响力，也因为热爱草原生活的蒙古精英与已深受中国官僚政治熏染的那部分蒙古精英之间的紧张关系从未得到消融，皇室宗族之间的竞争可谓一波未平一波再起。阴谋迭起，暗杀盛行，其中涉及一位二十二岁的皇帝英宗（汉式庙号）。1328年，一场持续两个月的内战以一系列死刑的执行而告结束。1331年，瘟疫在中国部分地区肆虐，这很可能是快速传入欧洲的黑死病的肇端。随之而来的是饥荒，大量人口走上逃亡之路。黄河决堤，不计其数的人被淹死，入海处的河道改流。经济陷入瘫痪，恶性通货膨胀显现。

颇为可能的是，在这样可怕的磨难里幸存下来着实艰难。事实上，蒙古诸帝及其行政官员们无法胜任这份工作。正如成吉思汗所说，如果蒙古人忘记了自己坚韧不拔的游牧之根，他们就不配再做统治者。法国著名的亚洲史学者勒内·格鲁塞（René Grousset）总结道：这些历史上最令人敬畏的征服者的后代们，被骄奢的宫廷所腐蚀，被亲信与情妇隔绝于真实世界，他们已经退化到虚弱无能、眼泪汪汪、优柔寡断的地步。他们狂喝滥饮、生活腐化，年纪轻轻就丢掉性命。忽必烈的十一个继任者——如果把即位仅两个月就被谋杀的英宗也算在内（原文有误，元英宗在位时间是1320—1323年——译者注）——的平均寿命为三十岁。

从1340年代开始，社会内部开始分化并相互对立。帮会转化成盗匪，地方领导人竞相组织起用于自保的武装力量。各个秘密社团里都流传着大灾难就要来临的可怕预言。在瘟疫横行、洪水滔天的地区，一股以红巾军知名的反叛力量撕裂了帝国正在腐烂的关键部位，最终与另一股叛乱势力白莲教合并在了一起。两个相互竞争的红巾军首领都宣布了他们的国号。一位自称明王的白莲教首领承诺要发动一场佛教起义来复兴大宋，他把起义的力量寄托在了被迫重修一百六十公里黄河河道的二十万人身上。但是，计划败露，他被处决。他的幕僚长继承了这个梦想，仍用其都城、货币、行政机构，但他那些好战的将领们更热心于掠夺钱财而非配合作战。实际上，有一个反叛集团洗劫了上都（1990年代出土的一批被砍头的石人，现在都藏起来了）。

显而易见的是，天正在收回它授予的统治权，末日的预言正在成为现实。劫掠驱使民众逃亡，产生新的难民，为了自保，他们会跟随盗匪首领，拿起武器，加入劫掠的队伍。中央政府试图发兵镇压的努力失败了，叛军获得了自信。到了1350年代，整个社会结构都处于飘摇欲坠的境地，一些地方的叛乱蔓延开去，演变成了中国东部大部分地区的暴动。三股主要的红巾军势力——以长江流域不同的地段为势力范围——相互争斗，先后称帝。

其中一股是朱元璋领导的。朱元璋是元朝的主要敌人，也是那个时代最为独特的人，他那奇怪而丑陋的相貌——大鼻子、大耳朵、眉毛浓密、额骨突出——特别引人注目，给人留下"令人畏惧而深刻的"印象（这些细节来自吴晗的《朱元璋传》，译文见牟复礼：《帝制中国》，第541—548页）。他是那个时代的产物。他的外祖父是1279年被蒙古舰队打败的宋军的一员。少年时期，朱元璋在一座寺庙里出家当和尚，后四处游荡乞讨，他目睹了残酷的社会现实，同情民众和他们的生存方式。他熬过了1344年的大饥荒，那一年大地干裂，"种田人就像热锅上的蚂蚁一样团团转"，他靠吃草和树皮活了下来。接着瘟疫袭至，在安徽省的家乡，十个村庄的人全死光了，"一幅令人恐惧的凄惨景象"。

1351年，叛乱大起，"贫穷的农民……身穿短衫草鞋，头戴红巾，拿着红旗，肩扛竹板、锄头、长矛、斧头，杀死官员，占领城市，开仓分粮，毁狱释囚，树立名号——他们敲响了元朝的丧钟"。第二年，二十四岁的朱元璋加入叛军，很快崭露头角。然后他开始组建自己的队伍，聚集起二三万人。他网罗了一个博学的谋士团队，赢得了有头脑、有理想、有纪律、有远见的名声。从赤贫的农民到和尚，再到战场小将、成功的统帅，朱的崛起差不多与成吉思汗一样令人惊奇。一座座城池被他攻下，其中就包括元朝势力的堡垒南京，这让他控制了前宋帝国的心脏长江流域，因而事实上颠覆了忽必烈征服的大半江山。胜利接连不断，军事技巧日益精进，他吸引了大批有才干的追随者。以牟复礼的话来说就是，"一队鱼龙混杂的业余指挥官摇身一变成了堪与中国历史上任何职业将领比肩的人"。朱开始视自己为未来的皇帝。在1363年解决了最大的红巾军对手后，他巧施计谋，摆脱了反叛者的形象，并选择了一个新的王朝名号：明（"光明"）。

现在，他开始致力于主要的任务——把蒙古人赶出去，但对于那些可能投降他的人则予以笼络。他颁布了一道檄文，概言之：

> 蒙古入主，确谓正统。四海内外，罔不臣服。此岂人力所为？实乃天授。彼时之治，君明臣良。自是以后，其臣子废坏纲常，于是人心离叛。当此，天厌弃之，变革已至。

非凡的智识、高远的理想、良好的管理，收获了成功。1368年9月9日，朱的大将徐达来到北京。最后一任蒙古皇帝妥懂帖睦尔眼看大势已去，就带着家人、亲属和一些卫兵逃走了。五天后，徐达在几乎未遭遇抵抗的情况下拿下城池。元朝灭亡，明朝开始，朱元璋就是明太祖。

妥懂帖睦尔带走六万蒙古精英，留下四十万蒙古人落入了复仇心切的明朝军队手中。幸存者在上都短暂停留，不久被明军驱赶，撤回漠北。在今天内蒙古一个荒凉的边区村落，妥懂帖睦尔对自己的惨败感到震惊和绝望，最终死去（如果说三百年后蒙古王子萨囊彻辰的冗长挽歌道出了实情，那么，这些惨败应归咎于妥懂帖睦尔。"我那最为富丽堂皇的大都！"他这样起头，"我那壮丽的避暑胜地上都！它那发黄的平原，是我神圣祖先的欢乐之源！失去帝国，罪责在我！"）。

回到草原的幸存者，从未接受他们被驱逐的命运。差不多二百年间，所谓的北元诸汗继续宣称他们是中国"真正"的统治者，因为他们"知道"一个事实：明朝皇帝俘获了妥懂帖睦尔的皇后，当时她已怀有身孕。如果有人知道她儿子的生父是谁，就会杀掉此儿，因此，她祈祷奇迹降临。不可思议的事发生了，天把她的孕期延长到了十二个月，这个男孩被新的明朝皇帝认作自己的亲生儿子。所以，"真相"就是，后来的明朝诸帝其实都是蒙古人。一切都是胡说，但几个世纪以来，蒙古陷于内战和无秩序状态，"小汗"们都自称"大元皇帝"，直到1635年最后一个汗向方兴未艾的满洲人投降为止。

为了理解俄罗斯的蒙古附属帝国——金帐汗国，我们必须回到成吉思汗逝世前。成吉思汗的长子术赤有问题，他很可能是一个"篾儿乞杂种",他母亲曾被篾儿乞人俘虏,后被成吉思汗救回。成吉思汗接受了术赤,让他督办对西伯利亚森林部落的征服工作,参与在中国和伊斯兰世界的战斗。但是,术赤非法出生的可能性使之难以释怀,弟弟们不信任他,父亲怀疑他的能力。对立双方渐行渐远。然而,术赤留下的遗产本来应该非常庞大:他的全部土地,从巴尔喀什湖向西越过乌拉尔山,横跨俄罗斯到多瑙河;由里海向北一直穿过莫斯科。之所以说"本来应该",是因为他死于1225年,巨大遗产落入了他十四个儿子中的次子拔都手里。

就这样,十一年后,听命于窝阔台的拔都,被认为是重新袭击俄罗斯的幕后主使。拔都没有军事天赋,犯下几次重大错误,广受责骂——可是,蒙哥并不骂他,蒙哥得到拔都的支持,与之里应外合,成为诸汗之汗。所以,拔都是蒙哥以及日后忽必烈在远西的支持者,结果,这个兀鲁思(Ulus,蒙古语意为人众、分地、国家——译者注)的皇帝后来被称作金帐汗。

拔都领地的幅员值得再次述说。它覆盖了今天哈萨克斯坦大部、近乎半个俄罗斯、乌克兰和白俄罗斯的全部——几乎与美国或中国一样大,因此,在疆域面积上,拔都王国是忽必烈元帝国在西方的等值体。那里大部分地区都是草原,是游牧民的理想之地,却成为当地部落的不幸,他们遭到了驱赶或奴役。拔都和他的十三个兄弟把人口减少的草原垂直分成数个带状区,然后在夏季牧场和冬季牧场之间迁徙——史诗般的移动。1253年,前往蒙古的威廉·鲁布鲁克途经拔都儿子撒里答之地，写道："令我们震惊的是，他的营地极大，因为他有六个妻子，他身边的长子有两三个妻子；每个女人都拥有一处大住所，可能有二百辆车。"

上述"住所"表明，金帐汗国的蒙古人也会建造。1242年6月，拔都离开匈牙利时，建造了首都萨莱。一个世纪之后，萨莱成了一座名副其实的城市，围墙环绕，泥砖房林立（如今，在伏尔加河下游阿斯特拉罕以北一百公里处的萨莱城原址附近，复建起一个影视基地）。1330年代，当摩洛哥旅行家兼作家伊本·拔图塔到达那里时，他记录下十三座清真寺和十几种不同的文化，每一个族群都有自己的聚居区（此处以老萨莱知名，因为14世纪中叶该城由另一个萨莱——新萨莱——取代，新萨莱持续了五十年，直到被帖木儿大帝攻陷）。

术赤一系在中东和中国也享有其他权利与财产，因为直至1251年蒙哥把中国、伊朗分别划给忽必烈、旭烈兀之时，无论是波斯还是中国，都没有作为统一封地分给成吉思汗的继承者们。但这一切是要发生变化的。比如，蒙哥将高加索赐给拔都的弟弟别儿哥，当旭烈兀向西挺进、完成对伊斯兰的征服大业时，他侵占了拔都的领土。每场战争都开启了一次新的纠纷。别儿哥成为第一个皈依伊斯兰教的蒙古人，他指责自己的堂兄弟毁坏了巴格达，当拔都去世、别儿哥继承整个辽阔领地时，这种嫌隙深化了。现在，一位穆斯林统治着西方，与此同时，一位传统蒙古人统治着波斯，两者之间没有明确的边界。战争在所难免。

1262年，埃及军队在阿音札鲁德重创蒙古人后一年，别儿哥入侵波斯，战事陷入僵局——然后，在1265年去世之前，别儿哥倾自己之力与埃及结盟。这次结盟使察合台兀鲁思加入战斗，造成了一场短暂的三方内战。从那时起，金帐汗国与波斯伊利汗国、察合台王国长期处于战争状态，并与海都偶尔交恶，有时也向忽必烈寻求支持（这是佛教因素掺进金帐汗国的契机）。

接下来是俄罗斯。拔都要求所有的俄罗斯统治者"前往汗国"以获得统治许可。为使自己的统治得到确认，很多人甚至千方百计来到蒙古。俄罗斯人称两个世纪的金帐汗国统治为"鞑靼之轭"。事实上，与其说是轭，不如说是和解，1251年，诺夫哥罗德大公亚历山大·涅夫斯基决定向立陶宛人、德国人、瑞典人宣战，并承认蒙古人的统治。伴随着偶尔的反叛和争执，俄罗斯人开始与蒙古人合作，一句通俗的谚语开始流传："撕开一个俄罗斯人的外表，你会发现是个鞑靼人。"俄罗斯城市有了蒙古官员。俄罗斯贵族住在汗国首都萨莱，许多人迎娶蒙古妻子，有些人成为蒙古军官，一支俄罗斯部队甚至驻守北京。

事实上，西方蒙古人眼下几乎变成了前蒙古人。14世纪末，可汗们彼此分裂争斗，西方（大概是今天的乌克兰和南俄）对抗东方（今哈萨克斯坦的大部分地区），"右手"诸王对抗"左手"诸王，金帐汗国对抗青（白）帐汗国，每一方都有争斗和结盟的历史原因，都细分为一个个部落、氏族和民族。15世纪，金帐汗国分裂成六个独立汗国，此时，地方领导人仍然宣称成吉思汗是自己的祖先，这种情况一直持续了两个世纪。

在此后不到一个世纪的时间里，其他蒙古附属汗国相继崩溃，为什么金帐汗国还能延续这么长时间？答案似乎是，在其他所有汗国，蒙古人与臣属族群融合了，用戴维·摩根的话来说就是，蒙古人被"染化"了。金帐汗国没有如此，那里的蒙古人保留了半游牧状态，维持着不同于俄罗斯人的生活方式和军队，却从俄罗斯人那里获取财富，直到1783年叶卡捷琳娜二世治下复兴的俄罗斯吞并克里米亚及剩余的塔塔儿人——更准确地说是鞑靼人——为止。

在波斯，蒙古统治可谓敲骨吸髓。伊利汗（从属的汗）——正如他们自称的那样——奴役、掠夺当地人，课税之重无以复加，他们不仅抽取土地税、什一税、人头税，而且对所有商业交易都收税，包括卖淫。农村惨遭蹂躏，农民深受苦难，而在这之外，贸易却滋养了城市，让蒙古人积聚起足够的财富来维持一种岌岌可危的存在——他们正在失去自己的根。

暴政始于旭烈兀本人，他保持自己的萨满教徒身份，若要找例证的话，那就是，1265年，他的葬礼使用了人祭。旭烈兀的三个继承人信奉佛教，直到一个曾孙转变为穆斯林并摧毁所有的佛教建筑（尽管有两处岩凿佛洞群存留下来）。东部基督教各派，主要是聂斯脱利派，也全面兴盛，以至于短期内很多波斯人——或许都是伊斯兰教徒——似乎要皈依基督教了，这正是基于蒙古人的影响。

让我们来看看事情的经过。

1286年，新的伊利汗阿鲁浑发现自己需要外援以对抗埃及人和其他穆斯林，并随之想到一个特别的主意。他想联络欧洲，建议由基督徒和蒙古人一起发动另一场十字军战争。想一下，蒙古进兵在欧洲引发恐怖才过去四十年，所以这听起来荒唐之极。但是，早在二十年前，蒙古人和基督教十字军就进行过某种合作。为了换得欧洲的帮助，阿鲁浑提出把耶路撒冷给他们。为了让计划付诸行动，他需要一个精于世故、阅历丰富、懂多种语言的使者，恰好有这样一个人选在他手边，感谢忽必烈。

此人名叫列班扫马，出身于汪古部——住在中国西部、皈依聂斯脱利派的突厥化族群。列班扫马和一位年轻门徒麻古思，得到忽必烈的支持，前往耶路撒冷朝圣，这个决定让他们踏上了横跨整个欧洲的显赫之旅。儿时的列班扫马就懂突厥语、汉语，可能还会蒙古语，现在，他也熟知波斯语。

阿鲁浑把写给教皇、拜占庭皇帝、法国国王和英国国王的信件交给列班扫马。1287年，他和三个同伴出发前往黑海，从那里乘船去君士坦丁堡，在拜见安德罗尼古斯皇帝之后，去往那不勒斯和罗马，到后发现，老教皇已死，新教皇还没选好。他受到红衣主教们的接见，后者似乎并未意识到他们的客人是个异教徒。至于组织十字军的问题，在新教皇缺席的情况下，他们无法做出承诺。因此，列班扫马行至巴黎，雄心勃勃的法国青年国王"美男子"菲利普对他热情款待，并给他提供一所舒适的房屋。列班扫马述说自己此行的主要目的，菲利普似乎被打动了。如果蒙古人乐意帮助他们重新占领耶路撒冷，那么，基督徒们除了照做还能作何反应？实际上，为了自身的利益起见，菲利普迫切想要展示自己的力量——控制法国境内的英国领土、宣示法国对佛兰德斯的主权、阻止梵蒂冈从法国教会财产中征敛资金。

现在，列班扫马觉得，菲利普已经完全成为"蒙古—欧洲联盟"的正式成员，于是，他又动身去见英格兰的爱德华一世，幸好，后者就在阿基坦——位于法国的英王殖民地。1287年10月，列班扫马来到波尔多，立即受邀去见英王。在呈上阿鲁浑准备的珠宝和丝绸等礼物之后，列班扫马提出组织十字军的主意。爱德华喜欢这个主意，这年春天，他曾亲口发誓要举起十字架，这个主意与他的计划不谋而合。列班扫马确信自己的任务已经完成了三分之二。

如今，一切就看罗马的了，因为没有教皇就不可能有十字军。然而，教皇仍未选好。冬天就要来了。列班扫马启程南进，来到温暖的热那亚，一个被他称为花园天堂的地方，在这里，他一年到头都能吃上葡萄。在挫折感与日俱增的三个月之后，消息传来：教皇诞生了！1288年3月1日，阿斯科利（位于意大利中部——译者注）的吉罗莫拉加冕为尼古拉四世。

邀请随之而来，然后便是接见。列班扫马说出美言善辞，递送阿鲁浑的礼物，尼古拉也慷慨回赠。在圣枝主日那天，列班扫马庆祝弥撒，当着一大群人的面，接受教皇亲自分发的圣餐。随后，他还参加了逾越节（濯足日）、耶稣受难日、圣星期六和复活节的庆典。

最后，离别的时候到了。尼古拉送给列班扫马很多各式纪念品，还有一封给阿鲁浑的信，终于点到了正题。耶稣把权柄授予彼得，然后相传给后继的教皇们；阿鲁浑应该承认真正的信仰；至于组织十字军，好吧，让阿鲁浑皈依基督教，接受教皇的领导，然后上帝将赐予他力量去夺取耶路撒冷，让他成为一名基督教斗士。简而言之：没有成交。

回看波斯，由于受到金帐汗国和穆斯林反叛者的双重挑战，阿鲁浑的视线有所转移。1291年，他带着继续征服的梦想离世。到了此时，无论如何都已经太晚了。因为就在同一年，埃及马穆鲁克人占领基督徒在中东的最后一个前哨站——阿卡，十字军东征的时代彻底终结。

如果尼古拉支持与蒙古结盟的话，历史将会走向何处？教廷、法国、英格兰和蒙古人将为保护十字军而战，守住他们在叙利亚的城堡，这可能会带来一些离奇的后果：伊斯兰教退出中东；耶路撒冷交给教皇，由英国—法国—意大利—蒙古共管；阿鲁浑变成基督徒，基督教在中亚取得飞跃式发展。这一切都是因为忽必烈决定让列班扫马在其计划中发挥作用，都是因为忽必烈的侄孙正统治着波斯。

与此同时，波斯的金库里空空如也。民众被榨干了。1304年，伊利汗未能把埃及马穆鲁克人赶出叙利亚，这标志着蒙古扩张的结束，埃及和地中海永远不可企及了。1307年，一个蒙古使团到达爱德华二世统治下的英格兰，但这已是自我推销的最后一次努力了。

蒙古统治并非以暴力损害告终，而只是无力为继的结果。1316年，末任伊利汗不赛因即位，年仅十一岁，在经历十九年的和平岁月之后，蒙古统治寿终正寝。正如摩根所说："尽管不赛因坚持不懈地努力，但是，在他为数众多的妻子中，没有一位给他留下一男半子。"权力继承出现真空。众多敌对势力纷纷拥立不合法理的统治者，军阀们自立山头，形成自己的小王国，就这样，伊利汗国轻易地烟消云散了，留下的是一片混乱，直到两代人之后出现下一位想成为成吉思汗的人为止。此人便是帖木儿（Timur），对于讲英语的人来说，帖木儿大帝（Tamburlaine）的称呼更加熟悉。

在中亚，察合台的领地——兀鲁思或国家——其实根本不是真正的国家，无论从地理位置还是从政治管理来看，它从未变成一个单一实体。它的基础是1218年被成吉思汗消灭的原西辽帝国，然后再往西推进一点——这是一片从咸海横贯至新疆中部的模糊不清的广阔区域。它包括今天乌兹别克斯坦、塔吉克斯坦、吉尔吉斯斯坦的大部，阿富汗北部、哈萨克斯坦东南部，中国西北的很多沙漠地区。因为两端都是地球上最荒无人烟的地区——克孜勒库姆沙漠和塔克拉玛干沙漠，所以很难说出其精确面积，尽管如此，它的大小肯定超过二百万平方公里，相当于整个西欧。它没有在地图上标明边界——与忽必烈中国、波斯、金帐汗国和印度接壤——而是随着家族之间的斗争时而前进、时而后退。

数条重要的贸易路线在这片区域的中心穿插而过,把诸如撒马尔罕、布哈拉、喀什噶尔等大城市连在一起,但是,这里没有建立首都,没有沿袭传统行政机构,没有凝聚力,没有清晰的历史叙事主线。可汗们来了又去,都是因为历任最高宗主——蒙哥、忽必烈和后继的大汗们——的一时兴起。起初,这些城市的管理权掌握在一个叫马合木(通称牙老瓦赤,意为"使臣")的穆斯林及其儿子麻速忽伯克的手中,父子两人也都在中国任职,也都遭到当地可汗的短期驱逐。这些统治者保留游牧状态,有时为了金钱,便以掠夺自己的突厥臣民及城市为乐。他们中有些人成为穆斯林,有些人成为佛教徒,有些人什么都不是。他们几乎不会建造任何东西,相关的稀少资料还是外来者记录的。在东面,海都开拓了自己的兀鲁思,他一会儿与察合台的继承者们结盟,一会儿同他们开战(大约从1270年开始,海都控制了察合台兀鲁思的很大一部分地区,所以两者的历史叠在了一起)。人们对这段历史并非"一无所知",但是,去列举谁在何时、对何人、做何事,这种做法对于除专家之外的所有人来说都是毫无意义的,因为它没有什么价值。这里没有出现那种非注意不可的主题或人物。东西两方的蒙古各帝国互相对立,由于受此羁绊,察合台的继承者们只好南望,数次入侵阿富汗和印度,但是,即便是这些冒险行动,也没有留下持久的印记。

1340年代,察合台兀鲁思灭亡,如同它存在时那样,无声无息。在黑死病的肆虐下,埃米尔们和可汗们——并非察合台一系——之间争斗不已,最终分裂。对历史学家来说值得高兴的是,这种混乱提供了"原材料",由此开始,帖木儿将锻造一个名副其实的帝国,包括一个朝廷、各种建筑、学术成就、一系列血淋淋的胜利;这样,从某种意义上讲,帖木儿暂时接过了成吉思汗的衣钵,而成吉思汗的儿子察合台未能做到这一点。

遥想帝国当初,留下了一个黄金时代的记忆,曾经的光荣记忆,生活在那些岁月里的伟人们的记忆。帝国的魔力经久不衰,它游移于欧亚大陆,持续至数个世纪。每个统治者都想抓一把成吉思汗的魔尘。1480年,俄罗斯战胜金帐汗国,在此后的很长一段时间内,"黄金家族"成员仍然保持着贵族地位,直至19世纪。可怕的帖木儿宣称自己是成吉思汗的后裔,尽管他其实不是。他极力证明自己是成吉思汗的一种化身——与生俱来的谦逊、上天的垂顾、残酷的征服，等等。正是这句虚假的宣言，解释了帖木儿的后代巴布尔自称"莫卧儿"（mughal）的原因。16世纪初，巴布尔在印度夺取政权，建立王朝，1857年，英国人废黜末代莫卧儿皇帝，王朝结束。顺便提一下，末代皇帝的名字叫巴哈杜尔（Bahadur），是蒙古语"巴特尔"（baatar，意为英雄）——蒙古国首都乌兰巴托（Ulaanbaatar，意为红色英雄）的第二个词素——的久远回音。即使在今天，我们也要记住："莫卧儿"一词的本义是指富有的印度人，然后是指富有的英裔印度人，现在是指巨富大款。

消亡是缓慢且平稳的，所以，尽管历经数次大震荡，却还是保留了起源的证据。对受害者来说，成吉思汗依旧是一头怪物。在核心地区，虽然他的声望犹如一颗超新星的余烬一样急剧燃烧发光，但是，他仍然会影响未来。让我们稍后再说。

Grave-hunting on the Sacred Mountain

圣山寻墓

成吉思汗的陵墓就像尼斯湖的水怪：你越要找就越找不到。唯一能确定的就是，几乎没有什么是可以肯定的。有很多人说"他们"知道真正的地点，而且一直都知道。1970年代，蒙古国最著名的学者宾巴·仁亲（Byambin Rinchen）教授告诉罗依果："该区域在1970年以前就已经明确认定。"历史学家巴丹达诗（Badamdash）告诉我："成吉思汗墓位于不儿罕·合勒敦山脚下。这是国家机密。"但是，这是什么性质的国家机密？"他们"是谁？

我前去拜见蒙古国最受人尊敬的历史学家答赉。他住在乌兰巴托一幢冰冷的公寓楼里，这是第二次大战后兴建的。他七十多岁了，但看起来更老，一副不朽的智者形象。历史——他毕生从事的工作，就描写在他刀刻般沧桑的脸庞上，回荡在他低沉而有力的嗓音中，投印在一架架书籍里——它们中有原蒙古文、西里尔蒙古文、汉文、俄文、日文、朝鲜文和英文。欧文·拉铁摩尔的《蒙古游记》（Mongol Journey）就在其中。拉铁摩尔是老一辈蒙古学家，在我学生时代就激励着我。我请求翻阅该书，献词吓了我一跳："献给答赉，为我们十年的友情。欧文。"

答赉指着一处落满灰尘的角落说："我有拉铁摩尔的相机，他留下它以备再回来。还有他的放映机和一箱衣服。"1989年，拉铁摩尔过世，享年八十九岁，自1970年代以后就再也没有返回过蒙古。相机、放映机和衣服已经放了大约三十年，它们在等待主人回来收拾，但那一天始终没有到来。

当我问起陵墓的时候，答赉说："现在很多人都在寻找成吉思汗墓。但我从来也没有试着去找它,我的内心不允许我这么做,我记得成吉思汗的训令:'不要碰我的葬地!'自那时起就没有人碰过。那是一个神圣的地方,不应该碰它。"

陵墓存在吗?葬地的机密信息存在吗?这些问题都没有答案。也许,只有那些知道它的人们才知道他们知道;也许,他们只是认为自己知道罢了;也许,他们知道自己并不知道;也许,正如唐纳德·拉姆斯菲尔德(Donald Rumsfeld)那句名言所说的,陵墓就是一个已知的未知。

事实上,要寻找的并不只是一座陵墓,而是整个墓群——埋葬着成吉思汗家人及其继承者(包括忽必烈)的蒙古帝王谷。盗墓者推测,可汗们肯定与妻妾、奴隶、马匹同葬一处,墓中肯定还有黄金、珠宝、服饰、武器之类的东西——只有长生天知道。

这个问题具有潜在的巨大意义。如果陵墓存在,并且曾被发现过,那么,它将在考古、学术、现金流转以及国际关系方面引发狂潮。蒙古政府偶尔也会为此努力,以维护对寻墓工作的主导权;这是一项艰巨的任务,因为常规搜寻意味着要花钱和限制旅游。有些人感觉受到了伤害,不安的情绪越来越强烈,他们认为,寻墓本身就是一种亵渎;想要保持神秘的东西就应该保密;无论如何,外国人不得插手这件与族源问题密切相关的事情。所有这些情绪纠结的就是陵墓存在与否这个谜,更不用说它的位置了。

《元史》——元朝的断代史——记载了皇室葬礼是怎样进行的。当随行人员到达埋葬地点,"把开挖墓坑所起之土成块堆放，依次排列。一旦棺材下葬，按序用（土块）将（墓坑）填满、掩盖。若有剩土，则远置他处"。1240年代，访问哈剌和林的欧洲观察者、修道士约翰·普兰诺·卡尔平尼写道："他们把墓坑填平……再用草皮盖上，保持原状，使这个地方从此以后不可能被找到。"

如果成吉思汗的葬礼也是如此，那么，它是在哪里进行的呢？

《元史》似乎对此有所提及，说这个地方在"起辇谷"，听起来有点意思，因为"谷"意味着山谷。很多人把这个名称看作是蒙古语的转译并努力寻找其所在，但都没有成功。其实，这个词语的意思只是"皇帝銮舆（或灵柩）起驾的山谷"，就是说，皇帝灵车在这个山谷起驾送去安葬（伯希和在《马可·波罗行纪诠释》里对此作了全面分析，见第1卷第330页以后的内容）。

唯一接近同时代的记载含混不清，不由得让人沮丧。在1232年及1235—1236年，即成吉思汗死后十年之内，南宋朝廷派遣两个使团去见成吉思汗的继任者。两位使臣彭大雅、徐霆声称他们看到了这位征服者的葬地。"蒙古人之墓无冢，"彭如此记述，"以马匹践踏墓区，使其如周围平地。只有铁木真之墓插上标杆（或箭矢），方圆三十里，设有骑兵守卫。"他的同僚补充说："我看到铁木真之墓在泸沟河一侧，山水环绕。相传，铁木真生于此地，故而也葬于此地，但我不知道是否属实。"

两位目击者的记述引发很多问题。他们真的看到墓场和卫兵了吗？他们怎么知道面积？三十里（十五公里）是直径还是周长？十五公里的圈子、踏墓的马匹、一条河流，是怎么跟山中葬地搭配起来的？还有，其中最撩人心弦的是，泸沟河指什么？某些大河既有汉名也有蒙古名，泸沟河是克鲁伦河的各种汉语译名之一。但是，成吉思汗诞生于鄂嫩河，不在克鲁伦河；总而言之，徐霆自己也不确定。

我的猜测是，这两位外交使臣要求去看成吉思汗陵墓，他们没有意识到自己提出了一个不可能被同意的要求。墓地一直被保密、守卫森严，到了这时，已经没人能够辨认出它的所在了。另一方面，断然拒绝这种官员的请求又很失礼，于是，就让他们朝着肯特山骑行几日。他们被带到一个方位大致不差的区域，搞错了河流名称，获得了一些失真的信息——可能是官方虚假信息；他们看到远处有一些骑兵，然后被告知进入圣地是禁忌；因为那里已被踏平并种上了小树，所以无论如何是看不到任何东西的。

很快，像这类未经证实的信息开始逐渐变成传闻和谣言。五十年后的马可·波罗写道："从成吉思汗一系传承下来的所有大汗们，都埋在一座叫阿尔泰的大山里。"近四个世纪后，这个名称又突然出现在萨囊彻辰的"历史"中，他说，遗体葬在"阿尔泰山之阴和肯特山之阳的中间"。两人的描述都过于含混不清而毫无意义。

有一点几乎可以肯定：葬地在成吉思汗故乡的某个地方，位于今天多山的肯特省。许多资料都提到，不儿罕·合勒敦山是葬地所在，被称为"大禁区"（蒙古语：Khorig，意为禁止或禁区，通常是墓地）。那里有很多禁区，但"大"禁区是指成吉思汗及其许多后裔的葬地。波斯历史学家拉施都丁说，当忽必烈的继承者、他的孙子铁穆耳成为大汗后，派遣兄长甘麻剌掌管"成吉思汗的大禁区，他们称之为不儿罕·合勒敦，成吉思汗的大斡耳朵（宫帐）依然驻扎在那里……那里有四座大斡耳朵，其他还有五座，总共九座，任何人都不允许进入。他们把成吉思汗等人的肖像放在里面，经常焚香敬拜。甘麻剌也在那里为自己建起一座庙宇"。没过多久，九座宫帐减至八座，成为移动的神殿，"八白帐"在蒙古大地上漂来移去，最终在内蒙古鄂尔多斯城安顿下来，它们在这里逐渐变成今天的成吉思汗陵。

成吉思汗逝世后差不多一个世纪，在他的墓地上建起了几座帐篷、一座寺庙，举行了很多仪式。这里完全是私密的，但应该还是留下了一些痕迹——大概就在不儿罕·合勒敦山上。

这就提出了一个问题：哪座山是不儿罕·合勒敦？大部分蒙古人认为他们知道——就是那座位于肯特地区的肯特山。他们对此深信不疑，所以崇拜此山约三百年了。他们一点也不在乎陵墓本身的神秘性，因为他们是在和成吉思汗的灵魂对话。

但是，这给研究者们遗留了难题。尽管几乎每个人都推测不儿罕·合勒敦就是今天的肯特山，但没有资料可以佐证。也有相关事实存在，但都无法给出合理的解释。你越是仔细审视，疑问就越多。我们将站在山上，近距离看问题。但是，那些原始资料，尤其是《秘史》，本身也存在诸多问题。当然，关于这座山的重要性是确凿无疑的，书中多次以虔诚的口吻提到它。然而，有一次，当年轻的成吉思汗躲避篾儿乞人时，他骑马离开自己的营地，藏在不儿罕·合勒敦上，篾儿乞人打算在带着他的年轻妻子回家之前围山抓他。但如果这是肯特山，那他是无法做到这一点的，因为距离太过遥远，地形太过险峻。要么这个故事是编出来的，要么我们涉及的是不同的山。一种可能的说法是，每个氏族拥有自己的不儿罕·合勒敦——只可惜没有一座山被确认。我们遇到了一个悖论：不儿罕·合勒敦应该就是肯特山，但又不能就是肯特山。如果这是成吉思汗的随从们制造的虚假信息，那么，他们是极为成功的。

另一个问题是，如果陵墓里有东西的话，都有些什么呢？这一次，证据还是帮不上什么大忙。成吉思汗去世后仅二十五年，志费尼就开始在蒙古新都哈剌和林撰写历史，他说，在被蒙古诸王推举为继承人后，成吉思汗的儿子窝阔台下令，"从长相可爱、性情温淑、美中带甜、目光柔顺的月儿般的处女中……选出四十名……戴上珠宝首饰，穿起美袍华服，和挑好的马匹一起送去陪伴成吉思汗的灵魂"。

为成吉思汗进行人祭？并非完全不可能，因为这是中国乃至整个中亚的古老风俗：把普通士兵、仆人、妻妾和动物杀死，在来世给统治者做伴。可以很肯定地说，在佛教传入之前，蒙古可汗们与众妾连同其他财产一起埋葬。

不过，即便是在中国，证据也是多变的。这些实例从未被普遍看到，数个世纪过去了，活人逐渐用仿制品代替。尚未发现葬有人祭牺牲者的蒙古人坟墓。况且，志费尼没有说四十名月儿般的处女真的去给大汗陪葬，他的意思可能是，掘墓工作正在进行中，所有安全风险都应该考虑在内。

最后一点，陵墓里填满财宝的想法，与成吉思汗希望呈现的形象并不完全一致。他已经接受首席顾问耶律楚材的指引，把自己装扮成一位简朴的圣人。1219年的石刻备忘录（已在第四章完整引用）写道："天已厌弃傲慢奢侈之俗……我恢复简朴之风。牛倌或马夫若破衣褴衫，我亦破衣褴衫；他们若粗茶淡饭，我亦粗茶淡饭。"考虑到出于保密的需要，他的继承者们难道会无视他暗示的意愿而给他举行铺张浪费的葬礼吗？更有可能的是，他们肯定快速简单地把他埋了。

显然，寻墓者面临的第一项任务是查验肯特山。在外人看来，这是一次令人怯步的勘探活动。实际上，此山海拔2362米，是一处连接两大主峰、长十二公里的山脊的西面部分（第二峰阿斯拉吉略高，海拔2452米）。勘探活动如同大海捞针，我们一直推测，这根"针"就存在于这片区域，可能就在这片"大海"南坡的某个地方：该区域方圆差不多有一百平方公里，尽是密林覆盖的山脊、泥煤似的高原、边缘陡峭的峡谷、光秃赤裸的台地，根本无路可走，难以到达又难以离开。最近的城镇蒙根莫里特距离此山七十公里远。

第一位到此山探险的外来者是英国人坎贝尔（C. W. Campbell），这位久居中国的英国人，从北京旅行至库伦——蒙古国首都的旧称。这事发生在1902—1903年，当时全蒙古还在中国的统治之下。到达库伦后,他回程走访肯特地区的一处金矿,然后,又花了两天时间去爬肯特山——"蒙古众多圣山中最神圣的一座山"。他的记述谈及了包括我在内的后世探险家所感兴趣的大部分话题。

坎贝尔强调的第一件事是,作为朝圣之地和膜拜对象,这座山声名远扬。每年,担任办事大臣的蒙古王公——中国委派的蒙古行政长官——都会来此朝拜。他来时"带着浩浩荡荡的随行人员,向伟大的自然界神灵献祭;蒙古人长途跋涉前来朝圣,以谋求神灵的庇佑"。

9月,坎贝尔实施登山行动,他描述了典型的粗放环境:

> 我们的宿营地(海拔四千五百英尺)满是火堆残迹、羊肉骨头、骆驼骨骼、砍倒的原木、散架的马车,这些都是库伦办事大臣年年到访此地的遗物。我骑马上山,穿过一片长满松树、落叶松、雪松的密林……当我们行至毫无遮掩的山脊上时,强劲的西北风吹来,气温跌到了华氏17°(-8℃),高一些的各处山丘顶上覆盖着白雪。半小时后,我们到达办事大臣朝拜的祭坛[可能是"甘麻剌庙"的所在地]……除了风大,攀登峰顶并无困难。几个世纪以来,朝圣者已经踏出明晰可辨的道路,蒙古人上山就是骑马踩在树根和倒地树干上走完全程。山坡上浓林密布,但开阔的山顶崎岖不平,大风吹过,一棵树也没有,地面到处都是奇形怪状的大块松动石头。在不断接近此山的过程中,我在离山六

英里的地方观察到，峰顶有一个圆形的头状物……我爬上来后发现这是一座椭圆形坟墓，东西长二百五十码，南北长二百码，同样也覆盖着松动的石块。

我毫不怀疑这是人造物。墓顶上有两个石堆大敖包，其中一个敖包上留着铜香炉的残物。我把上面所刻的一段满文抄了下来，俄国驻库伦领事馆的道拜耶夫（M. Dolbejev）识读出该文日期是乾隆十二年（1747年）。

这是一座引人注目的坟墓，很可能是蒙古之最。我不相信它仅仅是供祈祷的石冢，有一种猜测……我认为值得关注，即我们所在的位置就是成吉思汗的真墓。

请注意几个要点：攀登相对容易、登山过程中的高坡圣坛、峰顶上的大堆石头。他遗漏了山上一处地方：一个平台，它与被后来研究者认作坟墓的东西混散在一起。他肯定经过了这个地方，但是，没有对这些岩石堆发表看法。

在1924年成为世界上第二个共产主义国家之前，极少有外国人到过蒙古；此后直至1990年的剧变，它几乎完全封闭；那里的自然环境非常恶劣——冬季冰天雪地、夏季沼泽遍野，考虑到这些因素，就不会奇怪，为何寻找成吉思汗墓的工作一直以来没什么进展。

战后，第一个打破这种状态的是东德莱比锡卡尔·马克思大学的约翰内斯·舒伯特（Johannes Schubert）（蒙古—东德关系的起源有点奇特。1920年代，新独立的共产主义蒙古开始放眼外部，政府派送五十名儿童去柏林接受教育。归国后，这些孩子成为精英,并产生很大影响。第二次世界大战后,当东德成为共产主义世界的一员时,两国关系进入活跃期),他和优秀的蒙古考古学家霍尔洛·珀理(Khorlogiin Perlee)一起,进行了为期一周的登山探险之旅。他撰文描写此山,完全证实了登山之困难、旅行之艰苦。这发生在1961年,但听起来就像是中世纪的事。

舒伯特从蒙根莫里特启程,正如探险所必需的那样,带着由四个蒙古当地人和十三匹马组成的车队,单列蜿蜒而行,穿越柳树丛林,二渡克鲁伦河——对于一位即将要过六十五岁生日的人来说,这是一段艰难的旅程。到了山上,密林让路给坎贝尔所述的杂草丛生的坡面——敖包、两只三足大铁锅、铜制器皿,还有甘麻剌所建寺庙的遗迹(舒伯特猜测)。

再往上走,树木越发稀少,他们来到一个平地,"到处都是孔洞,里面填满卵石,其间长着稀疏的苔藓"(请注意这些孔洞,它们在后面将扮演重要角色)。最后,在山顶上,他们来到一片有二三百个敖包的地方,其中一个最大,上面放着少量盔甲、箭头和各种藏传佛教物件。舒伯特毫不怀疑地推断说,此山就是史书上记载的不儿罕·合勒敦,成吉思汗墓就在这些斜坡的某个地方。

不过,这些都是猜测。寻墓需要进行高科技考古,而这项工作只有到了1990年剧变、国家对外开放后才变得可行。

日本人率先抓住机会,在1990—1999年实施"三河工程"——以源于成吉思汗祖居地的克鲁伦河、鄂嫩河、土拉河命名。《读卖新闻》为这项事业提供了四年的赞助,想通过公共宣传来获得投资回报,因而进行大肆报道。根据日本杰出的考古学家江上波夫撰写的报告前言所述,这个工程的原定目标——寻找成吉思汗之墓——具有"如此重大的意义,有可能会揭开一段新的世界历史"。这是一项浩大的工程,差不多有五十人参与,要用到探地雷达、超级摄像机、全球定位装置、多辆汽车和一架直升机。

当然,首先要走访肯特山。从下往上走,考察队再次发现那座寺庙——可能是甘麻剌所建,也可能不是——的遗迹;然后,乘直升机登上山顶一小时后,他们记录下舒伯特所述的二三百个石冢(并不是每位探险队员都读过他的记述)。他们在那里没有发现任何古墓痕迹,其他地方也没有。无人敢冒险从山顶走到山底,或从山底登上山顶,因此,也无人看到舒伯特所述的半山腰的"孔洞"。工程继续推进,探险队在其他地点发现了一个令人惊奇的墓葬区,但是,没有一丝与13世纪初相关的线索。

通过报道数百个小型突厥墓,或者详细描述根据卫星、航空摄像机、雷达所观察到的乡村情况,这样做很难证明巨额费用支出的合理性。"三河"团队需要呈现作为"世界宝藏"的"地下遗存"。幸运的是,两片区域被证明会有潜在的收获。一处是前成吉思汗时代的都城曲雕阿兰,这是一处重要地点,三河工程的报告用一个毫无根据的单调结论将其美化了:"几乎可以肯定,成吉思汗墓就在这片区域。"第二处可能的"宝藏"之地真是奇迹——一堵将邻山一段山脊围起来的石墙。这堵墙在当地被称为"施主墙",可以肯定,它与成吉思汗几乎没有任何关系,因为这里出土的陶器属于辽朝——1125年被金灭掉，离成吉思汗出世还有四十年。然而，三河工程的报告用一种近乎欢快的口气说，根据地理学观察和采访（没有任何细节），"看起来成吉思汗就埋在（施主墙的）某个地方"。两个不同的地点，都被积极宣称是墓址所在，却根本没有关于葬礼的新证据——尽管有很多重要发现，但就纯粹的成吉思汗研究而言，三河工程显然所获无几。

七年之后，出现了一位最有决定性，也可能是最广为人知的寻墓人：莫里·克拉维茨（Maury Kravitz），来自芝加哥的金融家。他拥有世界上最大的成吉思汗主题图书馆之一，筹措五百五十万美元，成立顾问委员会，与地理研究所签署独家寻找成吉思汗墓的专利合同，但附有权益保留：禁止他挖掘肯特山。

克拉维茨选择挖掘的地方是施主墙——我们不得不对此多加考虑，因为克拉维茨和其他人都如此急切地想把它与成吉思汗联系起来。毕竟，此地距离曲雕阿兰一百三十公里，且路很好走，距离宾代尔附近成吉思汗可能的出生地三十公里，距离肯特山九十公里，恰好位于山区隐处和富饶草原的分界线上。

这是一个美丽的地方，位于一条紧靠平原——从曲雕阿兰向北直通蒙古腹地——的侧谷之上。冻裂的大块圆石摇摇欲坠地矗立在散布冷杉的山坡上。一块天然的塔状岩石占据低坡，好似一座尖塔，被称为"成吉思汗的拴牧柱"，和该地其他的露岩层类似。它们最有可能是由于几万年前冰冠瓦解而造成的，典型的是，它们位于各山顶上，像这样位于低坡的情况并不常见。

这个地方的主要地貌就是这堵三公里长的墙，穿过坡底的部分有五百米，然后大致呈半圆形向上，沿着山脊到达坡顶，墙体由一些巨大圆石组成。这是一堵令人印象深刻的干砌石墙样本，高三四米，外部陡峭，为了弥补细石墙岸的倾斜，使墙体牢固，整面墙都向后倾斜了几度，大致形成一个横截面呈三角形的壁垒。构成外缘的石头粗略打磨过，有些可能一个人就能举起，大部分要由两三人搬动，还有很多则需要一队人才能抬起。这堵墙应该是由一小支军队建成的，但可以肯定，跟蒙古人毫无关系。他们不建石墙，至少不建类似曲雕阿兰所发掘的那种规模的石墙。

这堵石墙究竟是做什么用的？它不是一座堡垒，因为没有门、塔楼或防御特征，攻击者想要爬进去也毫不费力。它不大可能是一座城墙。无论如何，它位于山坡上，大部分都非常陡峭，所以也不可能是房屋的墙体。根据一种离奇的意见认为，它可能是一个禁猎区，但是，靠碎石坡支撑起来的一堵墙，恐怕连一只老牛也围不住。

然而，这里对克拉维茨及其团队来说是一处极好的地方，他们有一些非同寻常的发现。

其中之一是一具穿着锈烂铁甲的骸骨，左肩附近还立着一只小罐。没有其他随葬品能帮助确认墓主的身份，如果假以时日，应该可以确定骸骨的年代。结果是，"士兵"被置于木壳之下，木壳外面再封上一层铁皮，有迹象表明，这是一座"13

世纪的蒙古人坟墓"。

附近有一系列奇形怪状的石地,每片石地都由四条长约四米的曲线构成,每块石头均重三至五公斤。石头构成的线条弯曲至九十度,在一些小石堆的两边交汇。在一组石堆旁放着一个头骨——是二十五岁左右女性的头骨,还有四块小骨头,两两相对,形成一个锐角。有些学者知道了这些发现,他们大多数人把它们解释为地热作用的结果。但这种说法不成立。这里没有热源迹象,并且石地位于一处陡坡上,没有任何建筑物——地基、屋瓦或柱坑——的证据。再说了,头骨和奇怪的小骨头又是怎么回事?完全是个谜。

很快,成吉思汗成为焦点问题,克拉维茨的发掘工作突然中止。高层人士对外国人来蒙古最神圣之地多管闲事表示愤怒,尽管没有证据说明施主墙是蒙古人的圣地——当然也不是成吉思汗的圣地。克拉维茨团队接到驱逐令,媒体带着欢快的语调报道了此事。他们再也没有返回。克拉维茨本人身体超重、健康欠佳、年纪过大,不适合再次踏上探险之旅。他于2012年与世长辞。

2009年,我到访此地,发现它正快速衰败,尽管大部分都未被人动过。我是和年迈的地理学家巴扎古尔及其侄子巴德拉(Badraa)一起去的,他们两人曾和克拉维茨团队一同工作过。吃力地穿越茂密的草丛,靴子散发出刺鼻的苦艾气味,我们来到主屋。克拉维茨队员们惊慌失措的撤退似乎是发生在一天前,而不是在七年前;照片还钉在墙上,半卷地图仍摊在桌上。

我绕着墙四处走动，爬上爬下。它令人印象深刻，但我们不应太过陶醉，这并非"巨石阵"。非常粗略地估算一下，它大概由五万吨石头建成，五百工人在一个夏天就能完工。质量也不是很好。内侧碎石的推动力超过了支撑力，因此，很多地方整面墙都倒塌了。就像世界各地许多绕墓围墙一样，这堵墙似乎也是一种宣告："普通人不得入内！"

至于它和成吉思汗的联系，没有什么正面证据，却有很多反面证据。它建于前蒙古时代的辽朝，此外，它与任何历史或传统格格不入。成吉思汗的葬礼是秘密进行的。施主墙大概是一处你可以想象的公共场所，十五公里的长度用作防护栏不适合，放一群马在新修坟墓上驰骋也不合适。石墙的用处依然是个谜。

在我看来，唯一能把成吉思汗陵墓问题向前推进的方式就是更深入地认识不儿罕·合勒敦，我指的是肯特山，其山峰被官方指定为祭祀成吉思汗的中心地点。

从远处看，肯特山似乎很容易接近：海拔不算太高，离乌兰巴托仅二百公里，开车只需一天。但是，三十公里的进山之路盖在永冻层上面，春天时融化成泥浆路；夏季的雨水让它寸步难行。1992年，这片区域最终被辟为国家公园，开始顺其自然地发展。群山突入，迫使道路必须经过一座落满灰尘的木桥才能横跨克鲁伦河，建桥是为了让官员们能够偶尔去参观那些神圣的山坡。山脉海拔约二千五百米，光秃秃的山顶突兀地立于树林之上,就像削发和尚们的脑袋。这里是鹿、麋、熊、狼的领地,这些物种的栖息地向北延伸至西伯利亚针叶林。进山之路要通过沼泽,翻越陡峭的山脊,横跨多石的克鲁伦河浅滩。

在新近的访问者中,对我帮助最大的,是堪培拉澳大利亚国立大学亚太历史学部的蒙古学大师罗依果。1997年,他攀登肯特山,并在两篇未曾发表的文章里描述过这段经历。他的团队有十个人、三辆车,还在蒙根莫里特雇了几匹马跟在后面。"一次可怕的骑行,"他后来写信对我说,"我们多次遇到沼泽,要花数小时使自己从中摆脱出来。"他们在低地敖包安营,一桌食物准备停当,此时,一个萨满巫师正在大显身手——"手舞足蹈,呢喃念咒,击鼓作乐,恍惚发呆,抽签占卜"。筵席结束时,"萨满巫师告诉我们,成吉思汗的魂灵已经允许我们所有人登山去敬拜他了"。他们花了二十分钟到达第一个高台,和舒伯特一样,罗依果在那里发现了他猜测的甘麻剌庙——就像其他人那样——的遗址。

接下来的内容似乎比舒伯特所述的更有趣,因为对罗依果来说,这里看起来真像一片广阔的墓地:"一块空荡的平地,几百米宽,地面上有古代掘墓人留下的明显凹坑,也就是说,先挖洞,然后再填上泥土、石头和残骸。"罗依果得出有趣的结论,看起来"貌似可信且确实最有可能[的是],就在这里,在山的南侧和东南侧……长眠着蒙古诸帝"。

2002年,我第一次尝试到达这个地点,却近乎一次灾难,犯了很多错误，但是，它让我的认识发生了重大突破。我的向导是一名叫图曼（Tumen）的前坦克指挥官，他并不十分胜任这个工作，从未爬过那座山，因此，一路都是我在做决定，这绝非幸事。到此，作为读者的你，对进山细节想必都已了然于胸：沼泽、泥浆、柳树丛、车辙印。但对我来说一切都是未知。出于无法说明的原因——说出来实在太令人尴尬，在我的坚持下，我们离开车子和司机，却迷路了，徘徊着误入一处山谷，兜转了几个小时，那里苍蝇成群如乌云压顶，冷杉因森林火灾而东倒西歪。我们在人迹罕至的荒野里宿营，用潮湿的鹿粪勉强生火煮面。简直就是地狱。当夜幕降临之时我才意识到自己的失误。

不过，第二天早上，我们折回原路，我看到了一些东西，当时只是觉得它们非常奇怪，但后来证明它们意义非凡。在低洼地里，柳树丛让路给粗草，我无意中发现一些石头，都是拳头大小，构成一个不规则的石堆，宽约1.5米。或许，有人曾经埋在这里。但是，坟墓选址于此似乎有点怪，这个地方离山很远，在一个沼泽坡地的中间，无人有理由来此，而且，即使考虑到几百年来的气候影响，坟墓的形状也还是很怪异。石头上寸草不生令人疑惑。不是说坟墓上都是杂草丛生吗？在我看来，它们更有可能全被某种自然过程冲蚀了。我拍了张照片，把这个迷惑抛诸脑后。

就在这时，突然之间，雾霭散去，我们离开模糊的山麓，我看到了目标，准确无误，明朗清晰。肯特山就像一个灰色石肩，从四周森林里升起，轮廓清净，宛若折曲的肌肉一般伸展出去。天气好的话，我们本来可以上路了。但当时天气并不好，暗紫色的云堤正吞噬西边的天空，伴随着低沉洪亮的隆隆声朝我们压过来。司机额尔登（Erdene）和他的汽车不知所终，我们没带手机，因为在这偏远之地没有服务信号。暴风雨把我们赶进一顶被雨水冲破的帐篷里。

翌日早晨，额尔登在一系列典型的蒙古式历险后，找到了我们。他躲开了暴风雨，但被困在车中，后来就睡在车座上。一群偷猎者的车子深陷沼泽，必须拖出，他们需要搭车时发现了他，解救了他。最终，在湛蓝如洗的天空下，额尔登又回来找到我们，还带着刚刚烤好的土拨鼠。

这一次，我们坚持走方向正确的道路。四十分钟后，山谷映入眼帘，道路通往树林，我们的车再也开不进去了。冷杉树下屹立着舒伯特和罗侬果提到的树干大敖包，蓝丝带和旗子缠成一团，乱丢各处。我们走上一条以神殿为路标的朝圣之路——蒙古的"苦路"（Stations of the Cross，指耶稣去髑髅地——耶稣被钉上十字架的地方——之行中的十四个阶段的任何一段——译者注）。我们用二十分钟穿过凉爽芬芳的冷杉林，来到一片由长满苔藓的小丘构成的平地。在细长的冷杉中间，另有一座冷杉树干搭起的敖包，前面摆着盛放祭品的两口金属大罐，还有一个树干做的祭台，上面放着用来焚香的空瓶和碟子。显然，这里曾经有过一座建筑物，很可能是一座寺庙。

我四处张望寻找证据。就在平地边缘，脚印踩进软泥的地方，存在少量瓦片。我心里一阵兴奋，捡起两块一看，发现是灰棕色的陶瓷，做工粗糙，没有上釉。内表面细微的印记说明，瓦片是放在某种麻袋布上铸造或烘干的——典型的汉式屋瓦。如果能确定这些瓦片的生产日期，那么，就可以揭开寺庙的建造年代。

甘麻剌的寺庙？如果是的话，那些建庙者肯定不会弄错地方，而成吉思汗墓应该就在附近某处。但这讲不通。如果甘麻剌真的想尊重成吉思汗的愿望，他就会对墓址保密；在这种情况下，他真的会派人挖出平地、砍树运土、造窑烧瓦、确保常规祭仪，以引起人们注意？

陡峭的小路穿越冷杉林，经过树根盘绕向上。山路并不难走，对一座圣山来说，这一点倒恰如其分。圣山的要点在于可以到达——当然不能太容易，但也不能令人望而生畏。对于任何一个打算骑马携帐、长途跋涉的人来说，肯特山不如比利牛斯山——通往圣地亚哥—德孔波斯特拉（位于西班牙西北部的圣城——译者注）的一段朝圣之路——更难走，尽管路上没有朝圣旅店可供歇息。

又爬了半个小时后，我们出现在第二个高台上，矮小的常绿植物间吹来习习凉风。抬眼看向前方，肩膀般的光秃峰顶若隐若现。四周地貌一如罗依果所提到的——许多，可能有几百座不规则的石堆，有些正如坟墓一般大小。这里也有一些小敖包，可能是朝圣者路过时把松散的石头扔在一起形成的。我的头脑里萦绕着罗依果对坟墓的看法："古代掘墓……先挖洞，然后再填上……长眠着蒙古诸帝。"

可惜，我不相信这些话。

之前，我在满是沼泽的无路低地里见到了"坟墓"，这让我脑海里疑窦丛生。那时，在我看来，这些地貌很可能是自然造成的。我感到疑点更坚。两个地方的石堆相同：大致呈圆形，但像搅拌物一样不规则，没有标准尺寸，宽度从一米到三四米不等。如果下面那个不是坟墓，那么，山上这些也不是。

后来的研究证实了这一想法[1]。这是一个永冻区，即使在夏季也只有最上面的几英尺土层才会融化。这类土壤有自己的生命周期，因为冬季里上冻的土壤扩大，就像结冰一样，到了夏季则缩小，其结果由石土类型、坡度大小和地表水量来决定。自然力以奇怪复杂的方式作用于原材料。冰缘环境把砂砾、石块和岩石塑造成各种奇妙的多边形、圆形、环形、土堆等看似人造的东西，仿佛大自然沉迷于大规模打造禅园的行动之中（事实上，第一批进入北极圈的科学家们真的认为这些东西是人造的）。我几乎可以确定，肯特山上的"坟墓"就是"石土圆堆"，由冰冻和细微温差造成，膨胀运动推动岩石形成大小相似的组合体。风吹雨淋，带走杂质，留下看起来很像粗糙坟墓的岩石"搅拌物"。

这个地方是一座埋葬大汗的密陵吗？我无法想象。这里没有马匹飞驰踏平的草地、茂盛过度的森林。马群很难同时走上这个高台，这里树木覆盖率很低，又位于去峰顶的大路上——峰顶

---

[1] 以下几段内容的主要来源是彼得·威廉姆斯（Peter Williams）、迈克尔·史密斯（Michael Smith）：《冻结之地：冻土学基础》，剑桥：剑桥大学出版社，1989年。

是一处公共场地，你在方圆一千平方公里以内就可以到达。

往上看，这座天然大教堂的高祭坛霎时便消失在云堤之中，云堤边缘正不祥地向下滚动。对高台和峰顶的进一步考察都必须等待。

2009年，又一次机会来了，一路与我同行的是四位敢于冒险的游客。如今，上下陡坡都已经轻车熟路，走过各条溪流和克鲁伦河，进出泥炭沼泽，之后，我回到了有"石头圆堆"的高台——如果那些还是以前石堆的话。我需要证据，这意味着要打开一二座"坟墓"。对于任何一个把它们看成坟墓的人来说，这个念头都是令人惊愕和亵渎神明的。但我没有丝毫不安。一连串石头和小卵石缓慢下移，速度几乎可以忽略不计，很显然，每一座"圆堆"都是其中的一部分，每一串流石都是持续上千年的侵蚀过程的一部分。

打开一对尸体般大小的岩石搅拌物只花了几分钟的时间，但我发现，往下不足半米，除了泥炭就再无他物。我拍了几张照片，然后再次动身，踏着岩石和小草向峰顶进发。

一小时后，我走上了一条长长的坦途，向那个坎贝尔描述为坟墓、舒伯特称之为敖包的地方走去。它的确是一个圆丘，规整得像是人造的，顶部有一处大的和几处小的隆起。一条模糊不清的小径贯穿于淡粉色岩石之上，呈对角线通向右手的尽头。乌云翻滚之下，我登上丘顶，站在大隆起之上。其实，这是一个极其牢固、精心建造的敖包，由一堵周长约五米、高一米的干砌石墙构成。矮墙里面有一堆石头，石堆上立起一根杆子，杆顶挂着一顶银色作战头盔和一綹黑色马尾——成吉思汗战纛的复制品，还系着几张弓，全都用数根颤动的蓝丝绸垫起来：成吉思汗崇拜与佛教信仰的交织。

天气情况不好，狂风大作，乌云参差，雷电齐鸣，大雨倾盆。我的游客群走散了，我们年老体弱。其中一人完全失踪，很晚才找到他，因此，时间不多了。我环视四周，看到一百座——或二百座，我不知道有多少——小敖包（显然是上个世纪才建的，因为坎贝尔只看到两座），趁着一丝寒光，匆忙拍了几张照片后就离开了。

后来，回归平静安宁的家庭生活后，我终于开始探究坟墓——巨型敖包、石冢——的问题。它有可能是成吉思汗之墓吗？让我们来看看所涉及的问题。花岗岩圆丘的空间约为250米×200米×30米——总重量约六十三万吨。如果周围有可利用且能搬运的花岗岩，那么，这座石冢需要二千人花上一年时间才可能建成，而且，还要有几百头牛把这些岩石一车一车地拉过来。不过，仍需等待。在蒙古，冬天，你是无法进行户外工作的，年度工作时间减少至五个月。劳动力需要食物、畜群、帐篷、牧场、马匹，牛也需要食物，而所有东西想必都在下面的山谷里。我们必须想象，人和动物每天成群结队地上山下山，或许，核心人员就驻留在峰顶附近。

所以，没错，对于一个强力政权来说，这在技术上是可行的。这个蒙古石冢的体积大约三十六万立方米；西安附近临潼郊外的秦始皇陵是它的五倍，埃及吉萨大金字塔是它的两倍多；简直是小巫见大巫。但是，这样比较是不公平的。埃及和秦王朝都能征召成千上万的庞大人口做奴隶式劳工，在平坦的地形上干活，时间宽裕。大金字塔是十万劳力可能花了二十年才建成。至于秦始皇陵，四万人用了四年时间才拢起坟墩之土（拙著《兵马俑》对此作过粗略计算）。

建立一座容纳一二千人的帐篷城，派遣数百人用车子运送食物，并命令他们花上几年时间来执行这项任务，这对成吉思汗的继承者窝阔台来说，应该是可以做到的。但是，就传统和资料而言，这个想法极其古怪。蒙古人不会为皇家陵墓建造土墩，资料只是提到禁区内的一座密陵。几乎无法想象，如此一项浩大工程竟然没有在官方史书、尘世大地、文学作品或民间传说中留下任何蛛丝马迹。

还有一个不能回避的问题是关于地质学的。回到一万三千年前。这座山被冰层覆盖，三次冰川前进的最后一波袭来，在过去五万年内支配着蒙古地区。前两次已经削低了山脉，磨平了山坡，留下一块核心花岗岩伫立峰顶——岩基横跨一百米，扶壁升起五十米，形成一个制高点。这个柱形物的体积和今天的石冢非常接近，但形状相异。冰壳开始融化，把花岗岩的尖顶分解成大圆石、石块和砾石。随着它的崩塌，溢散的冰水到处都是，岩屑跌落形成一个平整的圆丘，和今天这个差不多，当然，冬季冰雪和夏季雨水继续侵蚀石冢，击碎岩石，变成流石，缓慢地往下滑。岩石积在高台，落到下面山腰，形成"坟墓"——它们都是同一个来源，光秃而碎裂的山顶。

人类能够建造这些东西，但他们不曾建造；是冰层分解所致。

明显地，如果山顶的石冢是自然形成的，那么，坟墓就不会在那里。并且，当我请人最终对捡拾的两块屋瓦做年代测定后，发现，对这座山的崇拜是很晚才发展起来的。2013年5月，我把其中一片屋瓦送去接受热释光法分析，以便确定其烧制的大致年代。牛津鉴证所的多琳·斯托纳姆（Doreen Stoneham）在报告里说，它大概有四百五十年了，而且误差范围很大，"它的年龄最有可能在三百至六百岁之间，即公元1400—1700年之间所造"。简而言之，这个时间段已经晚到和甘麻剌没有什么关系了，因为他修建寺庙是在1300年前后。

这种情况就给那个谜增添了另一种可能性。几个世纪以来，这座山成为人们敬拜的焦点，这一现象存在多长时间了？为什么会这样？它显然是（保留了）一种佛教崇拜。佛教自16世纪晚期开始从西藏传入蒙古，遵循藏传佛教的习惯，最高级别的僧侣被称为"转世活佛"，代表为了人类的利益而以肉身出现的神。17世纪中叶，一支高级"转世活佛"世系开始主导蒙古佛教，第一位活佛是扎纳巴扎尔，原是一个王公的儿子，1639年，他四岁，被立为活佛。到了1700年左右，扎纳巴扎尔的移动式帐篷寺院成为后来乌兰巴托的心脏。但在此前大约五十年内，帐篷寺院经常在肯特山附近四处移动。扎纳巴扎尔自然是敬重肯特山的，因此，那座庙可能是扎纳巴扎尔的。也许，如果肯特山和不儿罕·合勒敦是同一座山，那么，正是佛教的传来促使山名变成了肯特山，而不儿罕·合勒敦这个名字则沉入民间传说和历史。

成吉思汗墓之谜依然存在，不必大惊小怪。作为半个欧亚大陆的主人，如果大汗的家人希望这位英雄的陵墓成为秘密，那么，他们完全有机会做到（最新的寻墓工作是加利福尼亚大学圣迭戈分校的林宇民在2009—2012年进行的。在《国家地理》杂志的支持下，林使用遥感技术——卫星图像、探地雷达、磁力测定、电磁技术、3D数据可视化，依靠"众包"——十一万二千名志愿者在线搜索九万五千照片，以确定可能的墓址。这个项目发现了很多有趣的东西，但在本书付印前，它尚未发布任何有关成吉思汗墓的信息）。

What the Mongols Did for Us

蒙古遗产

2003年3月,《美国人类遗传学杂志》刊发了一篇特别的文章。牛津大学二十三位遗传学家组成的团队研究了两千个欧亚男人的DNA（Deoxyribonucleic Acid的缩写，中文名为脱氧核糖核酸——译者注）。令人惊讶的是，他们发现，数十个DNA样本出现了同一种模式，而与研究对象来自哪里没有关系。相同的遗传模式，只有细微的局部差异，普遍存在于十六个族群中，他们散布在从里海到太平洋的全境。如果以这种模式的存在比例（占十六个族群的百分之八）来类推该区域的全部人口，那么，可以得出一个令人震惊的结论：有一千六百万男人实际上同属一个庞大家族。

对此我们如何解释？数据来自对Y染色体——男性具有而女性没有——的研究。每个男人拥有属于自己唯一特征的Y染色体，但这些特征有相似之处，从而让遗传学家识别家族关系，可以穿越时空追溯并准确找出他们"最近的共同祖先"。研究团队以三十年为一个世代，往前追溯三十四代，把这个共同祖先定位在约一千年前的蒙古。

这意味着一个让人诧异的假说：9到12世纪之间，有一个生活在蒙古的男人，横跨半个欧亚大陆，播撒了自己的基因材料，结果，今天生活在这片区域的所有男性，每二百人中就有一人带着他的基因。

彼时在牛津生化系工作的克里斯·泰勒—史密斯（Chris Tyler-Smith）描述了接下来发生的事情：

"当塔迪安娜·泽加尔（Tatiana Zerjal，做分析的哲学博士生）画出第一张网状图时，我们就知道数据中有一些非同寻常的东西。星团很显眼，因为它出现频率高，有大量的邻居，分布在许多人身上。我们之前从未见过这种情况。你瞥一眼就能判断,它代表同一个大家庭。

"塔迪安娜脱口而出:'成吉思汗!'"

"乍看起来,这像是个玩笑,不过,当我们积累更多数据进行计算,推断最可能的起源时间与地点时,就证明这是最好的解释。"

当研究人员把十六个被选中的族群放在成吉思汗帝国版图上时,证据出现了:两者完美吻合。实际上,其中一群人,阿富汗的哈扎拉人,恰好位于边界之外——但这也是合情合理的,因为成吉思汗只在阿富汗待了一年左右——1223—1224年,就撤回中亚。

极有可能的是,这一千六百万男性的共同祖先并非直接与成吉思汗有关。但是,不管怎样,成吉思汗应对如下事实负责:在1209年到他去世的1227年之间,这个基因特征横穿北中国和中亚到处播撒。战争中,美女是战利品的一部分,下属官员把女人献给首领是一种义务。理论上,所有战利品都属于成吉思汗,他先是一丝不苟地维护自己的权利,然后才展示出慷慨大方,分配战利品——这一次是女人。无论是谁拥有这个基因,他或者他们(有可能是一群兄弟或堂表兄弟),肯定是随军横跨欧亚大陆,沿路留下自己的孩子。让我们假设,一个男人留下两个儿子,每一代男性后裔是上一代的两倍,以此类推,那么过了三十代以后,就会产生戏剧性的结果,而计算过程更是奇幻无比。五代之后,大概到了1350年,一个男人有三十二个男性后裔;又过了五代之后,到了1450—1500年,他有一千个后裔;

二十代之后，有一百万后裔；（以上三个数字在原文中分别为三百二十、一万、一千万，作者的计算有误，现由译者直接改正——译者注）三十代之后，有了难以置信的十亿后裔。

那么，在今天，找到一千六百万后裔是完全可能的。人们易于相信，我们的"男主角"有非常好的繁殖能力，也许，正如大量新闻故事所宣称的那样，成吉思汗本人就是这样的人。事实上，这些特殊基因既不影响外貌也不影响行为，它们只决定性别；因此，一定有其他某种因素在起作用，确保基因的传播。正如一些作者所说，这种因素只能是席卷辽阔地理范围的纯粹的政治力量。"我们的成果展现了一种基于社会声望的人种选择新形式。"社会学家和闲话专栏作家都知道雄性领袖在性方面的成功，但这是第一次在进化过程中见到这种情况。成吉思汗可能没有亲自传播基因，但是，他肯定为此创造了条件。

论文在当时引起了极大的轰动。这些成果被俄罗斯科学家再次验证[1]，并激发更多的相关研究，在其他科学论文中被引用约二百五十次。不过，还要警告一句。最初的结论是，成吉思汗提供了基因传播的"途径"，但他是如此一位史上强人，以至于这一信息被曲解。俄罗斯人论文的标题说，星团"属于成吉思汗后裔"，似乎他就是那个共同祖先。许多网站上都有相同表述："成吉思汗是一位多育的爱人"（《国家地理》），"二百个男人中就有一个是成吉思汗的直系后裔"（《发现》）。

成吉思汗自己的DNA是无法解释这些情况的，问题在于其

---

[1] 阿比列夫（S. Abilev）等：《属于成吉思汗后裔的Y染色体C3*星团在哈萨克斯坦克烈部频繁出现》，《人类生物学》84（1），2012年2月，第79—89页。

族人的行为。给某种行为寻找基因学解释是很时髦的，但在这里，恐怕刚好相反：正是某种行为才导致了基因的形成；八个半世纪之前，在蒙古草原上出现的那种性格——改变世界——催生了这种行为。

假如说各大帝国改变了人类文明，那么，成吉思汗帝国对今天的影响还有哪些？

比你可能想到的要少得多。疆域大小很重要，但并不意味着一切。

在欧洲，罗马人不仅留下了数量众多的"硬件"——公路、建筑、水道、体育场，而且还重写了欧洲的"软件"：语言、艺术、文学、法律，几乎所有你能想到的各方面的文化，从内到外影响欧洲各族的生活。

好吧，蒙古人留下的东西却不多。真的，蒙古人持续的时间只有罗马人的一小部分：一百五十年对一千多年。但是，时间长短并不与文化影响成正比。亚历山大就像一颗彗星划过历史天空，但他却留下了持久之光。英国人在印度待了二百年，文化融合仍在继续。为什么？因为罗马人、希腊人和英国人取得了很多成就，更不用说军事胜利了。蒙古人却没有。是的，元代中国以陶瓷、艺术、戏剧、诗歌和很多其他东西而闻名，波斯也是如此。不过，这种创造力尽管是在蒙古统治下"结果"，但并非因为蒙古统治才"播种"；这不是蒙古文化，而是汉地文化、波斯文化。没有当地人的创造，像在金帐汗国那样，就是几乎没有价值的创造。正如托马斯·爱尔森（Thomas

Allsen)所说:"总体言之,他们是代理人而非捐赠者。"(《蒙古时期欧亚大陆的文化和征服》,剑桥:剑桥大学出版社,2001年,第191页。)

拿蒙古人与其他那些伟大的征服者如阿拉伯人相比,就会发现,6世纪的阿拉伯人和12世纪的蒙古人之间存在非常有趣的类似现象:大量争斗的部落、富裕的邻居、信奉的主要宗教、伟大的领袖、一系列史诗般成功征服带来的对外扩张。但结果却大相径庭。伊斯兰教仍以其强势力量、文化深度与我们共存;而蒙古人的宗教——腾格里主义——或文化未能如此。

主要差异在于各自的思想体系。伊斯兰教结合新宗教不断扩展,而蒙古人只是受到征服的激励,宗教紧随其后、为之辩护。于伊斯兰教徒而言,是信仰催生了征服;对蒙古人来说,是征服滋养了宗教。

腾格里主义本可以发挥作用,不过,它的观念——天把世界交给蒙古人——存在严重缺陷。它根本没有任何伦理道德的内容。腾格里不是以宇宙创造者的身份而出现的,也不代表人类的终极审判。没有蒙古人会因为要面对腾格里阐释自己一生的行为而颤抖。它没有给被压迫者提供任何思想。成吉思汗破坏蒙古部落组织的上层,树立对他本人及其黄金氏族的忠诚,从而实现了统一,但是,这里没有一种能适于长期统治其他文化的宗教。腾格里主义不寻求皈依者。

伊斯兰教的不同就在于,它和基督教一样,声称要为全人类——无论是胜利者还是被征服者——提供指引,创造一个信徒的共同体"乌玛"(umma)。理论上,人人都可以成为伊斯兰教徒,不看其族群或社会背景如何。伊朗人、土耳其人、马来西亚人、印度尼西亚人、中国人，来自多元人种和文化的皈依者，都构成乌玛的一部分。

如果蒙古人希望长期统治那些城市化的臣民，那么，他们除了适应，其实别无选择。比如，在中国，忽必烈引入佛教来证明统治世界这一观念的合法性；或者采用臣民们的宗教，尤其是伊斯兰教。在金帐汗国，尽管蒙古人使自己和俄罗斯文化保持距离，但有些蒙古人还是皈依了俄罗斯东正教。如果他们留在匈牙利的话，有可能会成为天主教徒。

这种差异所造成的后果就是，穆斯林的执意和蒙古人的宽容——某种意义上的。穆斯林坚持己见，以其他宗教之误证明自己的真理。另一方面，蒙古人允许任何信仰的存在，只要它们承认蒙古人是世界统治者——如果它们还不承认，蒙古人愿意等待。他们在穆斯林世界的行为并不是反对穆斯林——只是反对那些抗拒蒙古统治的人。可汗们视政治需要，对各种宗教都一视同仁。比如，忽必烈要求波罗兄弟带来基督教教士，不是因为他想皈依基督教，而是因为他想平衡佛教和道教之间的激烈竞争。

同样是出于实用主义的考虑，除了成吉思汗的最高权威之外，蒙古人不坚信任何教条。除了成吉思汗的神授之权，没有什么微妙之处需要解释，也没有什么伟大真理需要宣告。我们应该对此感到庆幸。想象一下，如果蒙古人把那些拒绝接受他们信仰的人全都杀掉的话，他们将带来怎样的恐怖后果！事实上，他们所要的就是顺从。这就是为什么他们几乎没有留下物质或精神痕迹的原因：没有建筑，没有哲学，没有大学，没有道德指引，没有为臣民而作的文学。

不过，还是有细微证据可循，就像是一颗超新星的残骸唤起了对大爆炸的回忆。这是一场人种的爆炸：起先是蒙古人的军队，然后是被蒙古人吸纳的非蒙古人的部队，最后，仿佛是在一阵阵的混响中，发生了俘虏大转移。在差不多两个世纪里，欧亚大陆变成了一台族群搅拌机，前所未有地把各个人群、民族掺和在一起。每场战役就像是一次慢镜头的爆炸，伴随着部落、种族、人口的四散逃亡，湮灭于世，迁徙转移。党项人几乎被灭绝；汉地人西迁，穆斯林和藏人东移。哈萨克人和乌兹别克人第一次出现，结果就是未来的苏联和今天的中亚。

在最高层面上，帝国成为知识分子、行政官员、士兵和工匠的联合国家，他们属于除了蒙古人和汉人之外的二十二个族群、文化、宗教[1]。传统蒙古人和其他所有游牧群一样，捕获、接受、奴役俘虏，并与之通婚，但这次有些新颖之处。作为武士和牧人，他们曾是能够承担任何事情的多面手；现在，为了治理一个帝国，他们需要数以千计的专家。一切回溯至成吉思汗。还记得乃蛮抄写员塔塔统阿和他的畏兀儿字吗？还记得契丹官员耶律楚材吗？另有一例：如《秘史》所记，在征服

---

1 托马斯·爱尔森：《曾经的亲密邂逅：蒙古帝国的族群分配和文化挪用》，《早期近代史杂志》第1卷第1期，1997年2月。他列举了意大利人、法国人、佛兰芒人、希腊人、德国人、斯堪的纳维亚人、匈牙利人、俄罗斯人、钦察人、阿兰人、亚美尼亚人、格鲁吉亚人、聂斯脱利派教徒、犹太人、穆斯林、汪古人、契丹人、女真人、畏兀儿人、藏人、党项人和高丽人。专家包括行政官员、牧师、商人、造船工、音乐家、金匠、军械士、厨师、纺织工、抄写员、译员、地毯编织工、建筑师、艺术家、石匠、印刷工、工程师，当然，还有不计其数的士兵和仆人。

花刺子模后，成吉思汗选派穆斯林马合木·牙老瓦赤及其儿子麻速忽伯克协助治理北中国，因为他们"精通城市的法律和习俗"。成吉思汗的继承者们则曹随萧规。修道士威廉·鲁布鲁克（来自法国东北部）刚到达哈剌和林的蒙哥宫廷，就遇见一位名叫威廉·（纪尧姆）·布涉的法国金匠，他是在匈牙利被俘的。此人设计出一棵奇异的银"树"，这值得离题一说。它由四根管子构成，每根管子流出不同的饮料——葡萄酒、马奶、蜂蜜酒和米酒。管子源于狮像，每根上面缠绕着一对蛇雕（或许是龙）。顶端站着一位持有喇叭的天使，手臂之间有关节相连。它肯定如真人般大小，因为下面藏有一人，在恰当时刻，他通过导管向天使吹气，天使就会举起喇叭放到嘴唇处，发出巨响，此时，后台的侍者各自将饮料倒进四根管子里。这个玩意儿的设计理念，可能来自欧洲和拜占庭宫廷里依靠水力和压缩空气进行工作的装置，有一点可以确定：它完全是属于非蒙古的异物，表明一种新型的多元文化的特性。14世纪初，汉人作家程钜夫在称颂元朝的国际化时说："我朝以神武军力、仁慈宽大平定四海。群方万国之地，忠良勇才之士，全都甘为皇上效力。"

波斯作者拉施都丁在《史集》中指出："今天，要感谢神，由于他的缘故，人们居地之极都处在成吉思汗家族的统治下，来自中国、印度、克什米尔、畏兀儿〔地区〕、突厥部落、阿拉伯和法兰克，〔全部〕属于〔不同〕宗教派别的哲学家、天文学家、学者和历史学家，大量地团结在一起，为皇天服务。"

拉施都丁及其著作是蒙古国际化的完美表现。他出身于犹太族，信奉伊斯兰教，以服务于伊利汗而崭露头角，受成吉思汗五世孙合赞（1294—1304年在位）委派编纂历史。然后，他把史书的覆盖面扩展到整个已知世界及其文明。在研究了第一部世界史的应有内容之后，他广泛采访大批学者——汉人、克什米尔人、畏兀儿人、蒙古人、希伯来人、阿拉伯人、藏人和欧洲人，用阿拉伯文和波斯文写成图集大小的三卷本史书。拉施都丁同一个研究者和合著者团队一起工作，他既采用书面资料，也采用知情人的信息，包括一批关于早期蒙古历史的书卷——因被皇室持有者藏匿而不为外人所知，现已亡佚。拉施都丁是作者，也是项目总编，负责联络政府部门、大学科系和出版社的工作。他的一位同事是颇具影响的元朝学者官员孛罗，拥有自己的研究分会。这个项目让拉施都丁发财：据说，他从合赞的继任者那里获得了一百万第纳尔（约为政府岁入的百分之五），成为许多艺术家的赞助人。但《史集》并不是他的毕生之作。除了担任伊利汗国的高官之外，拉施都丁在大不里士创办了实际上属于自己的大学，还撰写了几卷伊斯兰教神学著述以及一本农业指导手册，它详细揭示出中国人在果树、谷物、蔬菜、桑树、家蚕等方面的培植技术。

该结束拉施都丁的故事了：天才、权势、财富、苦干，并没有保证安宁和幸福。一个心怀嫉妒的对手指控他蓄谋杀害完者都汗。他说，除了开药方给可汗治病以外，自己什么也没做。这被当作是认罪。他被斩首，首级"在城里示众数日，而且有人喊道：'这是亵渎神名的犹太人的头颅！'"（拉施都丁著、约翰·波义耳译：《成吉思汗的继任者》，纽约和伦敦：哥伦比亚大学出版社，1971年。）

在源源不断的信息和人群中，医生特受欢迎。中国医学著述被翻译成波斯文和阿拉伯文(详情参阅爱尔森:《蒙古时期欧亚大陆的文化和征服》)。威廉·鲁布鲁克在哈剌和林见到了中国北方的医生们,他说:"这些医师非常熟悉药草的疗效,精通把脉诊病。但他们不取尿样,对尿液一无所知。"他们受欢迎是因为他们拥有更复杂的体系和更悠久的传统,而不是因为他们更好;用现代标准来衡量的话,所有古代疗法都是无望的。譬如,他们偏爱水银,因为据说水银是一种长生不老药,尽管事实上它会要人命。

天文学家也让人羡慕,因为用今天的话来说,他们是占星家,被认为可以预测未来。这就是为什么成吉思汗尊重耶律楚材的一个原因——"每次军事行动前夕,(皇帝)必命阁下预言运气之好坏"。数位知名的中国天文学家从中国来到——或是被带到——伊朗,因为旭烈兀"迷恋天文学"——准确地说是占星术。在旭烈兀粉碎阿撒辛派时,一位来自阿剌模忒堡的人出现了,他叫纳速剌丁·途昔,是那个时代最伟大的学者,曾被阿撒辛派俘虏。受其鼓励,旭烈兀在大不里士附近的马拉盖建造一座天文台。那里还有一个藏书四万的图书馆,一百名学生和天文学家从中国和拜占庭来此,这座天文台持续运作了约五十年。它的最大成就是,把当时主要文化区——希腊、阿拉伯、犹太、基督教、波斯和中国——所用的历法融合在一起。忽必烈在北京也做了类似的事情,一座穆斯林天文台在那里差不多使用了一个世纪。

但是,最终,所有这些交流所产生的持久文化影响有哪些呢?再说一下,没有什么。潜力是巨大的,文化兼容起到了极大的刺激作用，技术成就令人惊叹；然而，没有什么根本性的发展要特别归功于蒙古影响。在伊利汗国和中国，天文观测更加精确，尽管如此，却没有哥白尼来解释行星运动，也没有伽利略向忽必烈呈献望远镜。虽然机遇多多，但大飞跃并未随之出现。

另一方面，人类的交流又导致了一场大倒退。来谈谈蒙古的土拨鼠。这种生物一般见于中亚草原上，长相迷人，炖汤鲜美，但经常隐蔽很深，因为跳蚤喜欢它们；而跳蚤身上藏有一种能把跳蚤和土拨鼠都杀死的致命病菌。在适当环境下，土拨鼠会变得稀少，此时，跳蚤可能寄生到其他物种——兔子、老鼠甚至人类——身上。一旦进入血流，病菌就会引起一种致死率超过百分之九十的反应。它侵袭肺部、血液，最后是淋巴腺。这些腺体无法排毒，腺囊变硬变黑，形成坚果大小的肿块，被称为"腹股沟淋巴结炎"。这种病有专名——淋巴腺鼠疫，通称黑死病。

1340年代的某一时期，蒙古土拨鼠数量下降。这种病菌，鼠疫耶尔森菌，找到其他宿主，很容易沿着邮传路线——蒙古人在前一百五十年的爆炸式征服中所开辟——往返传播。多年以后，跳蚤携那些肮脏的小寄生虫到达克里米亚。在那里，当地蒙古人正围攻费奥多西亚古港；来自热那亚的意大利商人在上个世纪已经占领该地，作为"工厂"或贸易站，改名为卡发。受到瘟疫侵袭，蒙古人撤退——以一种特别的方式。1347年12月，他们把军中感染瘟疫的死尸抛射入城，意欲传染给意大利人。下一班航船返回地中海时,老鼠、跳蚤寄生的东西、船员也带着瘟疫上了船。从意大利和法国南部开始,瘟疫以平均每周十五公里的速度北传,前所未有的巨灾降临欧洲。三年内,约有二千五百万人死亡,或许更多;教廷调查的数字是四千万,欧洲人口的三分之一。有些地方的死亡率可能高达百分之六十。毁坏几乎是全球性的,其后果就是重创了城市、文化和几代人的心灵。

假定潜力得到开发,假定技术与信息不断交流,那么,还可能取得哪些成就呢?毫无疑问,有件事情本应以惊人的方式改变我们的世界。

问题在于:为什么蒙古人没有像一个半世纪后的古登堡那样,发明活字印刷术?忽必烈几乎就要唾手可得了,因为他已经拥有那些激发古登堡灵感的大部分要素:需求、合适的字体、技术能力。

这里肯定不缺书籍、纸张或印刷术。中国从公元2世纪起就有了纸张。书籍已存在五百年,藏量达百万册。东方印刷术是将文本或图画反刻在木板上,刷墨,再把这个模板印于纸上。技术简单实用,操作容易,但根本问题是效率低。要花几天制作一块印版,一次只能印一张纸,一块印版只能排印固定的信息。新内容需要新印版。绝版书籍的印版被丢弃,堆在印刷房的院子里,等着当柴烧。

解决方法显而易见。如果每个字都有自己的模块,你就能拼成任何想要的文本,而且这些字模可以重复使用;无须每页刻版，无须担心产生海量废版。中国人掌握专门技术。活字印刷术的发明要归功于一个叫毕昇的人，他生活在11世纪。他的主意是，把字反刻在湿黏土上，然后烘干。印刷时，选择字模，置于框架，刷墨，敷上布或纸，拓印即可。手法见效，技术改进。第一次使用金属活字的是高丽人，他们在1234年印成《古今详定礼文》五十卷。1216年，蒙古人首次攻入高丽，之后五十年中又反复多次进攻。1270年，忽必烈最终将高丽变成蒙古帝国的附庸，这意味着，忽必烈本人很可能——他的科学顾问们则肯定——知道金属活字印刷术。

他们也知道用此法印刷汉字时存在的问题，这甚至比雕版印刷还要麻烦——要从至少八千个汉字里选对字，在设计上没有优势，在速度上也不会很快。此外，活字印刷对书法和刻版这两项古代技能构成潜在的威胁。当然，还是有人对这种方法感到好奇。1297年，来自山东省东平的地方官王祯，制造出三万个木活字，排列在两张转轮盘上，让挑字变得更容易（德国美因茨的古登堡博物馆里有它的模型）。后来，中国历代政府用活字印刷出一些令人称奇的出版物，比如，1726年的一部百科全书，五千卷，用了二十五万个字；但是，日常使用这种印刷术只会成为一个技术怪癖。

然而，忽必烈有了答案，就在那儿，近在面前。答案存在于他祖父所鼓励的畏兀儿字母书写形式，也存在于八思巴设计的字母书写形式。字母——任何字母——的好处是，它以数十个大致涵盖整个语音范围的符号为基础。字母的模糊性和简易性使它比表意文字具有更大的优势（这就是为什么汉文键盘要用拉丁化拼音的原因）。

因此，忽必烈可自行把握若干要素，而古登堡在近两个世纪后才拥有它们来助推文艺复兴。抄写员及其优美字体缓慢地退出历史；印刷机和众多进步纷至沓来，所有因素都相互滋养：大众市场，普遍识字，廉价书籍，学者们交流信息并彼此取经。1454年，古登堡和他的团队完善了一种全新的技术，印行了著名的"四十二行圣经"一百八十份。至1500年，全欧洲每年开印二百五十次、出版二千种书籍——超过二十万册。1518—1525年，仅德国每年就印了一百万册——其中三分之一是马丁·路德所著，他的反教皇《九十五条论纲》叩启了宗教改革，因为导致了基督教会内部的最大分裂，所以，他有理由被批判，也有理由被称赞。文艺复兴和宗教改革塑造出一个新欧洲，它主宰世界、支配贸易、创建民族国家、发现新大陆——这些恰恰是成吉思汗和忽必烈想让他们的帝国做到的。

本来可以做到。忽必烈及其聪明绝顶的顾问们应该进一步采取行动，将八思巴字制成金属活字，放进框架，开始印刷。这么做甚至还有一个很好的财政理由——忽必烈原本要印刷大量纸币，并采用复杂图案和多样颜色来防伪。

为什么这一切没有发生呢？

几个关键的因素缺失了。其一，合适的纸张。中国的纸张柔软、易吸水，就像厕纸，适于抄写员用毛笔书写，适于雕版印刷。在欧洲，用羽毛管书写的抄写员需要更坚硬、表面不吸水的纸张，这正是古登堡用来印刷清晰小字的那类纸。其二，中国没有那种需用重压机压榨的橄榄或葡萄，而古登堡就是将重压装置改造成印刷机的。其三，有人会跟上古登堡那令人称奇的发明,造出手工压模机,以便每天能生产几百个新的铅字。这种现在仅存于博物馆的设备,是之后五百年中印刷业的基础。

这些都是技术问题,如果忽必烈的人决心去做的话,应该可以解决的。但是,为什么元代没有发生印刷革命,还有一个最终的、也许是根本性的关键原因。印刷的目的是传播信息,蒙古人似乎没有要传播的信息;事实就是那么截然相对——他们有很多想保密的信息。实际上,忽必烈创建的是蒙古公司,一个致力于为自身创造财富、攫取权力的庞大法人实体,并没有保佑自己永存的终极目标。没有伟大的真理需要宣传,没有伟大的文学需要以书籍形式印刷出来公之于众。蒙古人所能做的就是监管——"鼓励"一词的感情色彩太强——臣民(主要是中国人、波斯人和阿拉伯人)的文学艺术的传播。末了,他们也没为自己说过多少话。

当然,他们的征服还是改变了世界。由蒙古帝国带来的所有改变中,最引人注目的,是他们在那个再次改变世界的大事件——欧洲人重新发现美洲——中所扮演的角色。连点成线,就能画出一条把成吉思汗和哥伦布联系起来的轨迹。

第一个大点是马可·波罗。他的父亲和叔叔带领他出行,但他们没有记述自身的经历。正是马可·波罗和他的《马可·波罗游记》成为这个漫长过程的起点。1291年,他离开中国,历时四年到达威尼斯,1294年,忽必烈驾崩,1299年,《马可·波罗游记》成书。

六十九年后，蒙古人被迫交出统治权，在接下来的二百五十年里，外国人只得同明朝打交道，它和元朝截然不同：闭关、内向，深信外国人毫无用处。中亚地区，前蒙古附属帝国纷纷垮台、消亡。奥斯曼土耳其帝国分隔了东方和西方。原有关系网断裂，记忆消退，几乎无人能证明《马可·波罗游记》的事实，更多人开始怀疑它。两代人之后，《马可·波罗游记》变成了一本不可信的怪书，其事实基础沦为半化石状态。

它作为真实世界的指南而复活是由于两个因素。首先是15世纪上半叶的知识复兴。教会开启了这一进程，因为罗马迫切希望结束东西教会——东正教和天主教——的长期分裂，实现基督教世界的统一。1439—1443年，佛罗伦萨的一次大公会议（大公会议，也称公会议、普世公会议、普教会议，是基督教中具有代表意义的世界性主教会议，由主教等教会官员参加，讨论教义、教会管理问题，审议重要教务和教理争端——译者注）把几百名学者召集起来，包括一位占星学家兼物理学家，名叫帕奥拉·达尔·波佐·托斯卡内利。参会的还有一位叫尼古拉·库萨，是他那个时代最富才华的人之一，拥有一本《马可·波罗游记》。多年以后，他成为葡萄牙牧师费尔南·马丁斯的导师，后者是未来的里斯本教士、葡萄牙国王阿方索五世的顾问；彼时，葡萄牙的探险家们正在寻找通往东方的海上之路。标出我们所画轨迹中的点：一群志同道合的学者、对马可·波罗故事的兴趣，再加上扩张主义的葡萄牙。

几乎与此同时，即马可·波罗死后一百三十年，丝绸之路网——通往东方的洲际通道——的大门被砰然锁闭。一千年来从中亚不断西迁的土耳其人占领了君士坦丁堡。曾几何时，在所有以某种形式宣誓效忠于大汗的土地上，怀揣黄金的少女，或者至少是身带有效凭证的男子，都能获得帮助，在各个营地、各座城市之间自由旅行。

所以，欧洲商人转向海上之路；沿着这条路线，中国帆船把飘动的丝绸、宝石和香料运到马来西亚，再由阿拉伯商船载至印度和中东。但这样的安排让人难堪，例如，东方的胡椒辗转至欧洲的厨房时，价格上涨了五十倍。显然，对欧洲商人们来说，所要做的就是自己提货，挤掉中间商。因此，在15世纪晚期，他们竞相去发现南部非洲并绕之航行；结果是哥伦布的大创意——从相反方向即向西作环球航行前往东方，找到马可·波罗描述的大汗之地。

一切都取决于马可·波罗的可信度。有人开始认真看待他，其中一人是修道士毛罗。不管怎样，毛罗肯定熟悉马可·波罗为人真诚的名声，因为他俩都是威尼斯人。1459年，在阿方索五世的要求下，毛罗完成了一幅世界地图的绘制，这是第一次把马可·波罗描述的细节画进地图：长江、黄河、许多从马可·波罗书中得知的城市，甚至首次在西方人的地图中提到了日本。

哥伦布的直接灵感似乎是一封信和一幅地图，1474年，佛罗伦萨的占星家托斯卡内利将它们送给葡萄牙牧师费尔南·马丁斯，后者渴望了解非洲之外世界的信息。在信中，托斯卡内利引用马可·波罗所述，提及大汗，但他不知道，蒙古的大汗们早在一个多世纪以前就被驱逐了。仿佛是陆路交通的封闭冻结了欧洲人头脑里的中国印象,让大汗之名永垂千古。托斯卡内利估计,向西航海到中国的距离是:六千五百英里。实际上,从葡萄牙到中国的距离是这个数字的两倍多。

哥伦布知道托斯卡内利的结论,他在日记中引用了这封信(学术界一如既往地对证据和结论的真实性争论不休。我概述的是最为广泛接受的版本。详情参阅约翰·拉内尔:《马可·波罗和世界的发现》,康涅狄格州纽黑文:耶鲁大学出版社,1999年,他利用了邓恩、凯利编译的哥伦布日记),谈到"一位叫大汗的君王"。他的大创意——向西航行到达东方——不胫而走。

但是,这个主意没有说服阿方索,他已经在绕行非洲返航的探险活动上投资太多。1488年,葡萄牙探险家巴托罗缪·迪亚士绕着南非最南端进入印度洋,打开了向东之路;阿方索的继承者约翰决定,不赞成哥伦布跨越大西洋的冒险。

哥伦布的希望落空,愤然离开,前往卡斯蒂利亚(西班牙中北部地区——译者注),把自己的想法告诉了西班牙统治者费迪南德和伊莎贝拉。他的时机很好:西班牙刚刚统一,两位统治者正雄心勃勃地想提升实力和影响。眼看葡萄牙的投资即将得到回报，他们感到了竞争的压力。最好的办法就是在哥伦布身上赌一把。

当然，到头来，大创意被证明是错误的，也完全超乎想象，纯属运气；因为，幸好美洲就在航线上，而哥伦布的行程也相当短，只有五周。他仍然没有想到，自己无意中发现了一个新世界。他认为，西印度群岛中的某个岛屿就是日本，正如他的日记所述："我已经决定前往大陆……把殿下的信交给大汗。"几天后他来到古巴，尽管很明显没有城市，但他认为这里就是中国，提到了"契丹城"（契丹是一个王国而不是一座城市，以此看来，哥伦布并没有读过马可·波罗的书）。

来自欧洲的某个人肯定能偶然发现美洲，这无疑是迟早的事。然而，如果没有成吉思汗、忽必烈和他们的帝国，谁会想到向西航行？什么时候才会启航？几乎可以确定，那将不会是哥伦布，也不会是1492年。

How to Survive Death

起死回生

让我们像朝圣者那样，由北而来，跨越黄河中段，进入本章的主题。这段黄河呈现出一种地理怪貌。从青藏高原发源后，河水并没有向东流，而是向北大转弯，绕了一大圈后才继续流向太平洋。这一圈围住了相当于一个国家大小的地域：半荒漠、沙洲、灌木林、零星雨水冲刷出来的沟壑。这就是鄂尔多斯，在原蒙古语中意为"宫帐"。这里不全是荒凉之地。如果你驱车从大转弯的起始端一路向南，经过地级市府鄂尔多斯城内闪闪发光的新摩天大楼，你会穿越一片散布着树林和牧场的大草原。远处是冷杉覆盖的山冈，眼望冷杉之上，你将瞥见三座粉蓝色圆顶屋，顶端立着几根小柱子，就像蛋糕上的樱桃。上山的路要经过一座小镇，进入一片有成排礼品店的大庭院。爬过一段长长的阶梯，来到一处顶部有白色开垛口的展览室廊道。这时，你已气喘吁吁，还可能汗流浃背。本该如此——朝圣者理应受点苦；而且，你心怀敬畏，感觉自己正在接近某些庄严的东西。前面是一个杂草丛生的四方院，一百米宽，远处就是你这次旅行的目的地：一座长形的粉色单层建筑；三个由长廊相连的矮亭，蓝瓦铺顶，前檐上翘，像芭蕾舞裙，它们环绕着三座粉蓝色圆顶屋——你从下面村子所看到的。

你已经来到成吉思汗陵墓。

此处是"圣主院落"——蒙古语名称的意译，在这里，成吉思汗经历了从蛮族首领到半人半神形象的最离奇的最终蜕变。这里也是一个宗教派别的故乡。该教派从历史根源开始，经过传说演变而来，创造出一个共同体，拥有寺庙、仪式和开始显示宇宙神学迹象的信仰体系。

它始于1227年。尽管被秘葬于蒙古的群山之中，但成吉思汗仍受尊崇，其遗物被保存，人们献上供品敬拜他。他的继承人窝阔台发布了一个适用于游牧民的原始方案。按照17世纪萨囊彻辰的说法，"树起白帐用来敬拜"。每个帐篷都设有各自的崇拜对象——成吉思汗、他的前三位妻子、他的坐骑、马奶桶、弓、马鞍、财宝。一支氏族——最初的"林木中"乌梁海部——获准免除其他所有差役，以便让其派出五百人充当永远的卫士，负责照看圣主的遗物，指导敬拜的仪式。这样一来，成吉思汗就可以永远守护着他的人民。

起初，敬拜的焦点当然是不儿罕·合勒敦山上或附近的墓地。但这种情况是暂时性的，因为秘密葬地被故意弄得杂草丛生。不知过了多少年。帐篷——先是九座后为八座——从一地迁到另一地，就像一个移动的神殿，在西起阿尔泰山脉东讫草原的戈壁上来回徘徊，直到15世纪中叶才安定于此——鄂尔多斯东部边缘一个水资源丰富的地方。民间传说对神殿的出现即兴做出解释，随着世代的更替，最后，这里被说成是圣主原本希望的葬身之地，尽管还是没人知道确切地点。17世纪时，神殿获得了现在的名称——伊金霍洛（Edsen Khoroo，和往常一样，这个源于蒙古语的词汇有很多译法。汉文的写法是"伊金霍洛"），意为"圣主院落"。

不论是过去还是现在，寺庙和仪式一直由同一群人控制，如今他们被称为达尔扈特（意为免税）。他们声称——更多的是民间传说而非历史——自己的家族全都是成吉思汗将领们的后代，尤其要提的是其中两人：博尔术（少年时期帮助未来的成吉思汗救回被偷的马匹）和木华黎（北中国的统帅）。根据达尔扈特人苏日乎的说法：

自从成吉思汗离世后，"我们这些博尔术的后人，就从事于制造供品和守卫陵墓的工作。从来没有擅离职守。我是博尔术家族的第三十九代孙"（苏日乎：《成吉思汗陵墓及其守陵部落》，宾夕法尼亚大学学位论文，2000年）。声称继承了木华黎血统的达尔扈特人负责照看战纛——尖顶下系着几圈蓬松牦牛尾毛的矛——及相关仪式。几个世纪以来，达尔扈特和其他族群把工作变得更加神秘琐碎，比如，护理马头铃锤、吟诵咏唱、朗读法令、监督酒礼、烹煮羊儿、打起提灯、屠宰马匹。当然，做这些事情的都是男人，所有工作都是世袭的，由父亲传给年长的儿子。

从17世纪早期开始，萨满教元素让位给佛教元素。成吉思汗成为"金刚手菩萨"——执雷电者——的化身，在藏传佛教中，这是一位战魔护佛的菩萨。仪式适用于三十个年度庆典，包括四大季节的纪念活动，每种仪式都有专门的颂歌、祷文、咒语，很多仪式的祭词都始于："天生成吉思汗，受上天之命而降世，集天赐名衔于一身，成天下万民之霸主……"如果更换一下人名，完全可以被神父用来祈求基督。品性、财产、行为、相貌、妻儿、马匹、牧场——所有东西都能用来祈求圣主保佑自己战胜障碍、恶魔、疾病、错误和纷争。

举众多仪式中的一例。这个活动一年一次在寺庙主敖包——立于附近的神圣石堆——的前面进行。它是为了纪念成吉思汗拴马——一匹纯白马——的"金桩"，今天，人们依然允许这种马在寺庙周围游荡。据说，有个窃贼偷了马，作为惩罚，他被弄成金桩，双脚埋进土里，整夜牵马站立。在陵墓的仪式上，一个男人扮演窃贼的角色，人们把零钱扔在他面前，祭司们倒散奶液，观察它的流动，预言牧场的收成和家畜的健康状况。仪式结束后，这个男人被释放，他捡钱而逃，人们则高喊"抓贼"以示抗议。这是五十年前的景象。今天，已经没有人双腿半埋地整夜站立了，他站立的位置竖起了一根真桩。大人小孩在桩子和敖包之间跑来跑去，把奶液倒在桩子上。

陵墓及其演练仪式的网络产生了蒙古族人的"科萨·诺斯特拉"（科萨·诺斯特拉，美国黑手党犯罪集团的秘密代号，意为"咱们的行当"）"，汉人和其他外族人都被排斥在外。美国伟大的蒙古学家欧文·拉铁摩尔是第一个考察圣主院落及其仪式的外人。1935年4月，他来到这里，当时正值春节期间。到了"觐见成吉思汗"——他给自己的生动报告取了个题目——的时候了，他发现，五座帐篷（不是八座）两侧各有十二个毡房，还有牛车、拴住的马群、属于商贩和仆人的成排粗制帐篷。主帐内有一张用作祭台的镀银矮桌和一只镀银木箱——"棺柩"。据说，里面藏着成吉思汗本人的骨头或骨灰，但是，精通蒙古语的拉铁摩尔注意到一段银色铭文，是满文，最多只有三百年的历史。考虑到叛乱和匪患频仍，他对其他物品也心存怀疑。

接着，人们奉上很多丝巾供品，行九叩礼，喝下银杯中的奶酒，进退多次，每个人都牵着一只用作祭品的羊。然后，队伍绕着其余四帐行走，并进入最后一帐做祷告。拉铁摩尔记下了多么庞杂的一件蒙古事务啊；佛教喇嘛只扮演了一个微不足道的角色，他们的主要任务是吹奏弯曲的藏号，发出一种听起来像"大长裤撕裂"的声响。仪式的尾声是，次日，人们把五顶帐篷及其物品全部抬到每辆都由两只白骆驼牵拉的诸多车子上，送回至附近一处筑墙的围场。

拉铁摩尔很清楚，这种祭仪的起源可以追溯到从前。正常情况下，你希望看到一具遗体、一场葬礼，然后是祭仪。但是，这里没有遗体，也就没有真正的陵墓，"遗骨"的真实性令人怀疑，"至于成吉思汗的遗体或骨灰在Ejen Horo（原文如此）（应为Ejin Horo，即伊金霍洛——编者注）的传统说法，既不清晰也不具体"。这套仪式，是在13世纪宫廷典礼与更古老的祖先崇拜结合的基础上发展起来的；但不知何故，看起来像是仪式首先亮相，信仰才紧随其后地合理出现。也许，只有当"遗骨"显现时，才能为崇拜提供一个实实在在的焦点。

1931—1932年，日本在中国东北建立"伪满洲国"傀儡政权，这是向蒙古国、中国和西伯利亚扩张的前奏。第一步是占领内蒙古中东部，建立傀儡政权"蒙古联盟自治政府"；大改历法，以成吉思汗称号的诞生之年为元年。蒋介石的国民党军队作了短暂抵抗，1937年，日军侵至黄河边，并一直占领了八年（1941—1944年，日本人退到乌兰浩特一处成吉思汗庙的建筑物里。它有三幢白色房屋，围场占地六公顷，1980年代重建，中心地带树起一尊这位英雄的铜像，重达三吨）。

1937年秋天，一个不速之客来到圣主院落。他宣布自己是驻扎在包头——位于北面一百公里处——的日本皇军代表。当地官员被召集在一起，各种要求纷至沓来：官员们必须声明，自己反对中国各党派，支持日本人；把"八白帐"及其物品移交给日本人监护。日本人意识到，谁统治了圣主院落，谁就拿到了打开蒙古国及中国相关区域大门的钥匙；谁统治了蒙古大地，谁就拥有了攫取中国其余地区及西伯利亚的理想基地。突然之间，成吉思汗的遗骨、成吉思汗特有的灵魂，成为称霸亚洲的关键。

地方首脑人物沙王的处境十分尴尬。遗骨已在此地保存了七百年，当地蒙古族人"就像保护自己的眼睛"那样守卫着它们。况且，附近还驻有国民党部队。沙王指出，如果陵墓搬迁，将会引起骚乱，不利于日本人的事业。侵略者看到了这一点，态度开始软化。

但是，损害已然造成。中国境内的有些蒙古族人开始转向独立运动，而其他蒙古族人则接近国民党，请求把遗骨迁往安全之地，远离敌人的势力范围。国民党政府同意了，计划用卡车和骆驼把所有物件搬到黄河岸边兰州以南的山中——位于西南六百公里处。选择这一区域是出于安全考虑，尽管也有人争论说，这儿距六盘山——成吉思汗在此度过最后一个夏天——不远（好吧，仅一百五十公里）。

1939年5月17日，两百名国民党士兵突然来到陵墓，让疑窦丛生的当地人感到吃惊的是，士兵们封锁了道路。一位国民党官员解释道，必须保护此地不受东洋鬼子侵扰。谈判取代了恐慌。国民党承诺，支付所有费用，部分达尔扈特人可以跟随，所有仪式都允许继续保留。消息传得很快。数百人，然后是上千人，不断云集，整夜举灯行礼，当帐篷被搬动、运上车子时，人们失声痛哭、虔诚祈祷。黎明时分，车队出发了。穿过一片"泪海"——用一位记者的话来说，车子缓缓驶出，以步速向南面四百公里外的陕西省延安进发。

延安是中共中央的总部。根据口头协商，共产党允许护送人员和国民党小分队通过他们的边区。当然，因为成吉思汗是一位中国皇帝，整个陵墓葬着中国人的遗骨，所以，尽管双方很快就会发生激烈的内战，但此时却团结一致：竞相把成吉思汗赞颂为中国人抵御外来侵略的象征[1]；不仅将成吉思汗视为蒙古民族和帝国的缔造者，而且还把他当作元朝的奠基人。

所以，6月中旬，共产党人盛情迎接成吉思汗灵柩。八辆汽车组成的护送队代替了骆驼车，每辆车上装载一座帐篷，引导车运着灵柩，上面盖着黄色绸缎。有两万人看着护送队伍停在一间设为灵堂的房子前。一条巨大的横幅称颂成吉思汗是"世界巨人"；一个拱门上悬挂着"恭迎成吉思汗灵柩！"的匾额，里面是摆满花圈的祠堂，毛泽东也亲自献上花圈。在四小时的祭奠仪式上，十二位党政军高级干部向护送队伍致敬；最高潮部分是秘书长曹力如宣读热烈激昂的祭文。"它盛赞元太祖（元朝第一位皇

---

1 共产党方面的祭文如下："日寇逞兵，为祸中国，不分蒙汉，如出一辙。嚣然反共，实则残良，汉蒙名族，皆眼中钉。乃有奸人，蠢然附敌，汉有汉奸，蒙有蒙贼。驱除败类，整我阵容，抗战到底，大义是宏。顽固分子，准投降派，摩擦愈凶，敌愈称快。巩固团结，唯一方针，有破坏者，群起而攻。元朝太祖，世界英杰，今日郊迎，河山聚色。而今而后，五族一家，真正团结，唯敌是挞。平等自由，共同目的，道路虽殊，在乎努力。艰苦奋斗，共产党人，煌煌纲领，救国救民。祖武克绳，当仁不让，大旱盼霓，国人之望。清凉岳岳，延水汤汤，此物此志，寄在酒浆。尚飨！"
国民党方面的祭文如下："繄我中华，五族为家，自昔汉唐盛世，文德所被，盖已统乎西域极于流沙。洎夫大汗崛起，武功熠耀，马嘶弓振，风拨云拏，纵横带甲，驰骤欧亚，奄有万邦，混一书车，其天纵神武之所肇造，虽历稽往古九有之英杰而莫之能加。比者虾夷小丑，虺毒包藏，兴戎问鼎，豕突倡狂，致我先哲之灵寖乎宁处而不遑。中正忝领全民，挞伐斯张，一心一德，慷慨腾骧，前仆后兴，誓珍强梁，请听亿万铁马金戈之凯奏，终将相复于伊金霍洛之故乡，缅威灵之赫赫兮天苍苍，抚大漠之荡荡兮风泱泱，修精诚以感通兮兴隆在望，万马胙而陈体浆兮神其来尝。尚飨。"
两篇祭文称颂成吉思汗的赫赫武功，并以之鼓励今人团结一致共抗侵略者。作者所谓"把成吉思汗赞颂为中国人抵御外来侵略的象征"，其义略有偏差。——编者注

帝)乃世界英杰",号召"蒙汉民族团结起来,抗战到底"![1]次日,护送队伍继续南下,又有一大群人沿路送行。

三天后,护送队伍再次进入国民党统治区。在西安,国民党举办了一场远超对手的迎接活动。二十万人齐聚街道两旁欢迎护送队伍,一头母牛和二十七只绵羊用作恭迎仪式的祭品。考虑到这里深处中国腹地,几乎没有蒙古人在场见证,所以这样的展示活动令人惊讶。

7月1日,又往西走了五百公里,安全运至兰州以南兴隆山,护卫队伍到达东山大佛殿,在接下来的十年中,这座佛教寺庙将成为陵墓的避难所。这是一个极好的地方,曾经隐蔽在高耸的树林里,现在开辟出一条弯曲的道路;小河翻腾着穿过一堆杂乱的屋子,宝塔居于密林覆盖的山顶。一日游的游客爬上之形阶梯来到寺庙,他们还是记起了成吉思汗。寺内有一尊成吉思汗金像,他已是佛教诸神之一,两边放着马鬃战纛和一座方帐。原来的寺庙及其物件都毁于1968年的一把火,1987年,全面重建。除了风景和记忆,没有什么是正宗的。

1949年,共产党军队快要在内战中大获全胜之时,国民党再次把陵墓带走,往更西面前行二百公里,到达建于16世纪的藏传佛寺塔尔寺,僧人们以唱经和祈祷来欢迎陵墓。一个月后,共产党最终取胜。国民党撤至台湾。日本人连同他们在中国东北和内蒙古的傀儡政权彻底垮台。看来,天已经嘱命新人。

在接下来的五年中,共产党忙于土地改革和其他革命事

---

1 姬乃军:《成吉思汗灵榇过延安》,《民族团结》,1986年第6期;苏日乎在《成吉思汗陵墓及其守陵部落》中有引用。

务。党的地方领导人乌兰夫主政内蒙古，推进蒙古族的权利要求。在新的内蒙古自治区，蒙古族只占百分之十五的人口，但他们还是地区行政管理的主人翁。随着后革命时代的生活回归正常，官员们重新开始关注陵墓。不管是对蒙古族还是对汉族来说，成吉思汗都值得享有声望、持久铭记，只有几顶帐篷已经不够了。在原址建造一座全新陵墓的计划得到批准。

1954年春天，卡车拉，火车运，英雄的灵柩和遗骨回到圣主院落，并及时赶上4月20日铺设奠基石，乌兰夫亲自主持开工仪式。5月15日，黄道吉日，人们举行了最重要的庆典活动，周围牧场上毡房密集，献祭的羊儿堆成丘，一场纪念典礼宣告了陵墓重获新生。

1956年，新庙完工，大部分样貌保留至今。

2002年，我首次访问这里，当时，我就像是一个无知的外人，心怀谦卑，踏入一处崇拜之地，现在看来这样做是对的。我和我的蒙古族朋友照日格图同行。我们在庭院入口的一家礼品店里买了一条蓝色长丝带——哈达（khatag）、一瓶伏特加、一块茶砖。我们爬上吉利的九十九级阶梯（"九十九"是从属于最高神灵的次级神灵的数目），穿过松柏树林，来到有白色开垛口的寺庙大门。再往前，是一片杂草丛生的大庭院，超过了寺庙本身，中央圆顶屋的旁边是两座圆顶翼房。这样布局真是再合适不过。寺庙是万绿丛中的一颗宝石，矗立在山顶，就像是献给苍天的供品。爬完那些让人汗流浃背的阶梯，来到大门口——类似东正教堂的圣障，先隐藏后揭示里面的奥秘——再行至大庭院，整个过程中，你会感到自己正不断靠近某种比凡人更伟大的东西。

走进里面，就见到了圣主本人，这是一座巨大的暗色大理石雕像，高四米，宛如佛像，上方是龙形饰带。身穿正装、头戴棕色呢帽的达尔扈特蒙古人站在一旁警戒守卫，表情冷酷如同监视者。还有禁止拍照的警示牌。看到他们严肃的神态，我感觉自己先前的疑云逐渐消散了。或许，这是以其他形式——不是用文字——表现出来的信念，激发出一种神圣感。

一个年轻的达尔扈特人宝力格（Bulag），引领我们走过隐约可见的大理石像，它背对着一幅展现蒙古帝国全貌的巨大地图。我们满怀崇敬之情，结队走进后屋，那里有三座帐篷，上面是一排旗子。此处是灵堂，三座帐篷分别为成吉思汗本人、长妻孛儿帖、西夏公主古尔伯勒津——她在别处被斥为女杀手，在这里却因忠诚受宠——而设。我们献上哈达和酒，跪下磕头，焚香敬拜。宝力格用蒙古语咕哝着一段祷文："神圣的成吉思汗，今有约翰和照日格图来到您的墓前祈祷。我们求您赐予他们工作上的好运。"

然后，疑云再次涌上我的心头。我站在遗物中间，它们就像"真十字架的碎片"一样扑朔迷离。这里有"圣弓"、"圣箭袋"、"圣奶桶室"、"圣鞍"——展出的是两只中的一只，带着雕花的银鞍桥。据宝力格介绍，右边的那只是成吉思汗的；左边的那只是17世纪时林丹汗所赠，他是蒙古人退出中原之后、满族人统治蒙古之前的末代蒙古帝王。两只鞍都保存完好，不禁令人生疑。

壁画以组图形式展现成吉思汗的辉煌统治，这让我想起1930年代的时装图样，一派柔美优雅之风，连织物上的折痕都整洁无比。没有什么能玷污服装的完美和男女的美貌。成吉思汗在这里掌管着统一的帝国，忽必烈则在那边把王朝奠基人的名号放在他祖父的头上，后者现于蓝色之下，身旁环绕着巨龙。音乐家从未如此欢唱，少女们从未这样自豪地献上丝巾。外国人迫不及待地上供礼物和产品，因为成吉思汗是一位在东西方之间架起桥梁的人，他刺激了艺术、学问、贸易的传播，确保了所有人的福祉。

然而，这里并无遗体的踪迹。

十几年中，寺庙的功能发挥得越来越成功，1960年代达到顶峰。1962年，蒙古国宣布成吉思汗诞辰八百周年，打算举办一场盛大的庆典。就蒙古国自身而言，这是一次不幸的事件。当时，这个国家还是苏联的卫星国。对俄罗斯人来说，成吉思汗是一个反动分子、文化的破坏者。庆典突然中断，策动者被流放。但是，中国非常清楚祭奠成吉思汗的重要性，就在同一年，圣主院落举办了有史以来最大的一场典礼：三万人——大部分是蒙古族——参加了这场超大规模的敬拜仪式，完全符合官方路线。蒙古族坚定跟党走，内蒙古成为应对苏联跨越戈壁的威胁的牢固堡垒。

这是一个艰难的时期。1968年，这个地方受到冲击，几乎一切有价值的东西均遭破坏：弓、箭袋、神奇奶桶、战纛、帐篷，全都未能幸免。

所有这些物品都有其特定的重要意义，至少存在了一个世纪，有些可能已经有数个世纪之久了；不过，它们的被毁惹得人们不禁去想：其中的某些物品也许真的可以追溯到成吉思汗本人。设在陵墓的成吉思汗研究所的所长那楚格（Nachug），对此相当确信。比如，银棺里面到底是什么？拉铁摩尔被告知是圣主的遗体或骨灰。好吧，据那楚格所知，据说里面藏着"圣主的最后一口气"。

"您的意思是——只有……"我刨根问底，"只有空气？"

"不，不。箱子里面是白骆驼的一丛毛。正是这丛毛留着成吉思汗的最后一口气。"我无法再问下去了，听起来除了空气以外仍是一无所有，"你要明白，这丛毛上有血，还有脐带。那就是我们在此敬拜的棺内之物。"

"它们真的在里面吗？"

"哦，箱子从未开启。只是敬拜。"

我们的话题回到了传闻、怪谈、流言，几乎要说到神话了。但是，或许，里面有一束白骆驼毛，带着浅色的污渍，还有一块瘪瘪的干肉片。本来可以做点测试，得出些结论。但现在，"革命"狂热的后果就是，再也没有机会做DNA分析或碳定年测试了。

因此，寺庙本身始于1950年代中期，"遗骨"重作于1970年代，大理石雕像完成于1989年［有艺术家的签名为证，作者叫姜浑（音）］。看起来，仅有的"真实"元素是祷文、颂歌、庆典本身的仪式。要不是几位敬业者的努力，那么，连这些东西也会失传。敬业者中有一位叫赛音吉日嘎拉（Sainjirgal），曾经是寺庙里的首席研究人员，现已经退休。

赛音吉日嘎拉住在附近城镇一幢整洁的小屋内，紧邻一条小街，周围有个小院子。他很有魅力，与寺庙里达尔扈特人的冷酷形成对比,眼睛闪亮,笑口常开,始终戴着呢帽,即使是在室内。他的年龄在七十五岁上下,但身体强健,看起来比实际年龄要小二十岁。他来自内蒙古东部的锡林郭勒,原本是教师,却被成吉思汗崇拜迷住了,发现自己理想的终生职业就是当一名地方史学家,详细搜集整理各种仪式、祷文、颂歌和教义。

红卫兵运动开始之时,赛音吉日嘎拉的工作依然有序进行。他看到孩子们——所有年轻的蒙古族人——打开寺庙,尽其所能搞破坏,所有的手工艺品、帐篷、遗物,除了马鞍——藏在圆顶屋的顶上——以外的一切东西,都被波及。

考虑到1970年代陵墓的状况,这是一个很不寻常的承诺,因为当时陵墓变成了盐仓,以备与苏联开战。但是,当赛音吉日嘎拉的《成吉思汗祭典》(*The Worship of the Golden Chamber*)最终问世时,他却断定自己的研究缺少公义。因此,他抛开以往成果,重新开始,进一步收集更多的资料;当我拜访他时,新书刚刚出版,他从书架上拿下一本,签上名字送给我。《蒙古族祭祀》(*Mongolian Worship*)是他的毕生之作,金色封皮之间浓缩了六百页的内容,用仍在内蒙古使用的旧式竖写体蒙古字印刷出来,非常优美。四十年前,赛音吉日嘎拉如果试着出版这本书的话,他就可能无法幸存下来。有些事情确实在与时俱进。

多数崇拜者会心满意足地向神圣的成吉思汗献上供品、诚心祈祷,好像他本人就是神一样。但是,正如那楚格在我们返回陵墓的路上所揭示的,成吉思汗的神学体系不是那么简单的。在寺庙前的大庭院里闲庭信步时,我们来到一处平台上,系着牦牛尾毛的战纛迎风摆动,这是蒙古人神武军力的象征。

那楚格讲述了成吉思汗如何得到它们的故事,为这套奇异的信仰体系增添了一个全新的元素。

"有一次,当神圣的成吉思汗正在为统一蒙古各部落而战时,他感到了绝望,就对天说:'百姓都叫我神之子,但我还是失败了!我祈求可可腾格尔(Khokh Tenger, 苍天),赐我力量,赢得胜利!'刹那间,天空雷声轰隆,有东西从天上掉在了树丛中。他拿不到那个东西,就命令将领们砍树取之。结果,那是一根系着牦牛尾毛的纛。为感谢上天,成吉思汗用八十一只羊献祭,并把祭品残骸留给'天狗'(狼)。"然后,他又作了总结,给整个陵墓及其典礼赋予新的见解:"这种崇拜甚至高于成吉思汗崇拜。如果连成吉思汗自己都崇拜大纛,那么,它的地位一定比成吉思汗还高。它象征着天本身。"就此而言,它拥有自身的力量。有些人说,飞越大纛的鸟儿会坠地而死。

此前,我对圣主院落的印象是,成吉思汗是一个神。如今,我明白了,他并不在顶端,只是靠近顶端,是半个神。也许,一些更神秘的事情已经暗示了一种蒙古人的"三位一体":苍天、成吉思汗、大纛分别对应圣父、圣子、圣灵。

这是寺庙常驻神学家沙拉尔代(Sharaldai)的研究课题,他能解释深层的复杂问题。沙拉尔代在乌兰巴托,随后,我在那里找到了他。

喝完宾馆里的茶,在畜牧学专家额尔敦(Erdene)的帮助下,我就成吉思汗神性的问题与沙拉尔代进行交谈。他并没有欣然地完全回应我。他是一个达尔扈特人,血液里流淌着几代人对成吉思汗的热烈崇拜,对那些——像我——假装略知一二的人很不耐烦。

当我问到圣主院落是否曾与什么奇迹有关联时，他变得十分激动，我的问题意味着贬低了这个地方的作用。"对成吉思汗的崇拜是我们联络长生天的一种方式。"

"你的意思，他是一个中间人？"我试图以自己的经验找出一个恰如其分的词。对成吉思汗的崇拜是否堪比基督徒的圣像崇拜？你直接向圣像祈祷，但真正的对象是看不见的圣灵，这是通往上帝之路。

"是的，这里有三个层级。注意——"他强迫自己有点耐心，"长生天哲学的基本原则是，地上的我们是长生天——我们的九大行星体系——的一部分。人们说，我们人类是生命层次的最高级，从生物学角度来看，可能如此。但是，从哲学方面而言，我们只是长生天的一部分。认为我们自己是最高层次，就等于把我们自己与长生天隔裂开来。"

"所以，当一个人崇拜成吉思汗时，他其实是通过成吉思汗来崇拜长生天？"

"是这样的。你也可以直接崇拜长生天。你看，这里涉及三大要素：长生天、长生天之'力'、'附属'于长生天之力。"

这样就搞得复杂了。我一向弄不清"三位一体"。

"基督徒说，上帝是三合一：圣父、圣灵、圣子。"

"有相似的地方。不过，长生天拥有真力。你能感受到它，能看到它的作用，这是不同之处。成吉思汗知道，一切生物都把他们的力量归功于长生天，他能够利用这一点来引领他们。你看看我们民族的三大运动——摔跤、赛马、箭术，就知道我们蒙古人是怎么做的了。健壮的身体、良好的骑术、精准的射击，通过这些手段，我们征服了半个世界。

"但是，这样使用力量不是长生天的真正目的。在征服过程中，我们明白了，把苦难带给别人不是生存之道。我们认识到，是时候停止争斗、谋求对话了。现在，我们通过体育运动来磨炼我们的心智，不是对抗，而是对话。"

对今天来说，这意味着什么呢？

"我们正在发现的过程中。我想，《秘史》中还有很多东西是我们蒙古人尚未理解的。有些话语、有些事情依然含糊不清。如果我们能理解得更多，我们就能发现一种有益于世界的哲学。"

他对自己的话题兴致正浓，忘记还有我在场，直接跟自己的同胞额尔敦说了起来。

"当今世界，没有生命哲学！虽然有科学，但科学只看到事情的表层。科学制造了核武器———种愚蠢的武器，无法使用，因为使用者会毁灭自己！领导者们利用核武器散布恐惧，但是，武器的力量阻止不了像本·拉登这样的人为所欲为。这些人都忘记了长生天之力的存在。"

陵墓的真正作用在于，提醒人们——不只是蒙古人而是每个人——认识到自己在宇宙中的位置。"那些物品是真是假根本无关紧要，真正的意义在于，和长生天的联系。因此，在这个意义上，正如我在我的书里所说的，"他指着一页强调，"对我们所有人来说，成吉思汗是一种精神。我们都是长生天创造的。如果我们遵循此'道'，我们就全都永生。"

这是一种非凡的观点，但希望渺茫。我想象到，一群僧侣不断通过陵墓向外界传播"圣言"，随之，各种研究团体、和平机构、施压集团纷纷成立，全都是因为一种新的信仰的出现。如果沙拉尔代的说法流传，那么，就会有人告诫说，成吉思汗的一生是图表上第一根歪扭的曲线，八个多世纪以来，这张图表让一些诧异之论得到了强化和升华：武力，不管最初多么成功，最终必将失败；所有冲突都应依靠和平协商解决。

毋庸置疑，这是成吉思汗的所有转型中最奇怪的一点：生前，从藏匿山中的"虱子"成为世界的征服者；死后，变成了半个神；现在，上升为一种普世和谐的精神。

Afterword
Back to the Future

后记
回到未来

In China,Genghis is also a symbol,but of very different values, because he is the Progenitor of the Great Yuan,the dynasty declared to be Chinese by his grandson Kublai.He stands for Chinese unity,imperial grandeur,national pride.

在中国,成吉思汗也是一个符号,但意义迥然不同,因为他是大元的太祖,他代表着中国的统一、帝国的庄严、民族的骄傲。

从前，蒙古很穷，默默无闻。后来，它变得富有，且举世闻名，这其实缘于它从亚洲大部和欧洲诸地吸纳了大量财富。再后来，它又穷了。现在，因为那些躺在草原、沙漠和山脉之下的东西，它正一天天富裕起来。2013年，蒙古国的经济增速位居全球之冠（年增长率11.7%）。2012年初的《经济学人》这样描述乌兰巴托：

> 乌兰巴托是全球采矿业前线发展最为迅猛的城镇。酒店越造越多，爱尔兰酒吧——那里有好几间——内满是外国矿主、投资银行家和长腿短裙的本地妇女。法国小餐馆供应足有一张小报那么大的牛排。到处都是刺破天际线的巨型吊车。二十年前空如旷野的街道现在拥挤不堪。

这主要是由于沙漠之下巨大的矿藏。

诸多矿井之中最令人印象深刻的是位于南部戈壁上、距中国边界仅八十公里的一座铜金矿——奥尤陶勒盖（Oyu Tolgoi，绿宝石岭），它贡献了蒙古国GDP（Gross Domestic Product的缩写，意为国民生产总值——译者注）的百分之三十，不用数年，它必将成为世界第三大矿。附近是一座储量同样惊人的煤矿（煤含量六十四亿吨）。铜、煤以及还未探明储量的其他矿物源源不断运往南方，供养饥渴的中国经济，同时也带来有趣的后果：回过头来直接与成吉思汗、忽必烈及他们缔造的帝国产生了联系。

当然，在蒙古国，成吉思汗已经复活。他的象征意义如此明显：作为独立政治实体的民族、游牧的生活方式、顽强的个人精神、可感觉到的自然风光。2002年，成吉思汗诞辰八百四十周年，我第一次参加那达慕（Naadam，国定节日）庆典，歌剧演唱家恩赫巴亚尔（Enkhbayar）——曾主演过一部关于成吉思汗的史诗电影——扮作成吉思汗，带领队伍绕乌兰巴托体育场游行。骑师们手擎成吉思汗的牦牛尾纛，其中黑纛代表战争，白纛代表和平。巨大的皇家带轮帐篷，即一辆足有十米宽的四轮牛车，也笨重地绕游行路线一圈。看台上的人们通过展示标牌拼出巨大的"Genghis"！他的脸和名字到处可见：一座大酒店、一种（德国产）啤酒、伏特加、各院校和机构。2012年，政府以招待会的形式庆祝他的八百五十周年诞辰。一尊巨大的成吉思汗雕像被安放在新建的一处议会厅里，背后是玻璃做的四米高的帝国地图，提醒议员们记起昔日的辉煌。首都以东大约四十分钟车程的草原，曾经一度开放，坐落着一座世界上最大的骑马者雕像——马鬃是通向马头观景平台的阶梯，成吉思汗俯瞰着自己的家乡。婴儿们背负着他的名字。终有一天，蒙古国会被另一个成吉思汗统治。

在中国，成吉思汗也是一个符号，但意义迥然不同，因为他是大元的太祖，他代表着中国的统一、帝国的庄严、民族的骄傲。中国人有铁定的历史根据说，蒙古和中国曾经统一在忽必烈元朝之下，后来，从1691—1911年，又统一在清朝之下。

在过去五十年里，蒙古国和中国之间已经有铁路相连，并筑成铺面道路通向戈壁中部。但是，奥尤陶勒盖将改变一切。那里已经铺好一条可通卡车的道路，铁路也在规划。几千名工人生活在初具雏形的新城镇里，他们的人数会因为众多中国商人的到来而膨胀。在乌兰巴托和其他地方，中国人已经创建空壳公司，大量购买土地、房屋和采矿权，还会有更多这样的公司出现。不难想象，有朝一日，现金和侨民将洞穿边境，先是几千人的涓涓细流，然后是上万人的汹涌洪水，向北而去。

Translation Postscript

译后记

本书的翻译是一段情义的缘分。2014年春天,复旦大学温海清师兄联系我,说自己即将负笈游学美国,没有时间翻译此书,故而向出版社方面推荐了我,让我与出版方商议是否愿意承担这项工作。坦白地讲,如果海清师兄有意与我一起合译的话,我肯定当场同意此事,因为早在2005年的时候,我与海清师兄已有过良好合作,共同翻译了美国学者杰克·威泽弗德的《成吉思汗与今日世界之形成》。当我意识到此次翻译要自己独立承担时,还是有点犹豫。不过,最终让我接受这个工作的想法主要出于以下三点:其一,通过平时的学习和威泽弗德一书的翻译,对从成吉思汗到忽必烈时期的蒙元历史有总体了解;其二,本书名为《成吉思汗与今日中国之形成》(原书名直译为《蒙古帝国:成吉思汗、他的继任者们与现代中国之肇基》),与威泽弗德之书似可成为姊妹篇,如有幸让读者阅览指正,也算是了却一个小心愿;其三,检验、督促自己的英语学习。总之,本书能够翻译出版,第一位要感谢的就是海清师兄。

第二位要感谢的是王红霞博士,她弃理从文,转向历史学,其英语和法语水平让我钦佩。在2008—2010年期间,我和红霞博士在翻译本杰明·艾尔曼《中国近代科学的文化史》、路易吉·布雷桑《西方人眼里的杭州》的时候合作愉快。因此,在历经一年完成译稿之后,我请她帮忙校译了部分书稿,以求减少错误,提高质量。红霞博士从事企业杂志的编辑工作,日常事务繁冗,我对她的帮助表示感激,同时也对自己的讨扰表示歉意。此外，在翻译过程中，有个别字句咨询过浙江师大外国语学院的郑连忠老师、历史转英语专业的陈璐璐同学的意见，也要谢谢他们。当然，按照惯例，文中出现的谬误应由我全部负责。

当下，翻译作品不算"学术成果"，但我并不后悔。离开第一部书的翻译已经有十多年，海清师兄、红霞博士等重情重义者，不忘故知；那些从失意之时到安定之后的速变者，却视情义如浮云。感谢王加丰、胡铁球两位老师对我教学科研工作的无私指导；感谢王茂华、伍纯初、夏增民等学友在科研方面对我的支持和帮助；感谢张伟民、严德荣夫妇，郭云潮、黄华萍夫妇，他们经常是我作品的第一批读者。

虞云国先生，姚大力先生，是我人生中的两位导师，他们在指导我专业学习的同时，让我感知到了以平等之心对待来自不同教育背景的求学者的胸襟。姚老师还于繁忙的学术研究工作中抽出时间为本书写序，并指出了译文中存在的不少细节问题，我对此的感激之情，无以言表。敬祝两位恩师安康！

姚建根
浙江师范大学历史系
江南文化研究中心
环东海与边疆研究院
2017年11月1日有感

Bibliography

参考文献

Abu-lughod, Janet L., Before European Hegemony: *The World System AD 1250-1350*, Oxford: Oxford University Press, 1989.

Allsen, Thomas, *Culture and Conquest in Mongol Eurasia*, Cambridge: Cambridge University Press, 2001.

Allsen, Thomas T., 'The Rise of the Mongolian Empire', see Franke and Twitchett.

Allsen, Thomas, 'Ever Closer Encounters: The Appropriation of Culture and the Apportionment of Peoples in the Mongol Empire', Journal of *Early Modern History*, Vol. 1, No. 1, Feb. 1997.

Amitai-Preiss, Reuven, and Morgan, David O. (eds), *The Mongol Empire and Its Legacy*, Leiden: Brill, 1999. Cf: Okada.

Atwood, Christopher *Encyclopedia of Mongolia and the Mongol Empire*, New York: Facts on File, 2004.

Atwood, Christopher 'The Date of the Secret History of the Mongols Reconsidered', *Journal of Song-Yuan Studies*, 37 (2007).

Barthold, Wilhelm (aka Vasili Vladimirovich), *Turkestan down to the Mongol Invasion*, London: E.J.W. Gibb Memorial Trust, 1928; with additional material, 1968.

Bartlett, W. B., *The Assassins: The Story of Medieval Islam's Secret Sect*, Stroud, Glos.: Sutton, 2001.

Batsaikhan, Z., Bor, J., and Davaa, N., 'Is Ikh Ovoo the Tomb of Genghis Khan?', unpublished paper (no date).

Bawden, Charles, *The Mongol Chronicle Altan Tobci*, Wiesbaden: Harrassowitz, 1955.

Bawden, Charles, *The Modern History of Mongolia*, London: Routledge, 1989.

Bazargur, Dambyn, *Chinggis Khaan Atlas*, Ulaanbaatar, 1996.

Bira, Sh., 'Mongolian Tenggerism and Modern Globalism: A Retrospective Outlook on Globalism', Journal of the Royal Asiatic Society, Vol. 14, 2004.

Ch'en Yuan, *Western and Central Asians in China under the Mongols*, Los Angeles: Monumenta Serica Monograph, UCLA, 1966.

Cleaves, Francis Woodman, 'The Historicity of the Baljuna Covenant', *Harvard Journal of Asiatic Studies*, Vol. 18, 1955.

Cleaves, Francis Woodman (trans.), *The Secret History of the Mongols*, Cambridge, MA: Harvard University Press, 1982.

Conlan, Thomas D. (trans. and interpretive essay), *In Little Need of Divine Intervention: Scrolls of the Mongol Invasions of Japan*, Ithaca, NY: Cornell University Press, 2001.

Crump, J. L, *Chinese Theatre in the Days of Kublai Khan*, Tucson:University of Arizona Press, 1980.

Damdinsuren, Ts., *Mongolin Nuuts Tovchoo* ('The Secret History of theMongols'), Ulaanbaatar: 1990.

Davis, Richard L., *Wind against the Mountain: The Crisis of Politics and Culture in 13th- Century China*, Cambridge, MA: Harvard University Press, 1996.

Delgado, James P., 'Relics of the Kamikaze', *Archaeology*, Vol. 56, No. 1, Jan.-Feb. 2003.

Delgado, James, *Khubilai Khan's Lost Fleet*, Vancouver: Douglas and MacIntyre, 2008, and London: The Bodley Head, 2009.

Denning, Stephen, *The Secret Language of Leadership: How Leaders Inspire Action through Narrative*, San Francisco: Jossev-Bass/Wiley, 2007.

Dunnell, Ruth, 'Hsi Hsia', in Franke and Twitchett.

Eckert, Carter J., et al., *Korea Old and New: A History*, Cambridge, MA: Ilchokak/Harvard University Press, 1990.

Farris, William Wayne, *Heavenly Warriors: The Evolution of Japan's Military, 500-1300*, Cambridge, MA: Harvard Council on East Asian Studies, 1992.

Fletcher, Joseph F., 'The Mongols: Ecological and Social Perspectives', in *Studies on Chinese and Islamic Inner Asia*, Aldershot: Variorum 1995.

Franke, Herbert, 'Chia Ssu-tao (1213-1275): A "Bad Last Minister"?', in Arthur F. Wright and Denis Twitchett (eds), *Confucian Personalities*, Stanford, CA: Stanford University Press, 1962.

Franke, Herbert, 'Siege and Defence of Towns in Medieval China', in Frank A. Kierman and John K. Fairbank (eds), *Chinese Ways in Warfare*, Cambridge, MA: Harvard University Press, 1974.

Franke, Herbert, *From Tribal Chieftain to Universal Emperor and God: The Legitimation of the Dynasty*, Munich: Bayerische Akademie der Wissenschaften, 1978.

Franke, Herbert, *Studien und Texte zur Kriegsgeschichte der Südlichen Sungzeit* (esp. Ch. 4: 'Hsiang-yang: Gelände und Befestigungen'), Wiesbaden: Harrassowitz, 1987.

Franke, Herbert, China under Mongol Rule, Farnham: Ashgate 1994. Franke, Herbert, and Twitchett, Denis (eds), *The Cambridge History of China*, Vol. 6: *Alien Regimes and Border States*, esp. Thomas T. Allsen's chapter, 'The Rise of the Mongolian Empire', Cambridge: Cambridge University Press, 1994.

Goleman, Daniel, Boyatzis, Richard, and McKee, Annie, *The New Leaders: Transforming the Art of Leadership into the Science of Results*, London: Tune Warner, 2002 (publ. in US as Primal Leadership).

Goodman, Jim, *The Exploration of Yunnan*, Yunnan People's Publishing House, 2000.

Grousset, René, *Conqueror of the World*, London: Oliver & Boyd, 1967.

Grousset, René, *The Empire of the Steppes*, New Brunswick, NJ: Rutgers University Press, 1970.

Haenisch, Erich, 'Die Letzten Feldzüge Cinggis Hans und Sein Tod', *Asia Minor*, Vol. 9,1933.

Halperin, Charles, *Russia and the Golden Horde*, Bloomington, Ind: Indiana University Press, 1985.

Harada, Yoshito, *Shang-tu, the Summer Capital of the Yuan Dynasty in Dolon Nor, Mongolia*, Tokyo: Far Eastern Archaeological Society 1941.

Haw, Stephen G., *Marco Polo's China: A Venetian in the Realm of Khubilai Khan*, London: Roudedge, 2006.

Heissig, Walther, *A Lost Civilization*, London: Thames and Hudson, 1966.

Heissig, Walther, *The Religions of Mongolia*, trans. Geoffrey Samuel,London: Routledge, 1980.

Hitti, Philip, *History of the Arabs*, London: Macmillan, 2002.

Hung, William, 'The Transmission of the Book Known as *The Secret History of the Mongols*', *Harvard Journal of Asiatic Studies*, Vol. 14, 1951.

Huntington, Samuel P., *The Clash of Civilizations and the Remaking of World Order*, New York and London: Simon & Schuster, 1996.

Impey, Lawrence, 'Shangtu, the Summer Capital of Kublai Khan', *Geographical Review*, Vol. 15, No. 4, Oct. 1925.

Jackson, Peter, *The Mongols and the West*, Harlow: Pearson Longman, 2005.

Jackson, Peter (trans. and ed., with David Morgan), *The Mission of Friar William of Rubruck*, London: Hakluyt Society, 1990.

Jagchid, Sechin, and Hyer, Paul, *Mongolia's Culture and Society, Boulder CO*, and Folkestone: Westview Press/Dawson, 1979.

Jay, Jennifer W., *A Change in Dynasties: Loyalism in 13th-Century China*, Washington DC: Centre for East Asian Studies, 1991.

Juvaini, Ata-Malik, *Genghis Khan: The History of the World-Conqueror*, trans. and ed. J. A. Boyle, Manchester: Manchester University Press 1958; 2nd edn 1997.

Kates, G. N., 'A New Date for the Origins of the Forbidden City',*Harvard Journal of Asiatic Studies*, Vol. 7,1942-3.

Keegan, John, *A History of Warfare*, London: Random House, 1994.

Keegan, John, *The Mask of Command*, London: Jonathan Cape, 1987.

Khazanov, Anatoly, *Nomads and the Outside World*, Cambridge:Cambridge

University Press, 1984.

Klopsteg, Paul E., *Turkish Archery and the Composite Bow*, Manchester:Simon Archery Foundation, 1987.

Kwanten, Luc, *Imperial Nomads: A History of Central Asia, 500-1500*, Philadelphia: University of Pennsylvania Press, 1979.

Langlois, John D. (ed.), *China under Mongol Rule, Princeton*, NJ:Princeton University Press, 1981.

Larner, John, *Marco Polo and the Discovery of the World, New Haven*,CT: Yale University Press, 1999.

Lattimore, Owen, *Mongol Journeys*, London: Jonathan Cape, 1941.

Lattimore, Owen, *Studies in Frontier History*, Oxford: Oxford UniversityPress, 1962.

Lewis, Bernard, *The Assassins: A Radical Sect in Islam*, London:Weidenfeid & Nicolson, 1967.

Li Zhichang (Li Chih-Ch'ang), cf. Waley and Bretschneider: *Medieval Researches*.

Liddell Hart, Basil, 'Jenghiz Khan and Sabutai', in *Great Captains Unveiled*, Edinburgh and London: Blackwood, 1927.

Lin Yutang, *Imperial Peking*, London: Elek, 1961.

Liu Jung-en, trans. and ed., *Six Yüan Plays* (includes *The Injustice Done to Tou Ngo*, aka The Injustice to Dou E), London: Penguin, 1972.

Lynn, Richard John (trans.), *poems on Shangdu*, personal communication.

Man, John, Genghis Khan: Life, Death and Resurrection, London: Transworld, 2011 (revised edn).

Man, John, Kublai Khan: *The Mongol King Who Remade China*,London; Transworld, 2007.

Man, John, *The Leadership Secrets of Genghis Khan*, London:Transworld, 2010.

Man, John, *Xanadu: Marco Polo and Europe's Discovery of the East*,London:

Transworld, 2009.

Martin, H. Desmond, *The Rise of Chingis Khan and His Conquest of North China*, Baltimore, MD: Johns Hopkins Press, 1950.

Metternich, *Hilary Roe, Mongolian Folktales*, Boulder, CO: Avery, 1996.

Mongolian Academy of Sciences and the Yomiuri Shimbun, Japan, *A Report on the Joint Investigation under the Mongolian and Japanese Gurvan Gol Historic Relic Probe Project, 1990-3*.

Morgan, David, 'The Mongols in Syria, 1260-1300', in Peter Edbury(ed.), *Crusade and Settlement*, Cardiff: University College of Wales,1985.

Morgan, David, *The Mongols*, Oxford: Blackwell, 1986.

Morgan, David, 'The "Great Yäsä of Chingiz Khän" and Mongol Law in the Ïlkhänate', *Bulletin of the School of Oriental and African Studies*,49:1986.

Morgan, David, 'Marco Polo in China - or Not?', *Journal of the Royal Asiatic Society, 3rd series*, No. 6, 1996.Mote, F. W., *Imperial China 900-1800*, Cambridge, MA: Harvard University Press, 1999.

Moule, A. C., and Pelliot, Paul, *Marco Polo: The Description of the World*, London: Routledge, 1938. Two vols, the second being the so-called 'Z text', found in Toledo in 1932.

Moule, A. C., *Quinsai, with other Notes on Marco Polo*, Cambridge:Cambridge University Press, 1957.

Mozai, Takao, 'Kublai Khan's Lost Fleet', *National Geographic*, Nov.1982.

Needham, Joseph, *Science and Civilisation in China*, Vol. 4, Part III, *Civil Engineering and Nautics*, Cambridge: Cambridge University Press, 1971.

Nordby, Judith, *Mongolia, Oxford, Santa Barbara and Denver: World Bibliographical Series*, No. 156, 1993.

Okada, Hidehiro, 'China as a Successor State to the Mongol Empire', in Amitai-Preiss and Morgan.

Olbricht, Peter, *Das Postwesen in China unter der Mongolenherrschaft im 13. und 14. Jahrhundert*, Wiesbaden: Harrassowitz, 1954.

Olschki, Leonardo, *Marco Polo's Asia*, Berkeley and Los Angeles:University of California Press, and Cambridge: Cambridge University Press, 1960.

Onon, Urgunge (trans.), *The Secret History of the Mongols*, Leiden: Brill,1990; new edn, Richmond: Curzon, 2001.

Pedersen, Neil et al., 'Pluvials, Droughts, the Mongol Empire and Modern Mongolia', Proceedings of the National Academy of Sciences,March 2014 (online, pre-print).

Peers, Chris, *Medieval Chinese Armies, 1260-1520*, London: Osprey,1992.

Peers, Chris, *Medieval Chinese Armies (2): 590-1260*, London: Osprey,1996.

Pegg, Carole, *Mongolian Music, Dance, and Oral Narrative*, Seattle:University of Warhington Press, 2001.

Pelliot, Paul, *Notes on Marco Polo*, ed. L. Hambis, Parris: ImprimerieNationale, 1959-73.

Petech, Luciano, 'Tibetan Relations with Sung China and with theMongols', in Morris Rossabi (ed.), *China among Equals*.

Polo, Marco, see Yule.

Rachewiltz, Igor de, *Papal Envoys to the Great Khans*, London: Faber, 1971.

Rachewiltz, Igor de, 'The Title Cinggis qan/qagan Re-examined', in Walter Heissig and Klaus Sagaster (eds), *Gedanke und Wirkung:Festschrift zum 90. Geburtstag von Nikolaus Poppe*, Wiesbaden:Harrassowitz, 1989.

Rachewiltz, Igor de, et al., *In the Service, of the Khan: Eminent Personalities of the Early Mongol-Yüan Period (1200-1300)*,Harrassowitz, Wiesbaden, 1993.

Rachewiltz, Igor de, 'Searching for Genghis Qan', *Rivista degli Studi Orientali*, Vol. 71,1997.

Saunders, J. J., *A History of Medieval Islam*, London: Routledge, 1965.

Saunders, J. J., *The History of the Mongol Conquests*, London:Routledge, 1971.

Saunders, J. J., *Muslims and Mongols, Christchurch*, NZ: University of
    Canterbury, 1977.

Schubert, Johannes, *Ritt zum Burchan-chaldun*, Leipzig: Brockhaus 1963.

Shiraishi, Noriyuki, et al., *Preliminary Report on Japan-Mongolia Joint
    Archaeological Expedition 'New Century Project'*, Niigata University
    and Institute of Archaeology, Mongolian Academy of Sciences, annually,
    2001 onwards.

Silverberg, Robert, *The Realm of Prester John*, New York and London:
    Doubleday, 1972.

Spuler, Bertold, *History of the Mongols based on Eastern and Western
    Accounts of the 13th and 14th Centuries*, London: Routledge, 1972.

Ssanang Ssetsen, *Geschichte der Ost-Mongolen und Ihres Fürstentums*, trans.
    Isaac Schmidt, St Petersburg: 1829.

Steinhardt, Nancy, *Chinese Imperial City Planning*, Honolulu: University of
    Hawaii Press, 1990.

Strakosch-Grassmann, *Gustav, Der Einfall der Mongolen in Mitteleuropa in
    den Jahren 1241-2*, Innsbruck: 1893.

Sun Tzu (Sunzi), *The Art of War, with Shang Yang, The Book of Lord Shang*,
    Ware, Herts: Wordsworth, 1998.

Thorau, Peter, 'The Battle of Ayn Jalut: A Re-examination', in Peter Edbury
    (ed.), *Crusade and Settlement*, Cardiff: Cardiff University Press, 1985.

Turnbull, Stephen, *Siege Weapons of the Far East, (1) 612-1300 and (2) 960-
    1644*, London: Osprey, 2001.

Waldron, Arthur, *The Great Wall of China*, Cambridge: Cambridge University

Press, 1997.

Waley, Arthur (trans.), *The Travels of an Alchemist: The Journey of the Taoist Ch'ang-Chun from China to the Hindukush at the Summons of Chingiz Khan, recorded by his disciple Li Chih-chang*, London: Routledge, 1934.

Weatherford, Jack, *Genghis Khan and the Making of the Modem World*, New York: Crown, 2004.

Wei Jian, *Yuan Shang Du* (in Chinese), Beijing: Encyclopedia of China Publishing House, 2008.

Williams, Peter, and Smith, Michael, *The Frozen Earth: Fundamentals of Geocryology*, Cambridge: Cambridge University Press, 1989.

Wood Frances, *Did Marco Polo Go to China?*, London: Seeker and Warburg, 1995.

Wylie, Turrell V., 'The First Mongol Conquest of Tibet Reinterpreted', *Harvard Journal of Asiatic Studies*, Vol. 37, No. 1, 1977.

Xu Cheng and Yu Jun, 'Genghis Khan's Palace in the Liupan Shan and the Official Residence of An-shi Wang' (in Chinese), *Journal of Ningxia University*, Vol. 3, 1993.

Yamada, Nabaka, Ghenko: *The Mongol Invasion of Japan*, London: Smith, Elder & Co., 1916.

Yule, Henry, and Cordier, Henri, *The Travels of Marco Polo: The Complete Yule-Cordier Edition*, 2 vols, New York: Dover Publications, 1993.

Zerjal, Tatiana, et al., 'The Genetic Legacy of the Mongols', *American Journal of Human Genetics*, Vol. 72, March 2003.

THE MONGOL EMPIRE: THE CONQUESTS OF GENGHIS KHAN AND THE FOUNDING OF MODREN CHINA
Copyright©2014 by John Man
This translation published by arrangement with A division of The Random House Group Ltd.
Simplified Chinese Copyright© 2018 by Beijing Alpha Books Co.,Inc.
All rights reserved.

版贸核渝字（2014）第243号
图书在版编目（CIP）数据

成吉思汗与今日中国之形成 / （英）约翰·曼著；
姚建根译. -- 重庆：重庆出版社，2018.10
书名原文：THE MONGOL EMPIRE: THE CONOUESTS OF GENGHIS KHAN AND THE MAKING OF MODERN CHINA
ISBN 978-7-229-13262-0

Ⅰ.①成… Ⅱ.①约…②姚… Ⅲ.①成吉思汗（1162-1227）—人物研究②中国历史—研究 Ⅳ.①K827=47②K207

中国版本图书馆CIP数据核字（2018）第124108号

成吉思汗与今日中国之形成
CHENGJISIHAN YU JINRI ZHONGGUO ZHI XINGCHENG
[英]约翰·曼 著
姚建根 译

策　　划：	华章同人
出版监制：	徐宪江　伍　志
责任编辑：	舒晓云　李　翔
责任印制：	杨　宁
营销编辑：	张　宁　胡　刚
装帧设计：	视觉共振设计工作室

重庆出版集团
重庆出版社 出版
（重庆市南岸区南滨路162号1幢）
北京华联印刷有限公司　印刷
重庆出版集团图书发行有限公司　发行
邮购电话：010-85869375
全国新华书店经销

开本：880mm×1230mm　1/32　印张：14　字数：330千
2018年10月第1版　2023年11月第6次印刷
定价：68.00元

如有印装质量问题，请致电023-61520678

版权所有，侵权必究